3 Editorial von Philipp Oswalt

3 Editorial by Philipp Oswalt

5 Die Anmut des Mechanischen: Torsten Blume erklärt, wieso der künstliche Mensch bei Schlemmer eine große Rolle spielte und was er uns heute noch zu sagen hat

6 The Charm of the Mechanical: Torsten Blume explains why the artificial human figure played such an important part in Schlemmer's work and what it can still tell us today

19 Meisterwerk der Theateravantgarde: Franz Anton Cramer über die Erfolgsgeschichte des *Triadischen Balletts*

20 Masterpiece of Avant-garde Theatre: Franz Anton Cramer on the success story of the *Triadic Ballet*

30 Geschichte einer Rekonstruktion: Wie der Choreograf und Tänzer Gerhard Bohner in den Siebzigerjahren einen Mythos reparierte

30 The History of a Reconstruction: How choreographer and dancer Gerhard Bohner repaired a myth in the Seventies

39 Ethische Idee, ästhetische Form: Ina Conzen analysiert, wie Oskar Schlemmer in Zeiten des Krieges zu einer Mission der neuen Kunst fand

40 Ethical Idea, Aesthetic Form: Ina Conzen analyses how, during the war, Oskar Schlemmer found his mission in new art

51 Der Meister spricht: Ein fiktives Interview über den Bauhausgeist, das Dilemma der Malerei und die Marotten von Paul Klee — geführt von Gesine Bahr und Ingolf Kern

52 The Master Speaks: An imaginary interview about the Bauhaus spirit, the dilemma of painting and the foibles of Paul Klee — held by Gesine Bahr and Ingolf Kern

59 Revolution in Zwenkau: Walter Prigge schildert, wie Oskar Schlemmer im Haus Rabe zum Pionier der modernen Drahtplastik wurde

60 Revolution in Zwenkau: Walter Prigge describes how Oskar Schlemmer pioneered modern wire sculpture in the Rabe House

67 Letzte Ausfahrt Wuppertal: Gerda Breuer folgt dem Weg des verfemten Künstlers in die innere Emigration, der in eine Lackfabrik führte

68 Last Exit Wuppertal: Gerda Breuer traces the banned artist's journey into inner emigration, which brought him to a paint factory

78 Schlemmer im Selbstversuch: Torsten Blume und Blexbolex mit einer tänzerischen Gebrauchsanweisung

78 Dance the Schlemmer: Torsten Blume and Blexbolex with a danceable set of instructions

85 Die Antwort ist Nein: Wer in den vergangenen Jahrzehnten Schlemmer zeigen wollte, provozierte oft die Streitlust der Erben. Peter Raue schreibt eine Chronik aus juristischer Sicht

86 The Answer is No: those who wanted to exhibit works by Schlemmer in the past decades risked provoking a quarrel with his heirs. Peter Raue writes a chronicle from the legal point of view

93 Die Legende lebt: Karin von Maur untersucht, wie das Gemälde *Bauhaustreppe* zu seinem Ruhm kam

94 The Legend Lives On: Karin von Maur examines how the painting Bauhaus *Staircase* came to be so famous

Magazin

Schlemmer-Schnitte für alle: Stiftung Bauhaus-Test mit Merchandisingideen aus aktuellem Anlass . . . 106
Der Neffe und die Ovomaltine: Christoph Stölzl führt den Kreis der Freunde des Bauhauses — Ein Interview . . . 108
Die Kunst der Bauhausschüler: Eine Ausstellung in Remscheid . . . 110
Der *designshop bauhaus dessau* bietet Moderne für zu Hause . . . 112
Mehr Service, mehr Information: Das neue Besucherzentrum des Dessauer Bauhauses . . . 113
Neue Bücher: Mies van der Rohe im Diskurs, Scharouns gefrorene Musik und vieles mehr . . . ab 114
Jenseits des rechten Winkels: Daniel Libeskind sprach am Bauhaus Dessau . . . 116
Paul Klee und der Krieg . . . 117
Architektur im Licht der Landschaft: Eine Reise zu Le Corbusier . . . 118
Und ewig grüßt die Abrissbirne: Wie Berlin mit der Kant-Garage von Richard Paulick umgeht . . . 120
Toaster für den Frieden: Als vor 30 Jahren das West-Design in die DDR kam . . . 121
Meisterhaus, heute: Der Bauhaussommer brachte eine Künstlerkolonie zum sprechen . . . 122
Die *Urbane Farm Dessau* will die Auswirkungen des demografischen Wandels produktiv nutzen . . . 123
Neues aus der Sammlung . . . 124
Erich Mendelsohn entwarf im Trümmerfeld des Ersten Weltkriegs neue, gebaute Welten . . . 126
Die neue Dauerausstellung des Ulmer HfG-Archivs . . . 128
Rundschau: Das Bauhaus in der Welt: Nachrichten aus Weißwasser, Wolfsburg, Tokio, St. Paul, São Paulo und dem Rest . . . ab 130
Leserbriefe . . . 141
Wie viel Bauhaus steckt in Ihnen? Fünf Fragen an den Künstler Bernhard Striebel . . . 142
Service und Impressum . . . 152

In Schlemmers Kunst stand immer der Mensch an erster Stelle. Hier die Arbeit *Sitzender* von 1928 / The human form was always at the heart of Schlemmer's art, as in this piece from 1928, *Sitzender* [Seated man]

Editorial

Liebe Leserinnen und Leser, liebe Freunde des Bauhauses Dessau,

vor uns liegt ein Jahr, das Oskar Schlemmer gehört. Es steht zwar gar kein Jubiläum an, trotzdem gibt es etwas zu begehen: 70 Jahre nach dem Tod des einstigen Bauhausmeisters werden die Nutzungsrechte frei. Perdu die Zeiten, als die Erben — aus welchem Grund auch immer — Ausstellungen verhindern, Leihgaben verweigern oder Katalogpublikationen blockieren konnten. Das Bayerische Staatsballett wird im Juni das *Triadische Ballett* erneut auf die Bühne bringen, für den Herbst plant die Staatsgalerie Stuttgart die große Ausstellung *Oskar Schlemmer. Visionen einer neuen Welt.* Und die Stiftung Bauhaus Dessau steht keineswegs abseits, sondern widmet der Bauhausbühne, die Schlemmer maßgeblich geprägt hat, die neue Ausstellung *Mensch-Raum-Maschine*, bringt eine DVD mit seinen Bauhaustänzen in den Rekonstruktionen von Margarete Hasting und Gerhard Bohner heraus und zeigt zeitgenössische Fassungen dieser Tänze im Rahmen des Tanzfonds-Erbe-Projekts am Ort ihres Entstehens. Parallel dazu erscheint diese Zeitschrift, die Schlemmers Gedankenwelt und seine Kunst neu ausleuchten will. Sein Werk ist mehr als das eines anderen Bauhauskünstlers mit der wichtigsten Gestaltungshochschule des 20. Jahrhunderts verbunden. Seine bedeutsamste und fruchtbarste Schaffensperiode fällt in die Zeit zwischen 1920 und 1932, also in die Bauhausjahre in Weimar und Dessau. Er hat mit dem Signet sowie dem Meisterwerk *Bauhaustreppe* die vielleicht bekanntesten, visuellen Symbole des Aufbruchs in die Moderne geschaffen. Wir freuen uns sehr, dass die hervorragende Schlemmer-Expertin Karin von Maur den Weg dieses heute im *Museum of Modern Art*, New York, beheimateten Gemäldes zum Mythos untersucht. Anders als seine Avantgardekollegen erlag Schlemmer nicht der Fortschrittseuphorie, sondern suchte nach dem neuen Menschen in der neuen Zeit, aber weniger als ein utopisches Versprechen, denn als Sinnsuche in einer fragmentierten, aus den Fugen geratenen Welt nach dem Ersten Weltkrieg. Die zentrifugalen Kräfte von Technik und Wissenschaft erzwangen den Menschen, neu zu denken. Schlemmer suchte dafür nach einem möglichen Bild und war sich der Ambivalenz der Moderne durchaus bewusst. Mehrere Beiträge in diesem Heft beschäftigen sich damit. Ina Conzen, die die erwähnte Stuttgarter Ausstellung kuratiert, schreibt über Schlemmers Synthese aus Organischem und Künstlichem, aus Naturalismus und Abstraktion, Franz Anton Cramer widmet sich dem *Triadischen Ballett* als einem hybriden Meisterwerk, an dem sich die Theateravantgarde immer wieder neu versuchte, und Gerda Breuer schildert den Weg in die innere Emigration, die Schlemmer in eine Wuppertaler Lackfabrik und in einen Konflikt mit Willi Baumeister führte. Gleich zu Beginn des Hefts klärt Torsten Blume auf, warum der künstliche Mensch Schlemmer so sehr beschäftigte und was uns die Anmut des Mechanischen heute noch zu sagen hat. Und weil wir nicht vergessen wollen, wie es war, schildert der Berliner ›Kunstanwalt‹ Peter Raue die verriegelten Schlemmer-Jahre, die nun Geschichte sind.

Mit der Gestaltung dieses Hefts verabschiedet sich das Berliner Büro cyan, das als Jahresgrafiker 2013 mit der für sie charakteristischen Kombination aus Klarheit und Opulenz für furiose Druckerzeugnisse aus dem Bauhaus Dessau sorgte.

Ich danke IDT Biologika und Miele & Cie. KG auch diesmal für die freundliche Unterstützung.

Philipp Oswalt, Herausgeber

Editorial

Dear readers, Dear friends of the Bauhaus Dessau,

the year to come is a year that belongs to Oskar Schlemmer. Although it does not bring a particular anniversary, there is still a significant occasion to be marked: 70 years after the death of the former Bauhaus master, the exclusive rights of use expire. An end to the times when the heirs—for whatever reason—could prevent exhibitions, refuse loans, or block catalogue publications. The Bavarian State Ballet is going to bring the *Triadic Ballet* back to the stage in June, while the Staatsgalerie Stuttgart is planning a major exhibition, *Oskar Schlemmer. Visions of a New World*, for the autumn. Not to be outdone, the Bauhaus Dessau Foundation is dedicating a new exhibition, *Human-Space-Machine*, to the Bauhaus stage, which Schlemmer had a key part in shaping. It will also issue a DVD of his Bauhaus dances, as reconstructed by Margarete Hasting and Gerhard Bohner, and present contemporary versions of these dances as part of the Dance Fund Heritage project—in the very place where they originated. These events are accompanied by this issue of the magazine, which aims to take a fresh look at Schlemmer's thinking and his art. His work is more closely associated with the 20th century's most important school of design than that of any other Bauhaus artist. His most significant and fruitful phase of creativity fell between 1920 and 1932: the years of the Bauhaus in Weimar and Dessau. With the logo and his masterpiece *Bauhaus Staircase*, he created perhaps the most famous visual symbols of emergent modernism. We are delighted to have Karin von Maur, a leading expert on Schlemmer, examining how this painting, now at the *Museum of Modern Art* in New York, acquired its almost legendary status. Unlike his avant-garde colleagues, Schlemmer did not succumb to euphoria about progress, but rather looked for the new human being in the new era—less as an utopian promise than as a search for meaning in the fragmented, disjointed world that resulted from the First World War. The centrifugal forces of technology and science made it necessary to conceive the human being anew. Schlemmer sought a suitable image for this and yet remained quite aware of the ambivalence of modernism. This is addressed by several of the articles in the magazine. Ina Conzen, who is curating the aforementioned exhibition in Stuttgart, writes about Schlemmer's synthesis of the organic and the artificial, of the natural and the abstract; Franz Anton Cramer considers the *Triadic Ballet* as a hybrid that the theatrical avant-garde repeatedly tried out new approaches to, and Gerda Breuer portrays the stages of Schlemmer's ›inner emigration‹, which ultimately brought him to a paint factory in Wuppertal and into conflict with Willi Baumeister. We begin, however, with Torsten Blume explaining why the artificial human figure so fascinated Schlemmer and what we can still learn today from the grace of the mechanical form. And because we don't want to forget how things used to be, Berlin's art lawyer Peter Raue describes the years of the Schlemmer ›lock-up‹, which are now part of history.

This issue is the last to be designed by our featured graphic designers of 2013, cyan from Berlin, whose own special combination of clarity and opulence has resulted in visually stunning printed matter from the Bauhaus Dessau.

Once again I would like to thank IDT Biologika and Miele & Cie. KG for their kind and valued support.

Philipp Oswalt, Editor

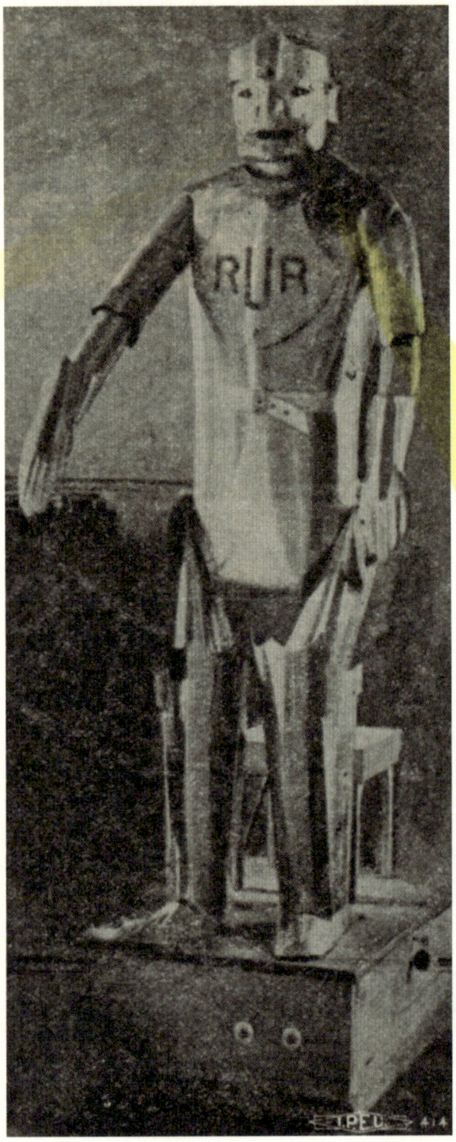

▲ Der feine Herr hat sich einen Kaiser gebaut: *Maschinenmensch Barbarossa* und sein Erfinder um 1910 / This fine gentleman has built himself an emperor: *Maschinenmensch Barbarossa* [Machine man Barbarossa] and his inventor, circa 1910

◀ Einer der ersten Maschinenmenschen, der »Roboter« genannt wurde / One of the first machine men, which was called »Robot«

► Nobelpreiskandidaten aufgepasst: mit dem Denkerhelm kommt die Erkenntnis aus der Flasche, um 1908 / Attention all candidates for a Nobel Prize: with the thinking helmet, inspiration is on tap, circa 1908

Ein Unternehmen wider die Natur zum Zweck der Ordnung

Von Torsten Blume

Ebenbild, Übermensch oder Fantasiegestalt? Oskar Schlemmer wollte in seinen Bühnenexperimenten auch immer die Anmut des Mechanischen hervorheben. Trotz allem Maschinellen ging es ihm dabei vor allem um eines: den Menschen

[1] Oskar Schlemmer, Tagebuch, April 1926, in: Tut Schlemmer (Hg.), *Oskar Schlemmer. Briefe und Tagebücher*, Stuttgart 1977.
[2] Vgl. László Moholy-Nagy, *Wie soll das Theater der Totalität verwirklicht werden?*, in: *Bauhaus*, März 1927, S. 6.
[3] Oskar Schlemmer, *Mensch und Kunstfigur*, in: Oskar Schlemmer et al., *Die Bühne im Bauhaus*, (*Bauhausbücher* 4, 1925), *Neue Bauhausbücher*, Mainz 1965, S. 7—24.
[4] Oskar Schlemmer, *Missverständnisse* (1931), in: Oskar und Tut Schlemmer: *Werkbiografie O. S. mit Briefauszügen und Originaltexten*, in: *Lebensdaten und Selbstzeugnisse. Beispiele: Kunst in der Verfolgung. Entartete Kunst* (Ausstellung) 1937 in München. Beiheft, (Hg.) vom Landesinstitut für Erziehung & Unterricht Stuttgart, 1998, S. 69.
[5] Schlemmer, 1965, a.a.O.

»Nicht Jammer über Mechanisierung, sondern Freude über Präzision! Die Künstler sind bereit, die Schattenseiten und Gefahr ihres mechanischen Zeitalters in die Lichtseite exakter Metaphysik umzumünzen.«[1] Oskar Schlemmer, 1926

Der Siegeszug der Technik zu Beginn des 20. Jahrhunderts machte auch vor der Bühne nicht Halt — selbst hier veränderte die neue, einflussreiche Größe die Sichtweise auf die Welt und nicht zuletzt auf den Menschen. So hatte beispielsweise Bauhausmeister László Moholy-Nagy in seinen Bühnenkonzepten kaum Schwierigkeiten damit, den menschlichen Darsteller wie einen biotechnischen Apparat zu betrachten. Dessen Notwendigkeit war dabei keineswegs automatisch gegeben — konnten doch für die Darbietung exzentrischer Bewegungen, optischer und akustischer Sensationen Maschinen besser geeignet und leistungsfähiger sein als jeder noch so gut trainierte Schauspieler oder Tänzer.[2] Das neue ›Menschenbild‹ findet sich auch in der legendär gewordenen Inszenierung des *Großmütigen Hahnrei* von Fernand Crommelynck (1922). Hier wurde der Schauspielerkörper in bewusst mechanisch-rhythmischen Bühnenbewegungen skulpturalisiert, die penibel auf die Struktur des Bühnengerüsts von Ljubov Popova abgestimmt worden waren. So entstand der Gesamteindruck einer arbeitenden Mensch-Raum-Maschine, die gleichzeitig ein verherrlichendes Plädoyer für den maschinisierten Menschen war. Ein Jahr zuvor waren in Wien erstmals »Roboter« auf der Bühne zu sehen gewesen. Mit ihrem Stück *R.U.R.* (Rossum's Universal Robots) hatten die Brüder Čapek den Begriff des »Roboters« — abgeleitet von »robota« (tschechisch für »schwere Arbeit« oder »Zwangsarbeit«) — überhaupt erst eingeführt. In *R.U.R.* geht es um den massiven Einsatz von Robotern in der Industrie, in dessen Folge die Menschheit in eine tiefe Krise stürzt, da die Roboter ein eigenes Bewusstsein entwickeln und sich als revolutionäre Einheit gegen ihre Schöpfer organisieren — ein später oft wiederholtes und variiertes Szenario, das jene Angst, aber auch die Faszination thematisiert, die entsteht, wenn es um den schmalen Grat zwischen Mensch und Maschine geht.

Auch die Darsteller in den Tänzen Oskar Schlemmers wurden in den Zwanzigerjahren als ›Maschinentänzer‹ tituliert — das traf aber beim Leiter der Bauhausbühne auf heftige Ablehnung: »Jene sehen anders aus. Es gab einmal in Revue und Varieté solche Maschinenmenschen aus Blech, Rädern und Maschinenreminiszenzen, auch die Metropolisdame Fritz Langs war auf diese Mode frisiert.«[3] Derart direkte ›maschinelle Aspirationen‹ lagen Schlemmer fern. Wenn Oskar Schlemmer die Bühne mechanisierte, dann nicht, um naiv der Maschine zu huldigen, sondern um sie von innen her, durch metaphysische Transzendierung, zu überwinden. Dazu musste er vom Menschen ausgehen, den er aber in eine abstrakte Künstlichkeit überführte, in »ein Unternehmen wider die Natur zum Zweck der Ordnung«.[4] Ohne den Menschen als Mittelpunkt und Hauptgegenstand war für Oskar Schlemmer das Theater und jede andere Kunst gar nicht denkbar; denn der Mensch »sucht [...] den Sinn. Sei es das faustische Problem, das sich die Erschaffung des Homunkulus zum Ziele setzt; sei es der Personifizierungsdrang im Menschen, der sich Götter und Götzen schuf: der Mensch sucht immerdar Seinesgleichen oder sein Gleichnis oder das Unvergleichliche. Er sucht sein Ebenbild, den Übermenschen oder die Phantasiegestalt.«[5] Im Tanz sah Schlemmer geradezu ideale Voraussetzungen für eine Kunst, die den Menschen räumlich und atmosphärisch in eine technoide Umgebung integriert und zugleich eine moderne abstrakte Gestaltung ermöglicht — eine Kunst, in der sich der bewegte Mensch als künstlerisches, abstrahiertes Bild des Leibes thematisieren kann. Seine Skepsis gegenüber einem reinen Maschinentheater war dabei weniger durch Zweifel begründet, »inwieweit der technische Aufwand dem erzielten Effekt entspricht, nämlich wie lange das rotierende, schwingende, sausende Spielwerk, einschließlich aller Variationen der Formen, der Farben

Fortsetzung auf Seite 8

An Undertaking Contrary to Nature for Purposes of Order

By Torsten Blume

Equal, superman, or fantasy figure? In his theatrical experiments, Oskar Schlemmer always sought to emphasise not just the mechanical but also its grace. For all his interest in the mechanistic, he was always concerned with one thing above all: humanity

[1] Oskar Schlemmer, diary entry, April 1926, in: Tut Schlemmer (ed.), *Letters and Diaries*, Stuttgart 1977.
[2] See Laszlo Moholy-Nagy, *How should the Theatre of Totality be realised*, in: *Bauhaus*, March 1927, p. 6.
[3] Oskar Schlemmer, *Man and Art Figure*, in: Oskar Schlemmer et al., *The Stage at the Bauhaus*, (*Bauhausbücher* 4, 1925), *Neue Bauhausbücher*, Mainz 1965, p. 7—24.
[4] Oskar Schlemmer, *Misunderstandings* (1931), in: Oskar and Tut Schlemmer: *Biography O.S. with excerpts from his letters and original texts*, in: *Lebensdaten und Selbstzeugnisse*. Examples: *Pogromed Art. Degenerated Art* exhibition 1937 in Munich. Landesinstitut für Erziehung & Unterricht, Stuttgart 1998, p. 69.
[5] Schlemmer, loc. cit., 1965, p. 7—24.

»Do not complain about mechanization; instead enjoy precision! Artists are willing to convert the drawbacks and perils of their mechanistic age into the silver lining of exact metaphysics.« Oskar Schlemmer, 1926[1]

The triumphant advance of technology in the early twentieth century did not leave the theater unaffected. Even here, this new and influential phenomenon changed perspectives on the world and not least on humanity. The Bauhaus master László Moholy-Nagy, for example, had little difficulty viewing the human performer as a biotechnical apparatus in his stage conceptions. Nor were human performers an obvious necessity, since machines could be better suited and more capable than even the most highly trained actors and dancers for presenting eccentric movements or optical and auditory sensations.[2] The new view of humanity could also be seen in the now legendary staging of Fernand Crommelynck's *Der großmütige Hahnrei* (*The Magnanimous Cuckold*, 1922). Here the actors' bodies were sculpturalized in explicitly mechanical and rhythmic movements closely matched to the structure of Lyubov Popova's stage installation. Hence the overall impression was that of a functioning man-space-machine that was also a plea for, and glorification of, a mechanized humanity. One year earlier in Vienna, »robots« had appeared on stage for the first time. With their play *R.U.R.* (*Rossum's Universal Robots*), the brothers Čapek were the first to introduce the term »robot«, derived from »robota« (Czech for »heavy labor« or »forced labor«). *R.U.R.* centers on the massive use of robots by industry, as a result of which humanity is plunged into crisis as the robots develop a consciousness of their own and mount a revolution against their creators — a scenario that has since been frequently repeated and varied and that thematises the fear but also the fascination that arises whenever the topic is the fine line between human and machine.

The performers in Oskar Schlemmer's dances were also dubbed »mechanical dancers« in the 1920s, but the label was vehemently rejected by the director of the Bauhaus Theater himself: »›Mechanical dancers‹ have quite a different nature from these figurines. They could once be seen in cabaret and variety shows; figures constructed of metal, wheels and various other parts of machinery. Fritz Lang's girl in *Metropolis* fit into this category.«[3] Such directly »mechanical aspirations« were the furthest thing from Schlemmer's mind. While Oskar Schlemmer may have mechanized the stage, his intention was not naively to pay homage to the machine but to overcome it from within through metaphysical transcendence. To do this, he had to take human beings as his point of departure, while at the same time sweeping them up into an abstract artificiality, »an undertaking contrary to nature for purposes of order.«[4]
Without humanity as its focus and principal subject matter, for Oskar Schlemmer neither the theater nor any other art was even conceivable. For »Man seeks ›meaning‹. Whether it is the Faustian problem whose goal is the creation of Homunculus or the anthropomorphic impulse in Man which created his gods and idols, he is incessantly seeking his likeness, his image, or the sublime. He seeks his equal, the superman, or the figures of his fancy.«[5] In dance, Schlemmer saw virtually ideal conditions for an art that would spatially and atmospherically incorporate the human being into a technical environment while at the same time making possible a modern abstract design—an art in which the human being in motion could be thematized as an artistic, abstracted image of the body. His skepticism vis-à-vis a pure machine theater was motivated not so much by doubts »as to how successfully such a technical expenditure can meet the desired effect. How long, that is, can any rotating, vibrating, whirring contrivance, together with an infinite variety of forms, colors, and

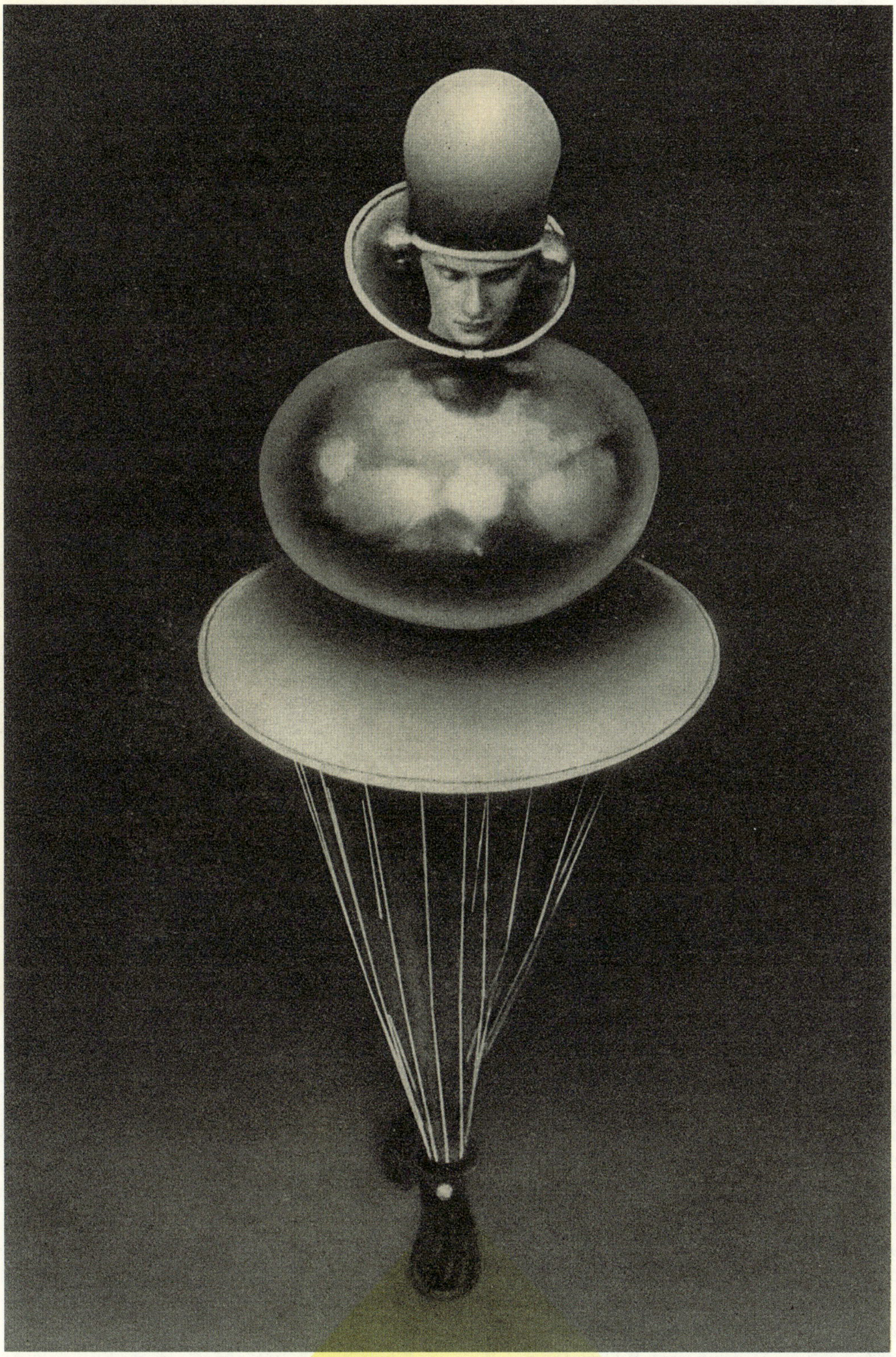

Der Vorläufer von *Ultraman*: ›Der Kugelmann‹ aus dem *Triadischen Ballett* / Prefiguring *Ultraman*: the spherical costume from the *Triadic Ballet*

und des Lichts zu interessieren vermag«. Er fragte sich vielmehr grundsätzlich: »Kommt es auf das Menschliche an oder auf den Fortschritt? Bildet der Fortschritt auch das Menschliche entsprechend um, und kann dies andererseits mangels Fortschritts irgendwo verkümmern?«[6]

Die Sorge um das ›Menschliche‹ und seine Gefährdung durch Maschinen hat eine lange Tradition und ist zugleich Ausdruck einer bis heute nicht bewältigten Problematik im Spannungsfeld zwischen Selbst- und Fremdbestimmung, zwischen natürlichen Freiheiten und künstlichen Zwängen. Zu Beginn des 18. Jahrhunderts, als die Mechanik gerade zu einer mathematisch berechenbaren Wissenschaft geworden war, wurde die Maschine noch als ein gesellschaftlich wie individuell vernünftiges Ordnungs- und Handlungsmodell betrachtet. Mit wachsendem bürgerlichem Selbstbewusstsein und der Idee individueller Selbstverwirklichung, die auch einen bestimmten Widerstand gegen die Konventionen und das ›Räderwerk‹ der Gesellschaft verlangt, verwandelt sich die Maschine vom Erklärungsmodell für kosmologische und biologische Zusammenhänge in ein Gegenbild zu Freiheit, Spontaneität und Kreativität. »Knechtische Maschinen« stehen nun »freien Geistern« (Jean Paul) gegenüber. Heinrich von Kleist hatte in seinem Aufsatz *Über das Marionettentheater* (1800) die Frage aufgeworfen, ob die menschliche Hingabe an das Mechanische, zum Beispiel an die technisch vermittelte Marionettenbewegung, nicht zu einer neuen übermenschlichen, quasi ›göttlichen Grazie‹ verhelfen könnte, das heißt zu einer humanistischen, befreien-

[6] Oskar Schlemmer, Tagebuch, November 1925, in: Schlemmer 1977, a.a.O.

lights, sustain the interest of the spectator?«Rather, he asked the more fundamental question: »What really counts, man or progress? Does progress change the human qualities, and can these shrivel in its absence?«[6]

Concern for the ›human‹ and the danger posed to it by machines has a long tradition. However, it is also the expression of a tension between autonomy and external determination, natural freedoms and artificial constraints that is still unresolved today. In the early eighteenth century, when mechanics had just become an exact mathematical science, the machine was still viewed as a socially and individually rational model for organization and action. With growing bourgeois self-consciousness and the notion of individual self-realisation, which also calls for a certain resistance to the conventions and the ›cogs and wheels‹ of society, the machine turns from an explanatory model for cosmological and biological relationships into an antithesis of freedom, spontaneity, and creativity. »Servile machines« now stand opposed to »free spirits« (Jean Paul). Heinrich von Kleist, in his essay *Über das Marionettentheater* (*The Puppet Theater*, 1800), had raised the question of whether the human infatuation with the mechanical—for example, with the technically mediated movements of marionettes—might not lead to the acquisition of a new, superhuman, almost ›godlike grace‹, that is, to a humanistic and liberating transcendence of the machine. This idea that the formerly threatening realm of machines could be turned into an innocent and traditionless liberating impulse, fascinated Oskar Schlemmer enormous-

[6] Oskar Schlemmer, diary entry, November 1925, in: Schlemmer 1977, loc. cit.

▲ Der dramatische Höhepunkt von *R. U. R.*: Die Roboter übernehmen die Macht / The dramatic climax of *R. U. R.*: the robots take over the world

den Transzendierung der Maschine. Diese Idee, dass sich das einst bedrohliche Maschinenwesen in einen traditionslosen, unschuldigen Befreiungsimpuls verwandeln lässt, faszinierte Oskar Schlemmer ungeheuer und wurde geradezu zum Zentrum seiner Suche nach dem Idealbild eines neuen modernen Menschen. In seinen Bühnenexperimenten, in Tanz- und Bewegungsstudien, die er abwechselnd oder gleichzeitig ›metaphysisches Theater‹, ›Typenbühne‹, ›Kostümballett‹ nannte, rang er darum, ein Anmutspotenzial des Mechanisch-Maschinellen freizulegen. So betrieb Oskar Schlemmer auf der Bauhausbühne, die er von 1923 bis 1929 leitete, ein gegenüber der Maschine positiv eingestelltes künstlerisches Projekt — auch als sinnstiftender Hintergrund und analog zu den anderen Bauhauswerkstätten, in denen neuartige, für die maschinelle Massenproduktion bestimmte Produkte entwickelt worden sind.

Dabei hoffte Oskar Schlemmer auf nichts Geringeres als ein neues Geistesleben, eine neue Metaphysik, die aus dem technisierten Leben hervorgehen könnte. Seine These und schließlich die Begründung seiner Bühnenexperimente war, dass, wenn es gelinge, »diese Eigentümlichkeiten [...] auf den Menschen [zu] übertragen«, sich ein neuer »großer Stil«, ein »neues Ganzes«, neue Bilder vom Menschen als »kosmisches«, »körperliches und geistiges Wesen« entwickeln lassen.

Konkret bedeutete dies, sich jeder moralischen Interpretation der Maschine zu enthalten und sich deren ›Wesen‹ so unvoreingenommen wie möglich anzueignen: »Man nähere sich den Dingen, als wäre eben erst die Welt erschaffen worden; man reflektiere eine Sache nicht zu Tode, sondern lasse sie, zwar behutsam, aber frei sich zu entfalten. [...] Man gehe vom körperlichen Zustand aus, vom Dasein, vom Stehen, vom Gehen und erst zu guter Letzt vom Springen und Tanzen. Denn einen Schritt zu tun ist ein gewaltiges Ereignis, eine Hand zu heben, einen Finger zu bewegen ein nicht minderes. Man habe ebenso viel Scheu als Achtung vor jeglicher Aktion des Menschenkörpers, zumal auf der Bühne, dieser Sonderwelt des Lebens, des Scheins, dieser zweiten Wirklichkeit, in der alles vom Glanz des Magischen umwittert ist ...«[7]

So wie Kleist die Marionette als ein zugleich unbewusstes und potenziell von übernatürlicher Grazie erfülltes Wesen beschrieben hatte, sollten sich Oskar Schlemmers Bauhaustänzer das Abstrakte, das ›Unnatürliche wie auch Übernatürliche‹ der Maschine erobern und verinnerlichen, um als menschliche ›Kunstfiguren‹ so unpersönlich, puppenartig und dinghaft wie nur irgend möglich mit ihrem Gelenkapparat im Raum und den darin vorhandenen anderen Dingen zu agieren. Dann fände sich nach Kleist, »die Grazie wieder ein; so daß sie zu gleicher Zeit, in demjenigen menschlichen Körperbau am reinsten erscheint, der entweder gar keins, oder ein unendliches Bewußtsein hat«.[8]

Karl Marx hatte im 13. Kapitel des *Kapital I* beschrieben, dass die Arbeit an der Maschine »das vielschichtige Spiel der Muskeln (unterdrückt) und alle freie geistige Tätigkeit (konfisziert)«. Die Kostüme des *Triadischen Balletts* (1922) und später die Requsiten, Bodengeometrien und Bühnenräume der ›Bauhaustänze‹ (1926—1929) waren im Grunde ein metaphorischer Ausdruck einer solchen Unterdrückung und Kontrolle. Wie die Maschine in der Fabrik den Menschen dazu zwingt, sich ihrem Takt anzupassen, verlangten Schlemmers Kostüme, Requisiten und Bewegungsregeln, dass sich die Tänzer ihnen nicht nur unterordnen, sondern sich der ›Mechanik‹ mit Empathie hingeben. Die Versuchsanordnungen Oskar Schlemmers, der sich mit seinen Tänzern in bewusst einfach modellierten, abstrakten geometrischen Räumen, mit Masken und Kostümen den mechanisch und maschinell gewordenen Dingen seiner sich modernisierenden Umwelt tendenziell ähnlich gemacht hat, können auch als ein poetisches Verfahren beschrieben werden — als ein Ringen um eine neue

[7] Oskar Schlemmer, Tagebuch, Mai 1929, in: ebd.
[8] Heinrich von Kleist, *Über das Marionettentheater*. Mit einem Vorwort von Wilfried Nold und einem Beitrag von Wolfgang Kurock, Frankfurt am Main 2007.

ly and effectively become the centerpiece of his search for a new modern ideal of humanity. In his theatrical experiments, in dance and movement studies which he alternately or simultaneously referred to as »metaphysical theater«, »type stage« (»Typenbühne«), or »costume ballet«, he struggled to reveal the potential for grace of the mechanised and mechanical. Thus, at the Bauhaus Theatre, which he directed from 1923 to 1929, Oskar Schlemmer pursued an artistic project with a positive view of machines, one that operated on analogy with the other Bauhaus workshops where new products intended for mass production were developed, while also providing those workshops with a backdrop that gave them meaning.

What Oskar Schlemmer hoped would come out of this was nothing less than a new spiritual life, a new metaphysics that could emerge from ›technologized‹ life. His thesis and the ultimate rationale for his theatrical experiments was that if »these peculiarities« could be successfully »transferred to man«, it would be possible to develop a new »grand style«, a »new whole«, new images of humanity as a »cosmic«, »physical[,] and spiritual being.«[7]

In practice, this meant refraining from any moral interpretation of the machine and appropriating its ›essence‹ as impartially as possible: »One should act as if the world had just been created; one should not analyse a thing to death, but rather let it unfold gradually and without interference. [...] One should start with one's physical state, with the fact of one's own life, with standing and walking, leaving leaping and dancing for much later. For taking a step is a grave event, and no less so raising a hand, moving a finger. One should have deep respect and deference for any action performed by the human body, especially on the stage, that special realm of life and illusion, that second reality in which everything is surrounded with the nimbus of magic...«

Just as Kleist had described the puppet as being at once unconscious and potentially filled with supernatural grace, Oskar Schlemmer's Bauhaus dancers were to conquer and internalize the abstractness, the ›unnatural as well as supernatural‹ quality of the machine in order to operate in the space and among the other things in it as human »Kunstfiguren« or »art figures«, with their apparatus of joints, in as impersonal, puppet-like, and reified a manner as possible. Then, according to Kleist, »grace will return; so that grace will be most purely present in the human frame that has either no consciousness or an infinite amount of it.«[8]

In Chapter 13 of Volume 1 of *Capital*, Karl Marx describes how machine work »does away with the many-sided play of the muscles, and confiscates every atom of freedom, both in bodily and in intellectual activity.«The costumes of the *Triadisches Ballett* (*Triadic Ballet*, 1922) and later the props, geometries, and stage environments of the *Bauhaustänze* (*Bauhaus Dances*, 1926—1929) were essentially a metaphorical expression of such oppression and control. Just as machines force people to conform to their rhythm in the factory, so Schlemmer's costumes, props, and rules for movement demanded that the dancers not only submit to them but also empathize with their ›mechanics‹. With his masked and costumed dancers and his abstract, geometric, explicitly simplified spaces, Oskar Schlemmer had in principle made himself similar to the now mechanical and mechanized things of his increasingly modern environment. These experiments may also be described as poetic techniques, as the struggle to invent a new physical and visual language for the increasingly technical conditions of existence. Schlemmer's theatrical experiments were exercises in a pragmatic refraining from interpretation; they sought to replace broad-based structural and explanatory paradigms with a play with similarities and an eminently anarchic ›friendship‹ with things. At issue was also the question of what reality could be and how, aesthetically, a critical reflection could be meaningfully formulated against

[7] Oskar Schlemmer, diary entry, May 1929, in: ibid.
[8] Heinrich von Kleist, *About the Puppet Theatre*. With a foreword by Wilfried Nold and an article by Wolfgang Kurock, Frankfurt am Main 2007.

körper-bildliche Sprache über die zunehmend technologisch bedingten Daseinsverhältnisse. Seine Bühnenexperimente sind Einübungen in eine pragmatische Deutungsabstinenz gewesen und wollten umfassende Erklärungs- und Ordnungsmuster durch ein Spiel mit Ähnlichkeiten sowie eine durchaus anarchistische Freundschaft mit den Dingen ersetzen. Dabei ging es auch um die Frage, was Realität überhaupt sein kann und wie sich ästhetisch eine kritische Reflexion gegen die Zumutungen einer durchrationalisierten Welt sinnvoll und sogar sinnstiftend formulieren lässt.

Oskar Schlemmer hat bekanntlich in seiner Malerei und auf der Bühne versucht, neue symbolische Bilder und metaphysische Zeichen des Menschen zu entwerfen: Heraus kam ein Mensch, der sich der Maschine geradezu hingibt, sich deren kalte Logik, Präzision und Systematik im Wortsinne verinnerlicht und einverleibt. Zugleich ging es ihm aber eben auch darum, bei aller Empathie für das Maschinell-Technisch-Rationale, Modi der Distanzierung zu finden, eine Differenz aufrechtzuerhalten, die den Menschen von der Maschine unterscheidbar bleiben lässt. Oskar Schlemmer wusste: »Die Möglichkeiten sind außerordentlich angesichts der heutigen Fortschritte in der Technik: die Präzisionsmaschinen, die wissenschaftlichen Apparate aus Glas und Metall, die künstlichen Glieder der Chirurgie, die phantastischen Taucher- und militaristischen Kostüme usw.«[9] Zugleich klagte er: »Die materialistisch-praktische Zeit hat in Wahrheit den echten Sinn für das Spiel und das Wunder verloren. Der Nützlichkeitssinn ist auf dem besten Weg sie zu töten.«[10]

Schlemmer hat seine Erfahrung des neuen ›Zeitalters der Mechanisierung‹ in eigenartig einfache Spielräume, in Apparate aus Menschen- und Dingkörpern übersetzt. Man kann diese vielleicht auch als Abstraktionen oder vereinfachte Modellierungen jener filmischen Maschinenräume ansehen, in denen Schlemmers Zeitgenosse Charlie Chaplin z.B. in *Modern Times* (1936) zunächst als Automat und Maschinenteil agiert, schließlich aber in einer geradezu fröhlichen Zerstörungsaktion die ganze Fabrik ruiniert. Er, der sich in seinem pantomimischen Spiel mit sich verselbstständigenden Gliedern und Gesten mit schlafwandlerischer Sicherheit durch den technischen Apparat wie eine menschliche Kunstfigur bewegt, kann schließlich durch eigentlich tödliche Zahnräder rutschen und schwerste Hebel dirigieren, weil diese auf seltsame Weise mitmachen und zu seinen Komplizen werden. So wie Chaplin hat sich auch Oskar Schlemmer nicht starr gegen die Verdinglichung und Mechanisierung des Menschen gestellt und sich bewusst nicht um ein Wieder-natürlich-Werden bemüht, wie dies z.B. in der Lebensreformbewegung oder auch von den Vertretern des deutschen Ausdruckstanzes versucht wurde. Vielmehr ging es um eine radikale Perspektive des Experimentierens mit dem Körper und den technischen Dingen, in denen sich die Grenzen und Übergänge zwischen ihnen verschieben, diffus werden und unbekannte Zwischenzonen erscheinen. Dorothee Kimmich hat in ihrem Essay *Lebendige Dinge in der Moderne* diese Haltung der »Dingfreunde« als »artistische Komplizenschaft mit den Dingen« beschrieben, die auch zu einer »spezifischen Sensibilität im Umgang mit den Marginalisierten, den Schwachen und Ohnmächtigen und den Fremden«[11] verhelfen könnte: »So wie ihnen einerseits der eigene Körper zu einem fremden Gegenstand werden kann, können andererseits die fremden Dinge für sie eine ganz besondere Form von Vertrautheit mit dem Fremden vermitteln.«[12]

Vieles von dem, was Oskar Schlemmer über »den kosmischen Menschen« und »seine materielle, spirituelle und intellektuelle Erscheinungsform« geschrieben hat, ist von einem heute merkwürdig überhöht anmutenden Erlösungspathos durchdrungen. Daneben wirken dann die Bilder seiner wie menschliche Puppen agierenden Kostümtänzer nicht selten zuerst befremdlich oder zumindest seltsam komisch. Und manch eine der Schlemmer-Figurinen könnte man sich

[9] Schlemmer, 1965, a.a.O.
[10] Ebd.
[11] Dorothee Kimmich, *Lebendige Dinge in der Moderne*, Konstanz 2011, S. 104.
[12] Ebd.

the exorbitant demands of a thoroughly rationalised world and even give it new meaning.

In his paintings and on the stage, Oskar Schlemmer famously attempted to create new symbolic images and metaphysical emblems of humanity. The result was a humanity that effectively gives itself over to the machine, literally internalizing and assimilating its cold logic, precision, and systematic character. However, for all his empathy with the mechnical, technical, and rational, Schlemmer was also interested in discovering modes of distancing, in maintaining a difference that would allow human beings to remain distinguishable from machines. Oskar Schlemmer knew: »Possibilities are extraordinary in light of today's technological advancements: precision machinery, scientific apparatus of glass and metal, the artificial limbs developed by surgery, the fantastic costumes of the deep-sea diver and the modern soldier, and so forth…«[9] At the same time, he lamented: »This materialistic and practical age has in fact lost the genuine feeling for play and for the miraculous. Utilitarianism has gone a long way in killing it.«[10]

Schlemmer translated his experience of the new ›age of mechanization‹ into curiously simple spaces, apparatuses composed of human bodies and the bodies of things. Perhaps these may also be seen as abstractions or simplified models of those cinematic machine rooms in which, for example in *Modern Times* (1936), Schlemmer's contemporary Charlie Chaplin initially acts as an automaton or machine part but ultimately wrecks the entire factory in an almost cheerful act of destruction. In his pantomimed play with gestures and limbs that seem to have a life of their own, Chaplin instinctively moves through the machinery like a human ›Kunstfigur‹. The reason he is ultimately able to slip through deadly gears and wield massive levers is that in a peculiar way the latter play along and become his accomplices. Like Chaplin, Oskar Schlemmer did not rigidly oppose the reification and mechanization of humanity and did not explicitly strive for a return to nature, as did the *Lebensreform* movement, for example, or the exponents of German *Ausdruckstanz* or expressive dance. At issue instead was a radical perspective of experimentation with the body and technical things, in which the boundaries and transitions between them shift and blur and new in-between zones begin to emerge. Dorothee Kimmich, in her book *Lebendige Dinge in der Moderne* (*Living Things in the Modern Era*), has described this attitude of »Dingfreunde« (literally »thing-friends«, or »those on a friendly basis with things«) as an »artistic complicity with things«, which can also lead to »particular sensitivity in interacting with the marginalised, the weak and powerless, and foreigners«: [11] »Just as their own body may become a foreign object for them, so the foreign or alien things give them a special kind of familiarity with the foreigner.«[12]

Much of what Oskar Schlemmer wrote about the »cosmic man« and his »material, spiritual, and intellectual manifestation« seems to us today to have a curiously inflated religious pathos about it. Alongside that discourse, the photographs of his costumed dancers with their air of human puppets not infrequently seems off-putting at first, or at least oddly comic. And many of Schlemmer's figures would be easy to imagine as action heroes in a Japanese manga or American comic book, with high-quality plastic models of them filling toy-store shelves next to Ultraman, Power Rangers, and Ben 10 Monsters. It isn't always easy for us to empathise with Oskar Schlemmer's quest for a new symbolic human figure when it involves characters with names like »der Abstrakte« (»the Abstract One«), »Kugelhände« (»Ball Hands«), or »Taucher« (»Diver«), or when it takes the form of figures in metallic helmet masks and costumes that look like carefully stuffed track suits who execute pointedly simple routines with hoops, sticks, and large balls. On the other hand, it is quite rewarding to reexamine him today as an experimenter and to view him not just as a metaphys-

[9] Schlemmer [1925] 1965, op. cit.
[10] ibid.
[11] Dorothee Kimmich, *Lebendige Dinge in der Moderne*, Konstanz 2011, p. 104.
[12] ibid.

Ein Maschinenmensch rettet die Welt: Szenen aus der japanischen Science-Fiction-Serie *Ultraman* aus den Sechzigerjahren / A machine-man saves the world: scenes from the Japanese science-fiction series *Ultraman*, from the 1960s ►

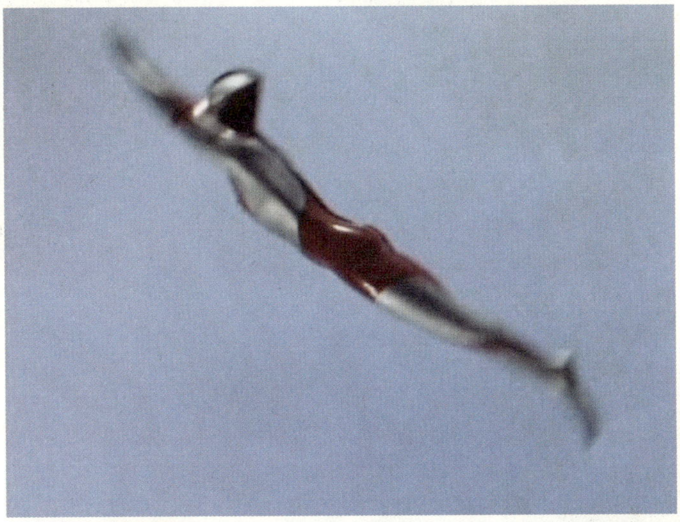

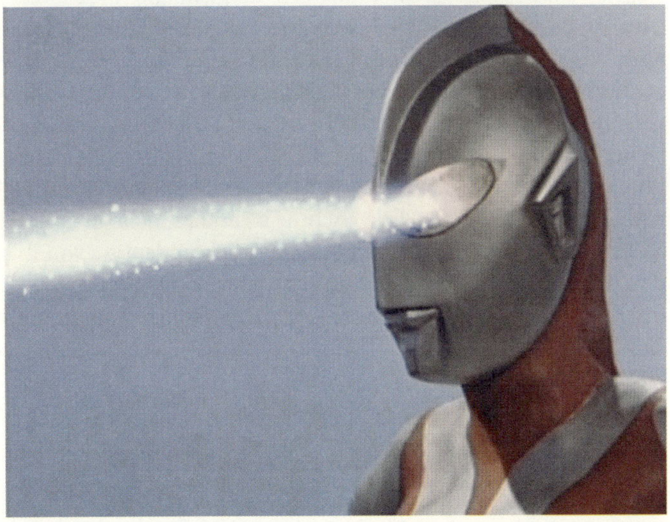

durchaus auch als Action-Held in einem japanischen Manga oder einem amerikanischen Comic vorstellen, deren Miniatur aus hochwertigem Kunststoff dann in den Verkaufsregalen eines Spielzeuggeschäfts neben Ultraman, Powerranger-Figuren oder einem Ben10-Monster steht. Es fällt uns nicht immer ganz leicht, in Figuren, die »der Abstrakte«, »Kugelhände« oder »Taucher« heißen oder die mit metallischen Helm-Masken und in Kostümen, die wie präzise ausgestopfte Trainingsanzüge wirken und betont einfach mit Reifen, Stäben und großen Kugeln agieren, Oskar Schlemmers Suche nach einer neuen menschlichen Symbolgestalt nachzuvollziehen. Es scheint hingegen sehr lohnend, ihn heute als Experimentator neu zu erkunden und ihn eben nicht nur als jenen metaphysischen Symboliker zu betrachten, wie dies die Kunstgeschichte in den vergangenen Jahrzehnten getan hat, sondern eben auch als einen »Dingfreund« — ähnlich wie Charlie Chaplin, den Alfred Polgar als einen »Befreier« beschrieben hat, als einen »Lockerer der moralischen, logischen und mechanischen Zusammenhänge, in die der sogenannte ernste Mensch sich heillos verstrickt weiß«.[13]

Auch heute noch fungiert die Maschine als ein Signum der Entfremdung und Tyrannei einer instrumentellen Vernunft — und verweist zugleich auf wesentliche funktionale Zusammenhänge unserer Existenz als Zwitterwesen zwischen Natürlichkeit und Künstlichkeit. Kein Wunder, dass Maschinendiskurse an Brisanz und Relevanz gewinnen — auch angesichts der vielen Fortschritte in den ›Converging Technologies‹ wie Neuro-, Nano-, Info-, Bio- und Kognitionstechnologien, die in jüngster Zeit das Maschinelle zunehmend ins Innere des menschlichen Körpers transportieren und transformieren. Damit verschwindet die Maschine mehr und mehr als äußeres Gegenüber. Sie wird biologisch und natürlich, indem sie von uns, z.B. in Form von Herz- oder ›Hirnschrittmachern‹, durch gentechnisch veränderte Nahrungsmittel, im Dialog mit Computern als ›Geistmaschinen‹ oder bei Organtransplantationen als biotechnische Physis integriert wird.

[13] Alfred Polgar, *Chaplin*, in: Dorothee Kimmich (Hg.), *Charlie Chaplin. Eine Ikone der Moderne*, Frankfurt am Main 2003, S. 34.

▲ »Dingfreund« Chaplin ruiniert als Maschinenteil in *Modern Times* (1936) eine ganze Fabrik / »Friend of things«: Charlie Chaplin as the spanner in the works that ruins a whole factory, in *Modern Times* (1936)

ical symbolist, as art historians have done in recent decades, but also as a »friend of things«—similar to Charlie Chaplin, whom Alfred Polgar described as a »liberator«, as a »loosener of the moral, logical, and mechanical frameworks in which so-called serious people know they are hopelessly entangled.«[13]

Even today, the machine is still a symbol of alienation and the tyranny of instrumental reason and also points to fundamental aspects of our existence as hybrids of naturalness and artificiality. It is no wonder that machine discourses are becoming more and more topical and controversial, especially in light of the many advances in ›converging technologies‹ like neuro-, nano-, info-, bio-, and cognitive technologies, which increasingly carry the mechnical into the human body and transform it. Thus, machines are increasingly disappearing as external entities. Instead, they are becoming biological and natural, being incorporated by us as biotechnological ›physis‹, for example, in the form of cardiac or ›brain pacemakers‹, through genetically modified foods, in our dialogue with computers as ›mind machines‹, or through organ transplants.

How could contemporary ›Kunstfiguren‹ model such machine-based situations and call them into question? Is it Čapek's »robots« that have evolved into the cyborgs, mutants, hybrids, avatars, and androids of so many science fiction stories and films? When it comes to poetic artistic models and imaginary notions of human machines or mechanical humans, it looks very much as if we still need them, indeed that we need them more than ever, to develop a concrete rather than purely instrumental way of feeling and thinking about how ›natural‹ and how close to us machines should be able or permitted to come. In the end, ethics commissions should not be the only places to discuss how far we wish to mechanize ourselves or allow ourselves to be mechanised. Oskar Schlemmer's ›Kunstfiguren‹ raised this question on stage in the 1920s. His dances are much more than merely quaint but entertaining performances with live customed pup-

[13] Alfred Polgar, *Chaplin*, in: Dorothee Kimmich (ed.), *Charlie Chaplin. Eine Ikone der Moderne*, Frankfurt am Main 2003, p. 34.

Die »Hubots« in der schwedischen Serie *Real Humans* sehen manchmal aus wie Franz Müntefering, kennen aber keine Rente mit 67 / The »Hubots« in the Swedish series *Real Humans* sometimes look a bit work-worn, but it doesn't get them any closer to a pension at 67 ▶

Wie könnten heutige ›Kunstfiguren‹ derartige Maschinenverhältnisse modellieren und infrage stellen? Sind es Čapeks »Roboter«, die sich zu den Cyborgs, Mutanten, Hybridwesen, Avataren und Androiden zahlreicher Science-Fiction-Geschichten und -Filmen entwickelt haben? Es sieht ganz danach aus, dass wir auch weiterhin — oder sogar mehr denn je — solche poetischen Kunst-Modelle und Vorstellungsbilder von Menschenmaschinen oder Maschinenmenschen brauchen, um ein besinnliches und nicht nur instrumentales Nachdenken und Empfinden darüber entwickeln zu können, wie ›natürlich‹ und nah uns Maschinen kommen sollen oder dürfen. Schließlich sollte nicht nur in Ethikkommissionen darüber diskutiert werden, wie weit wir uns selbst maschinisieren oder maschinisieren lassen. Oskar Schlemmers ›Kunstfiguren‹ haben diese Frage in den Zwanzigerjahren auf der Bühne gestellt. Seine Tänze sind weit mehr als ein kurioses, aber unterhaltsames Theater mit lebenden Kostümpuppen, wie dies mitunter in Rekonstruktionen und Re-Interpretationen vermittelt wird. Natürlich sind es sehr formalisierte, geradezu formalistische Tänze, die manchmal ihren artifiziellen Charakter bis zur Langeweile betonen. Aber gerade dieses Artifizielle, ihr letzten Endes archaischer mechanischer Gliederpuppen-Charakter ist das entscheidende Mittel, mit dem gegen das Natürlich-Werden des Technischen eine Differenz behauptet wird. Das Künstliche, die mechanisch reduzierten Bewegungen mit ihren harten Schnitten repräsentieren eben nicht eine perfekt funktionierende Technologie, sondern vielmehr den Modus einer kontinuierlichen Intervention des Menschen. Schlemmer nutzte die Bühne und seine Bilder, um im ›Gestaltwandel des Menschen‹ neue Daseinsbedingungen im ›Zeitalter der Abstraktion und der Mechanisierung‹ analytisch zu modellieren und erfahrbar zu machen. Es ging um Fragen nach der Natur und Technik des Lebendigen, nach den Visionen und Ängsten, die mit einer psychophysischen, aber auch psychopolitischen Umgestaltung des Menschen verbunden sind. Wie kann unser natürlicher, immer auch zugleich mental wie technisch bedingter Leib neu imaginiert und neu belebt werden? Die Art und Weise, in der Schlemmers Tänze die Differenz von Mensch und Maschine, von Künstlichkeit und Abstraktion mit ›Kunstfiguren‹ im Wortsinne umspielten, seine fragende Haltung, die versucht, den einst von Descartes formulierten Dualismus von Leib und Seele auf die Spitze zu treiben, um ihn zu überwinden, ist mehr denn je relevant. Heute wäre vielleicht eine Fernsehserie wie *Real Humans*, in der surreal anmutende Androiden als neue ›Kunstfiguren‹ auftreten, ein würdiger Nachfolger der Schlemmer-Experimente. In dieser schwedischen Produktion von 2012 erleben wir eine Parallelwelt, die unserem heutigen Alltag in fast allem ähnelt, wären da nicht die »Hubots«, diese nach menschlichem Vorbild hergestellten menschlich-maschinellen Fantasiegestalten, in denen sich die alten Fragen neu bündeln und uns daran erinnern, dass wir uns sehr wohl immer wieder als vollständige Maschinen denken können, aber doch sehr unsicher sind, wie wir mit dieser sehr realen Perspektive umgehen sollen, wenn sie konkret wird und schließlich uns ganz persönlich betrifft.

Torsten Blume, geboren 1964, ist wissenschaftlicher und künstlerischer Mitarbeiter der Stiftung Bauhaus Dessau und Kurator der Ausstellung *Mensch-Raum-Maschine. Die Bühnenexperimente am Bauhaus* (Dezember 2013 bis April 2014). Außerdem ist er unter anderem verantwortlich für experimentelle Projekte auf der historischen Bauhausbühne.

pets, as they sometimes seem to be in reconstructions and reinterpretations. Of course, they are highly formalised, almost formalistic dances, which sometimes emphasise their artificial character to the point of becoming dull. But precisely this artificiality, their ultimately archaic evocation of mechanical puppets, is the crucial means by which a difference is asserted against the naturalization of the technical. The artificiality, the mechanically diminished movements with their ›hard cuts‹, precisely do not represent a perfectly functioning technology but rather a continual intervention on the part of humanity. Schlemmer used the stage and his images to analytically model and make experienceable, in the ›metamorphosis of humanity‹, new conditions of existence in the ›age of abstraction and mechanization‹. At issue were questions of the nature and technology of the living, of the visions and fears associated with a psychophysical but also psychopolitical transformation of humanity. How can our bodies, which are natural but always also mentally and technologically conditioned, be reimagined and reinvigorated? The way Schlemmer's dances used »Kunstfiguren« to engage with the difference between human and machine, artificiality and abstraction, and his questioning attitude that sought to overcome the Cartesian mind-body dualism by carrying it to extremes, are today more relevant than ever. Today, a TV series like *Real Humans*, in which surreal-looking androids function as contemporary ›Kunstfiguren‹, may be regarded as a worthy successor to Schlemmer's experiments. In this Swedish production from 2012, we experience a parallel world that resembles our own in almost every respect, were it not for the »hubots«, these human-mechanical fantasy figures manufactured to resemble human beings, in which the old questions come together again, reminding us that while we may be very used to thinking of ourselves as complete machines, we are quite uncertain how to deal with this very real perspective when it becomes concrete and affects us personally.

Torsten Blume (born in 1964) is a research and artistic associate at the Bauhaus Dessau Foundation and curator of the exhibition *Mensch-Raum-Maschine. Die Bühnenexperimente am Bauhaus* (*Human-Space-Machine. Stage Experiments at the Bauhaus,* December 2013—April 2014). He is also in charge of experimental projects at the historic Bauhaus Theater.

Der magische Ort des Experiments: die Dessauer Bauhaus-Bühne, fotografiert von Erich Consemüller, 1927 / A magical place for experimentation: the stage in the Dessau Bauhaus, photographed by Erich Consemüller, 1927

Ab Januar 2014 auf DVD: *Die Bauhaustänze von Oskar Schlemmer in Rekonstruktionen* von Margarete ► Hasting, absolut MEDIEN, Edition Bauhaus / Coming out on DVD in January 2014: *Oskar Schlemmer's Bauhaus dances*, as reconstructed by Margarete Hasting, absolut MEDIEN, Edition Bauhaus

Die Drahtfigur / The Wire Figure

Im Hier und Jetzt der Geometrie

Angesiedelt zwischen Bildender Kunst und Tanz gilt Oskar Schlemmers *Triadisches Ballett* als Meisterwerk der Theateravantgarde. Nun kommt es neu auf die Bühne

Von Franz Anton Cramer

[1] Dirk Scheper, *Oskar Schlemmer. Das Triadische Ballett und die Bauhausbühne*, Berlin 1988, S. 49.
[2] Schlemmer, zit. nach Scheper 1988, S. 49.

Wenn im Juni 2014 die Junior Company des Bayerischen Staatsballetts in München *Das Triadische Ballett* zur Premiere bringt, gelangt Oskar Schlemmers wohl berühmtestes Werk erstmals ins Repertoire eines Staatstheaters. Fast 100 Jahre nach der Uraufführung erfüllt sich eine komplexe Überlieferungsgeschichte.

Ein Ideen-Komplex

Der gesamte Werkkomplex des *Triadischen Balletts* ist in mehrfacher Hinsicht hybrid: Angesiedelt zwischen bildender Kunst und Tanz, zwischen Laientum und Metier, zwischen künstlerischer Forschung und wirtschaftlichem Erfolgsdruck, fand das *Triadische Ballett* seine Gestalt in einem verzweigten Geflecht künstlerischer Ansätze und Visionen. Wichtigste und bekannteste Elemente und auch noch heute anschaulichste Zeugnisse des *Triadischen Balletts* sind die ursprünglich 18 Kostüme — ›Ganzkörpermasken‹, wie ihr Schöpfer sie einmal salopp bezeichnete —, die Schlemmer für die farblich bestimmten drei Teile des *Triadischen Balletts* (Gelbe Reihe, Rosa Reihe, Schwarze Reihe) entwickelt hat, in denen insgesamt zwölf Bilder-Tänze zur Aufführung kamen. Teils tragen die Kostüme sprechende Namen wie ›Taucher‹ oder ›Tänzer türkisch‹, teils sind sie nach ihren Merkmalen benannt: ›Kugelhände‹, ›Spirale‹, ›Rundrock‹. In jedem Fall handelt es sich um weitgehend bildplastische Erfindungen — »elementarmathematische Formgebilde«[1] —, die den Körper in Volumen auflösen, unterschiedliche Raumebenen hervorheben oder die Bewegungsmöglichkeiten in der Einschränkung stilisieren. Nicht an der Entäußerung von Subjektivität oder der Nachahmung irgendwelcher Realitäten war Schlemmer gelegen, sondern an der Gestaltung von Tanz im Hier und Jetzt der Geometrie. Das Menschliche ist dabei in letzter Konsequenz verzichtbar: »Sollen nun die Tänzer nicht vollends Marionetten sein, [...] von einem vollendeten mechanischen Präzisionswerk aus selbsttätig bewegt werden, fast ohne menschliches Dazutun [...]? Ja!«[2]

Die Uraufführung und ihre Folgen

Die insgesamt 18 Kostüme wurden 1922 in Stuttgart und auch bei einigen nachfolgenden Aufführungen von nur drei Tänzern belebt und bewegt, darunter Schlemmer selbst. Er trat unter dem Pseudonym Walter Schoppe auf. Die Aufführung hatte sich eigentlich als heikel erwiesen, denn die zahlreichen Pausen, die zum Kostümwechsel notwendig waren, sowie auch die kurzen Probezeiten hatten Schlemmer gleichsam vom visuellen Geschehen abgekoppelt. In einem Brief an seinen Freund Otto Meyer-Amden erwähnt Schlemmer

Fortsetzung auf Seite 22

In the Here and Now of Geometry

By Franz Anton Cramer

Located between the visual arts and dance, Oskar Schlemmer's Triadic Ballet is considered a masterpiece of the avant-garde theatre. Now it is returning to the stage

When the Junior Company of the Bayerisches Staatsballett in Munich performs its premiere of *Das Triadische Ballett* (The triadic ballet) in June 2014, it will be the first time Oskar Schlemmer's probably most famous work will enter the repertoire of a state theatre. Nearly a hundred years after its world premiere, the complex history of transmission will be fulfilled.

A complex of ideas

The entire complex of *Das Triadische Ballett* is hybrid in many respects: located between the visual arts and dance, between amateurism and métier, between artistic research and the pressure to succeed economically, *Das Triadische Ballett* is to form within an elaborate plexus of artist approaches and visions. The most important and best-known elements, and also the evidence most visible today, of *Das Triadische Ballett* are the costumes—›all-body masks‹ as their creator once nonchalantly described them—of which there were originally 18, which Schlemmer designed to correspond to the colours of the three parts of the *Das Triadische Ballett* (yellow series, pink series, black series), in which a total of 12 *Bilder-Tänze* (picture dances) were performed. Some of the costumes have evocative names such as ›diver‹ or ›dancer, Turkish‹; some are named after their features: ›Sphere Hands‹, ›Spiral‹, ›Round Skirt‹. In any case, they are largely sculptural inventions—»elementary-mathematical forms«[1]—that dissolve the bodies into volumes, emphasise difference spatial levels, or stylise the possibilities of movement by limiting them. Schlemmer was not concerned with relinquishing subjectivity or imitating any realities but rather with creating dance in the here and now of geometry. Consequently, the human quality was dispensable in that process: »One might ask if the dancers should not be real puppets [...] self-propelled by means of a precision mechanism, almost free of human intervention, at most directed by remote control. [...] Yes!«[2]

The world premiere and its consequences

Both in Stuttgart in 1922 and in subsequent performances, the 18 costumes were animated and moved by just three dancers, including Schlemmer himself. He performed under the pseudonym Walter Schoppe. The performance had turned out to be tricky, in fact, since the numerous intermissions that were necessary for costumes changes and the limited rehearsal time had disengaged Schlemmer, so to speak, from the visual action. In a letter to his friend Otto

[1] Dirk Scheper, *Oskar Schlemmer: Das Triadische Ballett und die Bauhausbühne*, Berlin, 1988, p. 49.
[2] Schlemmer as quoted in Scheper, 1988, p. 49.

Der Abstrakte (vorn) und der Tänzer mit der Goldkugel (hinten) / ►
The abstract (front) and the dancer with the golden sphere (rear)

zudem einen aus heutiger Sicht kaum vorstellbaren medientechnischen Umstand: Er konnte die Szenen, in denen er selbst mitwirkte, nicht sehen und sich infolgedessen kein Gesamtbild der Aufführung machen. »Man sagt mir: dies und das war sehr schön —, ich muß sagen — kann sein —, ich habe es leider nicht gesehen.« Und er stellt fest, »daß ich wohl Tanzregisseur, aber nicht selbst Tänzer sein darf. Ich kann alles sagen und leiten, wenn ich nicht selbst beteiligt bin.«[3] Zudem zweifelte Schlemmer an seinen tänzerischen Fähigkeiten, jedenfalls im Vergleich zu den Profis, mit denen er die Aufführung gemeinsam entwickelt hatte: »Tänzerisch, kann ich heute selbst sagen [...] versagte ich. [...] Es zeigte sich, daß die Burgers doch über ein Theatertechnisches verfügen, daß sie eben gewohnt sind, auf diesen Brettern und in diesem Licht sich zu bewegen.«[4] Doch trotz solcher Zweifel war die Uraufführung offenbar weit mehr als ein Achtungserfolg, der es vor allem auch den Bauhaus-Fürsten angetan hatte; sie engagierten Schlemmer aufgrund des Gesehenen nach Weimar.

Gleich nach der Uraufführung in Stuttgart, deren künstlerische Urheberschaft von der Presse im Wesentlichen Oskar Schlemmer zugeschrieben wurde, begannen Auseinandersetzungen mit dem beteiligten Tänzerehepaar Albert Burger und Elsa Hötzel aus Stuttgart. Sie waren die ersten und auch treuesten Mitstreiter Schlemmers, seit 1912 die frühesten Pläne für ein Ballett entstanden waren. Fragen um Autorenschaft, Nutzungsrechte und das Eigentum am Gesamtwerk führten jedoch zu einem Rechtsstreit, der in einen Vergleich mündete. Dieser sah unter anderem die Aufteilung der Kostüme einschließlich der mit ihnen verbundenen Nutzungs- und Aufführungsrechte unter den gegnerischen Parteien vor. Zwar durften die jeweils beim anderen verbleibenden Kostüme nachgefertigt werden, allerdings nur unter Wahrung bestimmter Auflagen. Die Möglichkeit einer freien Weiterentwicklung sowohl der Gestaltungs- wie der Aufführungsideen war damit stark eingeschränkt und im Zweifelsfall mit hohen Kosten verbunden.

Dennoch gab es weitere Aufführungen des *Triadischen Balletts*. Zur ersten Bauhauswoche im August 1923 wurde das Stück im *Deutschen Nationaltheater Weimar* aufgeführt. Die drei Farbreihen umfassten leicht abweichende Tanzzusammenstellungen, zeigten aber alle zwölf Nummern der Gelben, Rosa und Schwarzen Reihe. In den Folgejahren wurden Teile des *Triadischen Balletts* in verschiedenen Kontexten präsentiert, u.a. auf Varieté-Bühnen wie 1926 bei der Frankfurter *Brückenrevue*. Doch während die Einladung zu den Donaueschinger Musiktagen im gleichen Jahr zumindest eine reduzierte Version unter Schlemmers Leitung ermöglichte, führte der bloße Verleih der Kostüme an ein Revue-Projekt im Berliner *Metropol-Theater* nicht nur zu einem finanziellen Misserfolg (Schlemmer wurden die ausgehandelten Leihgebühren nicht ausgezahlt), sondern auch zu einer Banalisierung des künstlerischen Projekts.[5]

Die meisten Gastspielangebote ließen sich jedoch überhaupt nicht realisieren, obgleich Schlemmer immer wieder Anstrengungen in diese Richtung unternahm. Er hoffte, durch Gastspiele Einnahmen zu erzielen und damit die Schulden abtragen zu können, die er während der zehnjährigen Aufführungsgeschichte immer wieder hatte machen müssen. Der letzte Versuch waren Bemühungen um einen Auftritt in New York im Rahmen der Bauhaus-Ausstellung des *Museum of Modern Art* 1938. Doch zogen sich die Verhandlungen so lange hin, dass schließlich der Ausbruch des Zweiten Weltkriegs diese letzte Hoffnung zunichte machte.

[3] Brief vom 25. Oktober 1922, zit. nach Scheper 1988, S. 54.
[4] Ebd.
[5] Immerhin zirkuliert auf YouTube ein 20-Sekunden-Clip, der wohl im Rahmen der Berliner Verwendung entstand und das einzige bekannte Bewegtbild-Dokument zum *Triadischen Ballett* darstellt — mit der *Tänzerin in Weiß* und dem *Abstrakten*. www.youtube.com/watch?v=Fe_72zBx6yQ (letzter Zugriff: 16. September 2013).

Meyer-Amden, Schlemmer mentioned a technical aspect that is difficult to imagine from today's perspective: he could not see the scenes in which he performed and hence did not have an overall picture of the performance. »People told me they found this detail or that beautiful; all I can say is: maybe—unfortunately, I did not see it myself.« And he noted: »I should direct dances but not be a dancer myself. I can say what has to be said and keep an eye on everything if I am not participating.«[3] Moreover, Schlemmer had doubts about his own abilities as a dancer, at least in comparison to the professionals with whom he had worked out the performance: »With regard to my dancing, I myself can say that [...] I failed. [...] I realised that the Burgers do have a perfect grasp of theatrical technique; they are simply accustomed to moving on these boards and under these lights.«[4] Despite such doubts, however, the premiere was clearly much more than just a critical success that had pleased above all the grandees of the Bauhaus, who hired Schlemmer to come to Weimar based on what they had seen.

Immediately after the world premiere in Stuttgart, for which the press had essentially credited Oskar Schlemmer with the artistic authorship, conflicts arose with the husband-and-wife team of dancers who had participated, Albert Burger and Elsa Hötzel of Stuttgart. They had been the first and most faithful colleagues of Schlemmer, since the earliest plans for a ballet had been conceived in 1912. But issues of authorship, rights of use, and the ownership of the work however led to a legal battle that resulted in a settlement. Among other things, it provided for the costumes, and the associated use and performance rights, to be divided up among the opposing parties. Although it allowed the costumes held by the other party to be copied, they had to remain within limited numbers. The possibility of freely developing it or new ideas for the design or performance were thus extremely limited and associated with high costs.

Nevertheless, there were additional performances of *Das Triadische Ballett*. For the first Bauhaus week in August 1923, the play was performed at the *Deutsches Nationaltheater* in Weimar. The three colour series included slightly different combinations of dances but all featured 12 numbers in the yellow, pink, and black series. In the years that followed parts of *Das Triadische Ballett* were performed in various contexts, including in variety theatres and in the *Brückenrevue* in Frankfurt am Main in 1926. But whereas the invitation to present it at Donaueschinger Musiktage that same year at least allowed for a reduced version under Schlemmer's direction, merely lending the costumes to a revue project at the *Metropol-Theater* in Berlin was not only a financial failure—Schlemmer was never paid the negotiated loan fees—but also trivialized the artistic project.[5]

Most of the offers for guest performances never came to anything, even though Schlemmer repeatedly made efforts to do so. He was hoping to make money from guest performances to pay the debts he had occurred now and again during its ten-year performance history. His last attempt was an effort to arrange a performance in New York on the occasion of the Bauhaus exhibition at the *Museum of Modern Art* in 1938. Negotiations dragged on so long, however, that ultimately the outbreak of the Second World War shattered that final hope.

[3] Letter of October 25, 1922, in ibid., p. 54.
[4] Ibid.
[5] There is a 20-second clip available on YouTube that was presumably produced during the Berlin performance and is the only known cinematic document of *Das Triadische Ballett*; it features the *Dancer in White* and the *Abstract One*, www.youtube.com/watch?v=Fe_72zBx6yQ, last accessed September 16, 2013.

Menschfreie Bewegungskörper

Schlemmer zählt zwar zu den bedeutenden Bühnenkünstlern der Zwanzigerjahre; ein echter ›Theatermann‹ war er aber nicht. Die szenischen Arbeiten im Rahmen der Bauhausbühne, die er mit seinen Studenten in großer Zahl realisiert hat, waren nicht im engeren Sinne als Theaterkunstwerke gedacht, sondern als Verräumlichung bildkompositorischer Strategien. Ohnehin waren die vielfältigen Recherchen der Moderne zu einem Theater, das vom Menschen abstrahiert, eher im Grenzbereich zwischen darstellender und bildender Kunst angesiedelt. *Das Mechanische Ballett* (1923) von Kurt Schmidt oder Kandinskys *Bilder einer Ausstellung* (1928) waren ebenfalls am Bauhaus entstanden und verzichteten völlig auf die Darstellung menschlicher Körper. Das avantgardistische Phantasma einer rein durch Puppen und Marionetten bevölkerten Theaterbühne der Formen, der Farben und des Lichts (das im Zeitalter des Digitalen ganz neue Spukgeschichten erzählen könnte), wurde auch in experimentellen Arbeiten von Erika Giovanna Klien im Umfeld des Wiener Kinetismus untersucht, so etwa mit dem *Kinetischen Marionettentheater* 1926[6]. Schließlich hatte auch die französisch geprägte Tanz-Avantgarde mit den Produktionen *Parade* (1917, Ballets russes) oder *Relâche* (1924, Ballets suédois) vergleichbare Experimente unternommen.

Dass Schlemmer sich in den Debatten seiner Zeit auskannte, darf vorausgesetzt werden: Im Programmheft der Uraufführung 1922 bezieht er sich direkt auf die Ballets russes und die Ballets suédois,[7] die zwar weit mehr am theatralischen Gesamteffekt festhielten, jedoch durch Hinzuziehung namhafter Maler und Bildhauer ihrer Zeit auf Bildwirkungen abzielten, andererseits durch Kostümierungen und den Gebrauch von Masken andere Repräsentationsformen des menschlichen Körpers evozierten.[8] Auch Schlemmers Teilnahme an der bedeutenden *Internationalen Ausstellung neuer Theatertech-*

[6] Siehe hierzu den Ausstellungskatalog *Wiener Kinetismus. Eine bewegte Moderne,* Wien, 2011.

[7] Beides waren legendäre Theaterunternehmungen der frühen Moderne. Die Ballets russes beeindruckten von 1909 bis 1929 die Welt mit ihren Innovationen der klassischen Tanzschule, insbesondere mit *Nachmittag eines Fauns* (1912) und *Das Frühlingsopfer* (1913). Die Ballets suédois (1920—1925) waren zwar kurzlebiger, dafür aber noch radikaler in ihrer interdisziplinären Ästhetik, die zuletzt sogar Film und Literatur in ihre Aufführungen integrierte.

[8] Gerhard Bohner choreografierte 1974 mit *La Création du monde* ein Ballett, das 1923 vom Ballets suédois geschaffen worden war und die Tänzer in Ganzkörperkostümen und hinter überdimensionalen Masken hatte verschwinden lassen.

Physical movement free of the human being

Although Schlemmer was one of the important stage artists of the 1920s, he was not a true ›man of the theatre‹. The staged works he produced on the Bauhaus stage together with his students, of which there were a large number, were not conceived as works of the theatre in the strict sense but as spatialisations of compositional strategies. The various modernist experiments with a theatre abstracted from the human being were in any case located in the intermediate zone between the performing and the visual arts. Kurt Schmidt's *Mechanisches Ballett* (Mechanical ballet, 1923) or Kandinsky's *Bilder einer Ausstellung* (Pictures at an exhibition, 1928) were also produced at the Bauhaus and dispensed entirely with any representation of the human body. The avant-garde phantasm of a stage of forms, colours and light populated only by puppets and marionettes (which in the digital age would be able to tell entirely new ghost stories) was also explored in experimental works by Erika Giovanna Klien in the context of Viennese Kineticism, for example, her *Kinetisches Marionettentheater* (Kinetic marionette theatre) of 1926.[6] The French-influenced dance avant-garde had also conducted comparable experiments such as the productions *Parade* (1917, Ballets russes) and *Relâche* (1924, Ballets suédois).

It is reasonable to assume that Schlemmer was familiar with the debates of the time: In the programme for the world premiere in 1922 he referred to the Ballets russes and the Ballets suédois,[7] who were far more concerned with the overall theatrical effect but also employed renowned painters and sculptors of the time to achieve visual effects; on the other hand, their use of costumes and masked evoked other forms for representing the human body.[8] Schlemmer's participation in the important *Internationale Ausstellung neuer*

[6] See exhibition catalogue *Wiener Kinetismus: Eine bewegte Moderne*,Vienna, 2011.

[7] Both were legendary theater companies of the early modernist period. From 1909 to 1929 the Ballets russes impressed the world with its innovative classical dance school, especially in *L'après-midi d'un faune* (1912) and *Le sacre du printemps* (1913). The Ballets suédois (1920—25) was more short-lived but even more radical in its interdisciplinary aesthetic, which ultimately integrated film and literature into his performances as well.

[8] In 1974 Gerhard Bohner choreographed *La création du monde*, a ballet created by the Ballets suédois in 1923, in which the dancers disappeared behind full-body costumes and oversized masks.

Der Abstrakte (noch abstrakter als auf S. 21) / The abstract (even more abstract than on p. 21) ►

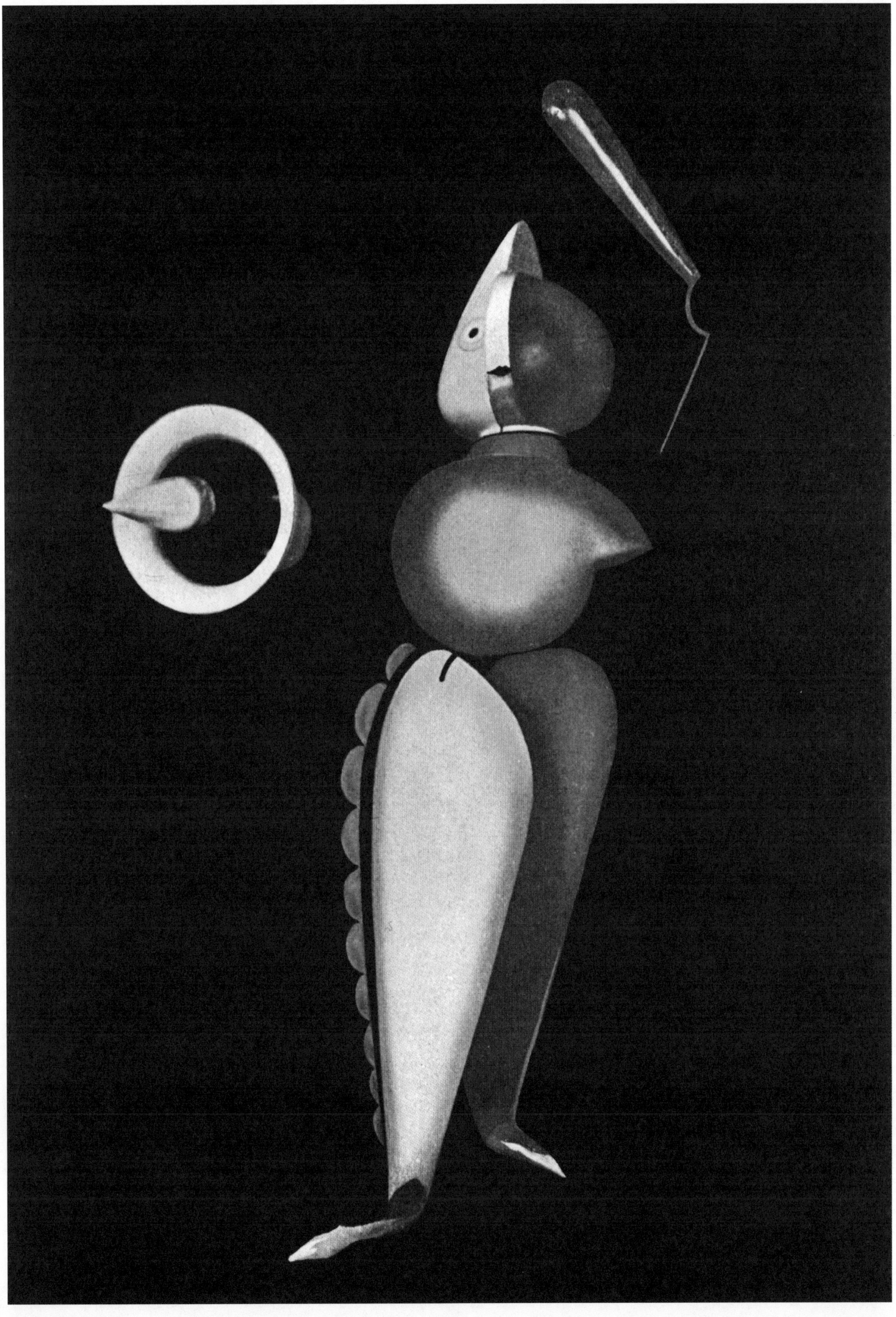

▲
Der Scheibentänzer / The disc dancer

Der Taucher / The diver ►

nik 1924 in Wien band sein eigenes Schaffen in die internationale Avantgarde ein.

Im Programmheft der Stuttgarter Uraufführung entwickelt Schlemmer in einem manifestartigen Textbeitrag mit dem Titel *Ballett?* Überlegungen zur aktuellen Lage des Bühnentanzes. Er wendet sich gegen »die Flatterseligkeit heutiger Tänzetänzerinnen« und stellt dagegen sein eigenes Werk, »das mit dem Heiteren kokettiert, ohne der Groteske zu verfallen« und »zuletzt Entmaterialisierung der Körper erstrebt«. Damit knüpft er an die Tendenz seiner Zeit an und visioniert, ob das *Triadische Ballett* nicht »die Anfänge zeigt, daraus sich ein deutsches Ballett entwickeln könnte«.

Ob das *Triadische Ballett* besonders deutsch ist, sei dahingestellt; in jedem Fall aber ist es ein deutscher Fall. Denn die Skepsis eines Teils der etablierten Tanzszene gegenüber dieser Neuerung choreografischer Bühnenkunst war nicht zu überhören. Immerhin bedeutete ›Moderner Tanz‹ in den Zwanzigerjahren vor allem Entäußerungsästhetik im Sinne des Expressionismus. Wer im *Triadischen Ballett* tänzerischen Glanz suchte oder gar auratisches Erleben einer Persönlichkeit, wurde enttäuscht.

Für die Teilnahme Schlemmers am Internationalen Choreografie-Wettbewerb von Paris 1932 — es sollte die letzte Aufführung des *Triadischen Balletts* überhaupt sein — war die Verpflichtung von modernen Tänzerinnen geplant. Mary Wigman hatte diesen Vorschlag zurückgewiesen, auch weil sie befürchtete, ihre Elevinnen könnten als unsichtbare Statisten unter dem Panzer der Kostüme missbraucht und durch diese Entkörperlichung der Tanzkunst von ihrem dringendsten Anliegen abgebracht werden. Stattdessen setzte sich der namhafte Tanzkritiker und Publizist der Weimarer Republik, Josef Lewitan, dafür ein, dass Schülerinnen der Berliner Ballettschule Eduardowa das *Triadische Ballett* einstudierten. Das wiederum führte zu der Kritik, eine allzu klassisch gefärbte Bewegungsgestaltung — einschließlich des Tanzes auf Spitze — habe vom visuellen Geschehen abgelenkt.[9] Es ging, wieder einmal, um Richtungskämpfe und ästhetische Glaubensdebatten.

Die Rekonstruktion

Die Überlieferungsgeschichte des *Triadischen Balletts* ist also kompliziert. Es wurde unter Schlemmers Regie nur wenige Male aufgeführt, und das in stets unterschiedlichen Fassungen. Die Abfolge der einzelnen Nummern, die Aufführungsdauer, die musikalische Begleitung, die Anzahl der Mitwirkenden — alles hat sich immer verändert, und so ist es schwierig, beim *Triadischen Ballett* choreografisch gesehen von einem ›Original‹ zu sprechen. Ohnehin wollte Schlemmer die Theatralisierung seiner Bildideen eher als Möglichkeitsraum verstanden wissen. 1932, anlässlich des Auftritts in Paris, von dem er sich abermals Einladungen zu Gastspielen erhoffte, verfasste er einen kurzen Text, in dem er dazu einlud, die Kostüme zu vervielfachen, die Musik zu ändern, die Abfolge anzupassen.[10]

Gleichwohl ist das *Triadische Ballett* eines der am besten überlieferten Bühnenkunstwerke. Die Einstudierung einer aktuellen Fassung durch die Tänzer des Bayerischen Staatsballetts 2014 wird also keine freie Adaption oder ungefähre Annäherung sein. Denn das Projekt *Das Triadische Ballett / Gerhard Bohner, Oskar Schlemmer* geht zurück auf eine minutiös recherchierte »Rekonstruktion und choreographische Neufassung«, die der Tänzer und Choreograf Gerhard Bohner[11] im

[9] Marion Kant, *Biografie Josef Lewitan / Joseph Levitan*, www.Digitaler-Atlas-Tanz.de, http://tanz1.tanzatlas-deutschland.de/xmlui/handle/10886/203 (letzter Zugriff: August 2013).

[10] Oskar Schlemmer, *Pour les intéressés*, Bibliothèque-musée de l'Opéra, Paris, Künstlerdossier *Schlemmer*.

[11] Gerhard Bohner (1936—1992) war klassisch ausgebildeter Tänzer und bis zu seiner Kündigung 1971 Solist im Ballett der Deutschen Oper Berlin. 1972 übernahm er die Leitung des Balletts des Theaters in Darmstadt und verwendete erstmals den Begriff ›Tanztheater‹. Aufgrund von Differenzen mit der Intendanz legte er seine Tätigkeit 1975 nieder und arbeitete fortan freischaffend. Er gehört zu den bedeutendsten Vertretern des zeitgenössischen Balletts und Tanztheaters der westdeutschen Nachkriegszeit.

Theatertechnik in Vienna in 1924 also connected his own work to the international avant-garde.

In the programme for the world premiere in Stuttgart, Schlemmer reflected on the current state of dancing on stage in a manifesto-like essay titled *Ballett?*: He rejected »the flighty bliss of today's female dance dancers« and countered it with his own work, »which flirts with the cheerful without succumbing to the grotesque« and »ultimately strives for the dematerialisation of bodies«. In that he was following the trend of his time and envisioning whether *Das Triadische Ballett* might not »reveal the beginnings from which a German ballet could evolve«.

Leaving aside the question whether *Das Triadische Ballett* is especially German, it is certainly a German case, since the skepticism that one part of the established dance scene felt about this innovation of the stage art of choreography was unmistakable. Nevertheless, in the 1920s ›modern dance‹ primarily meant an aesthetic of relinquishing in the spirit of Expressionism. Anyone seeking glorious dance in *Das Triadische Ballett* or even auratic experience of a personality was disappointed.

The plan for Schlemmer's participation in the Concours international de chorégraphie (International choreography competition) in Paris in 1932—which would be the final performance of *Das Triadische Ballett*—was to cast modern dancers. Mary Wigman rejected the proposal, in part because she feared that her students could be misused as invisible bit players under the armor of the costumes and be distracted from their most urgent concern by this disembodiment of the art of dance. Instead, a renowned dance critic and journalist of the Weimar Republic, Josef Lewitan, arranged for the students of the Ballettschule Eduardowa in Berlin to rehearse *Das Triadische Ballett*, which led to the criticism that an overly classical choreography of the movements—including dancing *en pointe*—distracted from the visual event.[9] Once again, it was a matter of struggles between different trends and debates over aesthetic faith.

The reconstruction

The transmission history of *Das Triadische Ballett* is complicated. It was performed only a few times under Schlemmer's direction, and always in different versions. The sequence of the individual numbers, the length of the performance, the musical accompaniment, the number of dancers—all of this changed each time, so that it is difficult to speak of an ›original‹ choreography of *Das Triadische Ballett*. In any case, Schlemmer wanted the dramatisation of his visual ideas to be understood more as a space of possibilities. In 1932, on the occasion of the performance in Paris, which he hoped would lead to invitations to give guest performances, he wrote a brief text in which he invited the organisers to multiply the costumes, change the music, and adapt the sequence.[10]

Nevertheless, *Das Triadische Ballett* is one the best documented works of art for the stage. The rehearsal of a current version by dancers from the Bayerisches Staatsballett in 2014 will not be a free adaptation or rough approximation. The project *Das Triadische Ballett: Gerhard Bohner und Oskar Schlemmer* is based on a meticulously researched »reconstruction and choreographic new version« produced by the dancer and choreographer Gerhard Bohner on behalf of the *Akademie der Künste*, Berlin.[11] As part of the 15th Europäische Kunstausstel-

[9] Marion Kant, *Biografie Josef Lewitan / Joseph Levitan*, www.Digitaler-Atlas-Tanz.de, http://tanz1.tanzatlas-deutschland.de/xmlui/handle/10886/203 (last accessed August 2013).

[10] Oskar Schlemmer, *Pour les intéressés*, Paris, Bibliothèque-musée de l'Opéra, Schlemmer file.

[11] Gerhard Bohner (1936—1992) was a classically trained dancer and, until his termination in 1971, a soloist in the ballet company of the Deutsche Oper Berlin. In 1972 who took over the direction of the ballet company of the Tanztheater in Darmstadt; he was the first to use this term ›dance theater‹. As a result with disagreements with the theater's management, he left in 1975 and worked freelance. He was one of the most important representatives of contemporary ballet and dance theater of the postwar period in West Germany.

Auftrag der *Akademie der Künste*, Berlin, realisiert hat. Im Rahmen der 15. Europäischen Kunstausstellung *Tendenzen der zwanziger Jahre* 1977 in Berlin ergab sich die glückliche Möglichkeit für eine systematische Erforschung von Entstehungs- und Werkgeschichte des *Triadischen Balletts*. Vor allem aber begleitete ein Stab höchst kompetenter Berater Bohners Arbeit. Dirk Scheper, damals Sekretär der Abteilung Darstellende Kunst der Akademie, hatte in langjährigen Forschungen das Quellenmaterial gesichtet und die Werkgeschichte nachgezeichnet. Er konnte Gerhard Bohner, dessen Gewissenhaftigkeit und künstlerisches Ethos bis heute legendär sind, bei der Analyse von Schlemmers Inszenierungspraxis behilflich sein. Bohner arbeitete intensiv mit den Quellen, insbesondere zu den choreografischen Lösungen der zwölf Tänze. Weil es eindeutige Notate Schlemmers zu Schrittfolgen und Tempi nur in geringem Umfang gibt, waren Überlieferungslücken zu schließen. Von Bohners skrupulöser Recherche zeugen die Arbeitshefte aus dessen Nachlass.[12]

Bohner machte sich aber zunächst an die Rekonstruktion der fehlenden Kostüme.[13] So nah wie möglich wollte er dem Originalzustand kommen. Daher verzichtete Bohner auf zeitgenössische Werkstoffe (wie sie etwa in Margarete Hastings Rekonstruktionsprojekt 1968/1970 verwendet worden waren) und ließ vornehmlich Wattekaschierungen für die textilen Volumen, Pappmaché und Holz für die Strukturelemente einsetzen. Dadurch lasteten die Kostüme aber schwerer am Körper, waren empfindlicher im Gebrauch und komplizierter in der Herstellung. Schlemmer war es bei seinem Ballett durchaus um Bewegungseinschränkung gegangen. Bohner stellte sich nun die Frage, wie in dem reduzierten Bewegungsradius dennoch kinetische Vielfalt und tänzerischer Ideenreichtum zu erzielen wären. In dieser Phase der künstlerischen Forschung unterstützte ihn die Tänzerin und Choreografin Reinhild Hoffmann.[14]

Die Beteiligten von damals sind auch jetzt wieder die Protagonisten. Ivan Liška und Colleen Scott, Tänzer in fast allen Vorstellungen zwischen 1977 und 1989, sind heute Leiter des Bayerischen Staatsballetts und regten schon Ende der Neunzigerjahre die Neueinstudierung an, die jedoch an Rechtefragen scheiterte. Der Schlemmer-Experte Dirk Scheper und die heutige Vizepräsidentin der *Akademie der Künste*, Nele Hertling, hatten 1977 die Entstehung der Neufassung begleitet und fungieren auch jetzt wieder als Berater.

Mit Bohner nahm sich ein theatererfahrener Künstler der komplexen Werk-Partitur an — heute spricht man in solchem Zusammenhang eher von Score — und wollte sie nach seinen eigenen szenischen Maßgaben für die Bühne realisieren: »Ich habe mich gegen die nur mechanische Auffassung dieses Balletts gewandt. Die Kostüme sind dreidimensional, und es gibt keinen äußeren Grund, sie im Profil oder frontal zu choreographieren. Deswegen erzählen die Figuren in ihren Richtungen und Beziehungen Geschichten.«[15] Die von Bohner veranlasste Neuanfertigung der Kostüme, die Zusammenstellung der einzelnen Tanz- und Kostüm-Kombinationen, die Auslotung von Bewegungsmöglichkeiten und dramatischen Konstellationen gaben dem *Triadischen Ballett* ein neues Gesicht. Über ein Jahrzehnt hinweg wurde die neue, die Bohner'sche Fassung in nahezu 90 Aufführungen der Welt bekannt gemacht und löste damit ein, was Schlemmer angestrebt hatte.

Die Aktualisierung durch das Ensemble eines Staatstheaters schlägt daher eine Brücke nicht nur über 35 Jahre Nachkriegsgeschichte, sondern auch über fast 100 Jahre Werkgeschichte des *Triadischen Balletts*.

Franz Anton Cramer (*1962) ist Wissenschaftlicher Mitarbeiter im Rahmen der DFG-Forschungsstelle ›Verzeichnungen‹ am hochschulübergreifenden *Zentrum Tanz Berlin / Universität der Künste*. Von 2007 bis 2013 war er Fellow am *Collège international de philosophie* in Paris.

[12] Bohners künstlerischer Nachlass wird im Archiv der Akademie der Künste, Berlin, bewahrt, siehe http://www.adk.de/de/archiv/archivbestand/darstellende-kunst/index.htm?hg=darstell&we_objectID=1018.

[13] Von den ursprünglich zwölf Kostümen wurden neun als Exponate der Bauhaus-Ausstellung 1938/39 nach New York verschickt, wo sie bis 1960 verblieben sind und anschließend an die Staatsgalerie in Stuttgart gingen. Die übrigen Originalkostüme aus dem Besitz des Ehepaars Burger wurden während des Kriegs zerstört.

[14] Gemeinsam mit Reinhild Hoffmann übernahm Bohner von 1978 bis 1981 die Leitung des Tanztheaters Bremen.

[15] Gerhard Bohner, zit. nach Dirk Scheper, *Gerhard Bohners Rekonstruktionen und Neufassungen von Schlemmer-Tänzen*, in: edition hentrich (Hg.), *Gerhard Bohner, Tänzer und Choreograph*, Berlin 1991, S. 89—111, hier S. 109.

lung, *Tendenzen der zwanziger Jahre*, in Berlin in 1977, there was an auspicious opportunity to study the history of the creation and production of *Das Triadische Ballett* systematically. Above all, however, Bohner's work was aided by a staff of highly competent advisors. Dirk Scheper, who at the time was secretary of the academy's department of performing arts, had spent years studying the source material and tracing the history of the work. He was able to help Gerhard Bohner, whose conscientiousness and artistic ethos are still legendary today, to analyse Schlemmer's staging. Bohner worked intensely with the sources, in particular on the choreographic solutions for the 12 dances. Because only a limited number of Schlemmer's notations on the sequences of steps and the tempos survive, it was necessary to fill the gaps of transmission. Bohner's meticulous research is evident from the workbooks in his archive.[12]

Bohner began, however, by reconstructing the missing costumes.[13] He wanted to get as close as possible to their original state. Hence he dispensed with contemporary fabrics—which had been used for Margarete Hasting's reconstruction project in 1968/70, for example—and employed mainly cotton lining for the textile volumes and papier-mâché and wood for the structural elements. As a consequence, the costumes were heavier on the body, more delicate to use, and more complicated to produce. It was indeed an important concern for Schlemmer to limit movement in his ballet. Bohner raised the question how kinetic diversity and a wealth of ideas for the dance could still be achieved with this reduced radius of movement. In this phase of his artistic research he was supported by the dancer and choreographer Reinhild Hoffmann.[14]

A number of participants from that time are again the protagonists today. Ivan Liška and Colleen Scott, dancers in nearly all of the performances between 1977 and 1989, are now directors at the Bayerisches Staatsballett and had already arranged new rehearsals in the late 1990s, but legal issues prevented performances. The Schlemmer expert Dirk Scheper and the current vice president of the *Akademie der Künste*, Nele Hertling, were involved in the creation of the new version in 1977 and are involved as consultants again.

Bohner, an experienced artist of the theatre, took on the complex score for the work and tried to stage it according to his own demands for the stage: »I rejected a purely mechanical view of this ballet. The costumes are three-dimensional, and there is no external reason to choreograph them in profile or frontally. Hence the figures tell stories through their orientations and relationships.«[15] The recreation of the costumes, the arrangement of the various combinations of dance and costumes, the exploration of the possibilities of movement and the dramatic constellations that Bohner had organized lent *Das Triadische Ballett* a new face. Over the course of a decade, this new version by Bohner became famous with more than ninety performances worldwide and thus achieved what Schlemmer had been striving for.

This updating by an ensemble at a state theatre thus builds a bridge not only across 35 years of postwar history but also the nearly hundred years of the history of *Das Triadische Ballett*.

Franz Anton Cramer (born in 1962) is a research associate for the ›Verzeichnungen‹ research unit of the *Deutsche Forschungsgemeinschaft* (*DFG*) at the interuniversity *Zentrum Tanz Berlin / Universität der Künste*. From 2007 to 2013 he was a fellow at the *Collège international de philosophie* in Paris.

[12] Bohner's papers are preserved in the archives of the Akademie der Künste, Berlin, see http://www.adk.de/de/archiv/archivbestand/darstellende-kunst/index.htm?hg=darstell&we_objectID=1018.

[13] Of the original twelve costumes, nine were sent as exhibits for the Bauhaus exhibition of 1938/39 to New York, where they remained until 1960 before being sent to the Staatsgalerie in Stuttgart. The other original costumes were in the possession of the Burgers and were destroyed during the war.

[14] Together with Reinhild Hoffmann, Bohner directed Tanztheater Bremen from 1979 to 1981.

[15] Gerhard Bohner, quoted in Dirk Scheper, *Gerhard Bohners Rekonstruktionen und Neufassungen von Schlemmer-Tänzen*, in: edition hentrich (ed.), *Gerhard Bohner, Tänzer und Choreograph*, Berlin 1991, p. 89—111, esp. 109.

Die Rekonstruktion

The Reconstruction

Der Fotograf Gert Weigelt war mit seiner Kamera dabei, als Gerhard Bohner Schlemmers Triadisches Ballett systematisch erforschte

Gert Weigelt was there with his camera when Gerhard Bohner systematically explored Schlemmer's Triadic Ballet

Berlin 1977. Ein Wagnis ist zu besichtigen. Der Tänzer und Choreograf Gerhard Bohner nimmt sich der Rekonstruktion des *Triadischen Balletts* von Oskar Schlemmer an. Präzise hat er sich darauf vorbereitet, Quellenmaterial intensiv studiert und die Werkgeschichte recherchiert. Wo es bei Schlemmer an eindeutigen Aufzeichnungen über Tempi und Schrittfolgen mangelt, schließt Bohner mit der ihm eigenen Gewissenhaftigkeit diese Überlieferungslücken. Auch in der Materialität der Kostüme versucht er dem Original so nah wie möglich zu kommen. Bohner gelingt ein Welterfolg.
Fast vierzig Jahre später wird das *Triadische Ballett* in Bohners Fassung erneut zu sehen sein. Aus aktuellem Anlass erinnern wir mit Fotografien von Gert Weigelt an die legendäre Rekonstruktion, mit der Gerhard Bohner Schlemmers Arbeit ein neues Gesicht gab.

Gert Weigelt, geboren 1943, ist eigentlich Tänzer. Er war beim Königlich Schwedischen Ballett in Stockholm engagiert, arbeitete beim schwedischen Cullberg-Ballett und beim Nederlands Dans Theater. Nach seiner Tanzkarriere studierte er in Köln Künstlerische Fotografie und etablierte sich als einer der wichtigsten deutschen Tanzfotografen. Er hat seit Mitte der Siebzigerjahre die Arbeiten von Pina Bausch, Hans van Manen, Susanne Linke, Bill Forsythe oder eben Gerhard Bohner beobachtet.

Berlin, 1977. A record of a daring attempt. Dancer and choreographer Gerhard Bohner takes on the challenge of reconstructing the *Triadic Ballet* by Oskar Schlemmer. He has made detailed preparations, studied the source material intensively and researched the work's history. Where clear indications of tempi and steps by Schlemmer are lacking, Bohner fills the gaps in the surviving material in his own typically conscientious way. He also tries to get as close as possible to the original in the material used for the costumes. Bohner's efforts result in a world-wide success. Over thirty years after that, his version of the *Triadic Ballet* can be seen again, this time in the repertoire of the Bavarian State Ballet in Munich. As a historical preview, we are reprinting Gert Weigelt's photographs of the legendary reconstruction with which Gerhard Bohner gave a fresh look to Schlemmer's work.

Gert Weigelt (born in 1943) was originally a dancer. After being engaged at the Royal Swedish Ballet in Stockholm, he worked at the Cullberg Ballet in Sweden and the Nederlands Dans Theater. Following his dance career, he studied artistic photography in Cologne and established himself as one of Germany's foremost dance photographers. He has followed and recorded the work of Pina Bausch, Hans van Manen, Susanne Linke, Bill Forsythe and Gerhard Bohner since the mid-Seventies.

Bild
K

Die Mission der neuen Kunst

In den Jahren des Ersten Weltkriegs fand Oskar Schlemmer zu einer Synthese aus Organischem und Künstlichem, aus Naturalismus und Abstraktion

Von Ina Conzen

[1] *Herbstschau Neuer Kunst*, *Der Sturm* Berlin, und Üecht-Gruppe Stuttgart, Stuttgart, Kunstgebäude am Schlossplatz, 26.10.—19.11.1919.

[2] Publiziert in: Karin von Maur, *Oskar Schlemmer.* Bd. I: *Monographie*, München 1979, S. 334—335.

[3] Die nachhaltige Bedeutung der Novemberrevolution für Schlemmer belegt u.a. ein Brief an Richard Herre vom 9.11.1920, den er mit »Revolutionstag, 9. Nov. 20« datiert (Oskar Schlemmer Archiv, Staatsgalerie Stuttgart, unpubl.).

[4] Vgl. dazu und zu Schlemmers Einsatz für die Moderne in Stuttgart: Karin von Maur, *Oskar Schlemmer und die Stuttgarter Avantgarde 1919. Beiträge zur Geschichte der Staatlichen Akademie der bildenden Künste Stuttgart* (1), hg. von Wolfgang Kermer, Stuttgart 1975.

In seiner Ansprache zur Eröffnung der *Herbstschau neuer Kunst* im Stuttgarter *Kunstgebäude*[1] am 25. Oktober 1919 resümierte Oskar Schlemmer seine Überlegungen, die er sich über die Rolle der Kunst und der Künstler in den vorausgehenden Jahren gemacht hatte: »Die Revolutionierung der Kunst, international und alle Künste gleichzeitig und gleichmäßig erfassend, ging der politischen Revolution längst vor dem Krieg voraus. Die Kunst in ihrer Sensibilität und Geistigkeit schien das große Weltgeschehen vorauszufühlen, anzukündigen.« Heute nun seien insbesondere die deutschen Künstler voll enthusiastischen Zukunftsglaubens in ihrem Streben nach einer »neuen deutschen Kunst«. Als Richtlinien dieses Strebens filtert er einerseits den subjektivistischen »Wille[n] zur Verinnerlichung« als essenziell für die Schaffung des »Eigentümlichsten wie Allgemeinen« heraus. Andererseits sei es der »Wille zur Anwendung« im Verbund mit Handwerk und Architektur, der den Weg zum großen Ziel des »Gesamtkunstwerks« ebne.[2]

▶ Oskar Schlemmer: *Bild K*, 1916, Öl auf Leinwand, 59,6×76 cm, Nachlass Schlemmer / Oskar Schlemmer: *Bild K* [Picture K], 1916, oil on canvas, 59.6×76 cm, Schlemmer estate

◀ Heimaturlaub im Atelier: Der Soldat Schlemmer zu Besuch bei Johannes Itten in Stuttgart 1916 / Home leave in the studio: Schlemmer the soldier on a visit to Johannes Itten in Stuttgart, 1916

Aus seiner Rede spricht ein Aufbruchs- und Erneuerungswille, der nach der Novemberrevolution, die Schlemmer in Berlin miterlebt hatte,[3] und dem Zusammenbruch des Kaiserreichs weit verbreitet war. Entsprechend rückte auch die Neuausrichtung der künstlerischen Ausbildung zunehmend in den Fokus. Schlemmer hatte sich aktiv als Studentenvertreter und Delegierter im ›Rat geistiger Arbeiter‹ an der Stuttgarter Kunstakademie für einen reformierten und modernen Unterricht eingesetzt; er kämpfte für den Verbleib seines Mentors Adolph Hölzel als Akademielehrer und, als dies nicht fruchtete, für Paul Klee als dessen Nachfolger. Die Berufung scheiterte allerdings am Traditionalismus der Stuttgarter Professorenschaft.[4] Mit der Gründung der *Üecht-Gruppe* im Sommer 1919 (altdeutsch für ›Morgendämmerung‹) zusammen mit Willi Baumeister und anderen ehemaligen Hölzel-Schülern wie Gottfried Graf, Edmund Daniel Kinzinger, Hans Spiegel und Albert Müller, versuchte Schlemmer dem revolutionären Geist weitere Stoßkraft zu verleihen. In der *Herbst-*

Fortsetzung auf Seite 44

The Mission of the New Art

In the years of the First World War, Oskar Schlemmer achieved a synthesis of organic and artificial, naturalism and abstraction

By Ina Conzen

[1] Herbstschau Neuer Kunst, *Der Sturm* Berlin and *Üecht-Gruppe* Stuttgart. Stuttgart, Kunstgebäude am Schlossplatz, 26th Oct. — 19th Nov. 1919.
[2] Published in: Karin von Maur, *Oskar Schlemmer.* vol. I: Monograph, Munich 1979, pp. 334—335.
[3] The lasting significance of the November Revolution to Schlemmer is documented by a letter that he wrote to Richard Herre on the 9th November 1920, which he dated »Revolutionstag, 9. Nov.20« (Oskar Schlemmer archive, Staatsgalerie Stuttgart, unpubl.)
[4] On this and on Schlemmer's efforts in support of modernism in Stuttgart, see: Wolfgang Kermer (ed.), Karin von Maur, *Oskar Schlemmer und die Stuttgarter Avantgarde 1919. Beiträge zur Geschichte der Staatlichen Akademie der bildenden Künste Stuttgart* (1), Stuttgart 1975.
[5] Speech at the *Herbstschau neuer Kunst*, op. cit.

In his speech at the opening of the *Autumn Show of New Art* in Stuttgart's arts building [Kunstgebäude][1] on 25th October 1919, Oskar Schlemmer summed up the thoughts on the role of art and the artist that had occurred to him over the preceding years: »The revolutionising of art, internationally and comprising all of the arts simultaneously and in equal measure, preceded the political revolution, long before the war. Art in its sensitivity and spirituality seemed to divine, to herald, major global events.« Now, he continued, German artists in particular were full of enthusiastic faith in the future, in their quest for a »new German art«. As a guideline in this endeavour, he picks out the subjectivist »willingness to internalise«, on the one hand, as essential for creating both the »most peculiar and the general«. On the other hand, it is the »willingness to apply« in conjunction with handcraft and architecture, which paves the way to the ultimate goal of an »integrated work of art«.[2]

His speech expresses a burning desire for change and renewal—a mood that was widespread after the November Revolution, which Schlemmer had witnessed in Berlin,[3] and the end of the Kaiser's rule. Accordingly, interest had also grown in finding a new direction in the training of artists. As a student representative and delegate on the ›council of intellectual workers‹ at the *Stuttgart Academy of Arts*, Schlemmer had campaigned actively in favour of a reformed and modern approach to education; he fought for his mentor Adolf Hölzel to be retained on the Academy's teaching staff and, when this failed, for Paul Klee to succeed him. This proposal foundered on the traditionalism of the other Stuttgart professors.[4]

In the summer of 1919, Schlemmer tried to inject some momentum into the revolutionary spirit by forming the *Üecht group* [Old German for ›dawn‹] together with Willi Baumeister and other former students of Hölzel's such as Gottfried Graf, Edmund Daniel Kinzinger, Hans Spiegel and Albert Müller. In the *Autumn Show of New Art*, Schlemmer and other members of the Üecht group, together with the artists of *Der Sturm* and Paul Klee, exhibited recent work in the arts building at the heart of the city, with an eye to anchoring the new direction in art in Stuttgart—which according to Schlemmer's speech was well suited to his ›mission‹ of helping the new art to win friends.[5] In the programmatic introduction of the 24-page catalogue, the architect Richard Herre quotes Lothar Schreyer's text *Weltwende* [literally: world turning point] to illustrate the change wrought by the war in the outlook of these artists. The response to the exhibition was in part cautiously positive and in part scathing. After 1920, the *Üecht group* disbanded. Some of its members associated with the *November group* in Berlin, which of the many artistic groups that were formed after the First World War with the aim of making the art world fundamentally democratic, was to prove the most influential and longest lasting.

In the spring of 1920, now 32 years old, Oskar Schlemmer left the *Stuttgart Academy.* His concept of a constructive kind of art, drawing sustenance from a regenerated image of mankind, that would be effective in changing the world under the umbrella of architecture, had been formed—and with it his certainty of having a mission to convey these ideals. It therefore seems only logical that this messianic desire to ›revolutionise art‹ soon led him, in the summer of 1920, to visit the Bauhaus in Weimar, where he was offered a teaching position by Walter Gropius in December of the same year. Notwithstanding due scepticism, the artist saw, in this inspiring »republic of the spirit« (Walter Gropius), many promising opportunities to achieve thoroughly integrated works of art and to practise democratic collaboration between teachers and students.

What role Schlemmer's war experiences had played in this clarification of his artistic stance, is not an easy question to answer. With very little involvement in direct combat, and lengthy interludes in Stuttgart that gave him frequent opportunities to work and take part in exhibitions, Schlemmer's letters and diary entries lack the shat-

▲ Oskar Schlemmer: *Komposition auf Rosa*, 1916, Öl und Silberbronze auf Leinwand mit übermaltem Collageelement (Kopf), 130,5×92,5 cm, Nachlass Schlemmer / Oskar Schlemmer: *Komposition auf Rosa* [Composition on pink], 1916, oil and silver metallic paint on canvas with overpainted collage element (head), 130.5×92.5 cm, Schlemmer estate

Petersburger Hängung in Schlemmers Atelier in den Unteren Anlagen von Stuttgart, 1919, Foto: Oskar Schlemmer Archiv, Staatsgalerie Stuttgart / Salon hang in Schlemmer's studio in the lower castle gardens, Stuttgart, 1919, photography: Oskar Schlemmer archive, Staatsgalerie Stuttgart ►

K

schau neuer Kunst wurden Schlemmers jüngste Arbeiten gemeinsam mit denen der Üecht-Gruppe, der *Sturm*-Künstler sowie Paul Klees im stadtzentral gelegenen Kunstgebäude gezeigt und damit die Verankerung des künstlerischen Aufbruchs in Stuttgart angestrebt — laut Schlemmers Rede dazu angetan, seine ›Mission‹, die der neuen Kunst Freunde gewinnen sollte, zu erfüllen.[5] Im programmatischen Einleitungstext des 24-seitigen Kataloghefts reflektiert der Architekt Richard Herre das vom Krieg veränderte Weltbild dieser Künstler, indem er Lothar Schreyers Text *Weltwende* zitiert. Die Resonanz auf die Ausstellung war teils verhalten positiv, teils vernichtend. Nach 1920 löste sich die Üecht-Gruppe auf. Einige ihrer Mitglieder assoziierten sich mit der Berliner *Novembergruppe*, die von den zahlreichen künstlerischen Gruppierungen, die sich nach dem Ersten Weltkrieg mit dem Ziel einer grundlegenden Demokratisierung des Kunstlebens bildeten, am einflussreichsten und langlebigsten sein sollte.

Im Frühjahr 1920 verließ der mittlerweile 32 Jahre alte Oskar Schlemmer die Stuttgarter Akademie. Seine Konzeption einer konstruktiven, von einem erneuerten Menschenbild ausgehenden und unter dem Dach der Architektur weltverändernd wirksamen Kunst hatte sich formiert — und damit eben auch die Gewissheit, eine Mission zur Vermittlung dieser Ideale zu haben. So erscheint es nur folgerichtig, dass dieser Wunsch nach einer messianischen ›Revolutionierung der Kunst‹ bereits im Sommer 1920 einen Besuch am Bauhaus in Weimar und im Dezember die Berufung durch Walter Gropius zeitigte. Trotz aller realistischen Skepsis sah der Künstler dort, in dieser inspirierenden »Republik der Geister« (Walter Gropius), vielversprechendere Möglichkeiten zur Realisierung des umfassenden Gesamtkunstwerks wie auch einer demokratischen Zusammenarbeit von Lehrern und Schülern.

Die Frage, welche Rolle bei dieser Klärung der künstlerischen Position Schlemmers Kriegserlebnisse gespielt hatten, ist nicht einfach zu beantworten. Kaum in direkte Kampfhandlungen involviert, mit längeren Zwischenaufenthalten in Stuttgart und damit verbunden immer wieder Gelegenheit zur Arbeit und zu Ausstellungsbeteiligungen, vermisst man in Schlemmers Briefen und Tagebuchaufzeichnungen die großen Erschütterungen, die etwa bei Max Beckmann, Otto Dix oder den Dadaisten zum grellen Aufschrei über den Zusammenbruch aller Werte führten.

Oskar Schlemmer hatte sich bereits kurz nach Ausbruch des Krieges am 1. August 1914 freiwillig zum Sanitätsdienst gemeldet, kam dann allerdings ins Armeecorps. »Liebe zum Vaterland« und die zu Kriegsbeginn allenthalben weit verbreitete Überzeugung einer reinigenden Wirkung des Kampfes hatten ihn wie viele andere zu diesem Schritt bewogen.[6]

Im September folgte die Versetzung an die Westfront, doch musste er alsbald nach Schmerzen im Fuß ins Lazarett erst nach Aachen, dann nach Stuttgart verlegt werden, wo er kurz nach seiner Entlassung erneut erkrankte. Vom 8. Januar bis Mitte März 1915 verrichtete er ›leichten Dienst‹ und erst im Juni 1915 erreichte ihn die Versetzung an die Ostfront. Dies wurde von ihm auch deshalb begrüßt, weil er — der bereits 1914 den Russenkittel trug — die russische Kultur bewunderte, die Lektüre von Dostojewskij und Turgenjeff schätzte und er Sympathien für den Typus des russischen Bauern empfand. Nach einer Armverletzung war erneut ein vierwöchiger Lazarettaufenthalt nötig, diesmal im rheinischen Galkhausen. Am Ende dieser Zeit schuf er für das Krankenhaus das Fresko einer Landschaft im Stil des Zöllners Henri Rousseau, dessen naive Formensprache seinem Streben nach Vereinfachung entgegenkam.

Im September 1915 kehrte Schlemmer nach Stuttgart zurück, zunächst zum Ersatztruppenteil. Anfang des Jahres 1916 erhielt er Studienurlaub, konnte in seinem Atelier arbeiten und wegweisende, die menschliche Figur auf geometrische Grundformen reduzierende Werke ent-

[5] Ansprache zur *Herbstschau Neuer Kunst*, a.a.O.
[6] Oskar Schlemmer an Dora Yekimovsky, 7. August 1914 (Oskar Schlemmer Archiv, Staatsgalerie Stuttgart, unpubl.).

tering experiences that provoked, in those of Max Beckmann, Otto Dix and the Dadaists, for example, a shrill outcry over the breakdown of all values.

Shortly after the outbreak of the war on 1st August 1914, Oskar Schlemmer had volunteered for medical service, but was assigned to an army corps. Like many others, he had been moved to take this step by »love of the fatherland« and the belief (widespread at the beginning of the war) in the purifying effect of fighting.[6]

In September, he was transferred to the western front, but soon after that had to be sent to hospital with pains in his foot: first in Aachen, then in Stuttgart, where he fell ill again shortly after being discharged. From 8th January until mid-March 1915, he performed ›light duties‹ and it was not until June 1915 that he was transferred to the eastern front. He welcomed this not least because he admired Russian culture (in 1914 he had taken to wearing a Russian smock), enjoyed reading Dostoyevsky and Turgenev, and liked the character of the typical Russian peasant. An injury to his arm subsequently necessitated a stay of four weeks in hospital, this time in Galkhausen, in the Rhineland. At the end of this period, he painted a fresco for the hospital, featuring a landscape in the style of »Le Douanier« Henri Rousseau, whose naive style he admired.

In September 1915, Schlemmer returned to Stuttgart, initially to an army reserve unit. In early 1916, he was given study leave, which he spent in his studio, developing pioneering works that resolved the human figure into basic geometric forms. After completing a course in cartography, he was transferred to Mühlhausen to a surveying unit. At the end of that year, he was granted leave for the purpose of preparing a charity fete in Stuttgart. The performance featured the first forerunners of the *Triadic Ballet*.

In April 1917, the artist was transferred to a surveying unit and subsequently put to analysing aerial reconnaissance photographs in Colmar, where he remained for the rest of the war. He was especially fascinated by these aerial images, which revealed the structures of the earth more clearly than could ever be perceived from the conventional perspective. The work as a cartographer was beneficial to his artistic quest for formal clarity: »I became a cartographer as a last resort [...] It is most welcome to me. I have always admired the fantastic aspect of a drawn map. Purity in respect of art is thus nicely preserved for me.«[7]

During these war years, whose long periods away from active combat did not suit the artist at all, his surviving writings show that Schlemmer led, in the words of Karin von Maur, »a second existence, apart from reality, in which he fought his intellectual battles.«[8] In particular the letters to his kindred spirit in Switzerland, Otto Meyer-Amden, and his diary entries, excerpts of which were published by his widow, Tut Schlemmer, in 1958, intensively examine questions of art theory and philosophy. Some of his correspondence, however, shows the artist taking an interest in current politics.[9]

In calling for subjectivism, Schlemmer was by no means concerned with individualistic projection of the self in the sense of Expressionism, but with anchoring artistic activity in metaphysical thought, as he repeatedly made clear, even before the war. The romantic vision of a reconciliation between the artistic self and the world crops up in his diary as early as 1913: »I believe that a deeper mysticism can be formulated by way of the objective representation of nature.

[6] Oskar Schlemmer to Dora Yekimovsky, 7th Aug. 1914 (Oskar Schlemmer archive, Staatsgalerie Stuttgart, unpubl.).
[7] Oskar Schlemmer to Richard Herre, 8th Oct. 1916 (Oskar Schlemmer archive, Staatsgalerie Stuttgart (unpubl.).
[8] Karin von Maur, *Oskar Schlemmer*. vol. I: Monograph, op. cit., p. 71.
[9] For instance, in Schlemmer's letters to Dora Yekimovsky, a Russian in exile, Gustav Schleicher, an architect and painter, and Wolfgang Pfleiderer, a philologist (Oskar Schlemmer archive, Staatsgalerie Stuttgart, partly unpubl.). However, this interest is formulated rather casually and is not really consistent. For example, on 15th January 1915, he writes to Dora Yekimovsky that the war is forcing him to concern himself with the State, parties and politics, with the result that: »up to now the anarchist has come out«. On 14th October 1917, however, he tells Wolfgang Pfleiderer that he finds the Fatherland Party appealing, although it has »failed miserably in respect of art«.

werfen. Nachdem er einen Kartografenkurs absolviert hatte, wurde er nach Mühlhausen zu einer Vermessungsabteilung versetzt und erhielt Ende des Jahres Urlaub, um ein Wohltätigkeitsfest im Stuttgarter Stadtgarten-Saal vorzubereiten. Vorstufen des *Triadischen Balletts* kamen hier erstmals zur Aufführung.

Im April 1917 wurde der Künstler zu einer Vermessungsabteilung, später und bis Kriegsende zu einer Fliegerbildauswertung in Colmar versetzt, wo ihn die Luftaufnahmen, die unsere Erde so viel klarer strukturierten, als dies aus der Alltagsperspektive wahrnehmbar war, besonders faszinierten. Die Arbeit als Kartograf kam seiner künstlerischen Suche nach formaler Klarheit entgegen: »Ich bin als letzte Rettung Kartenzeichner geworden … Es ist mir fast erwünscht. Ich habe immer das Phantastische einer Kartenzeichnung bewundert. Die Reinlichkeit gegenüber der Kunst bleibt mir so ganz schön bewahrt.«[7]

In diesen Kriegsjahren, deren lange Perioden der kämpferischen Untätigkeit dem Künstler gar nicht recht waren, führte Schlemmer, nach Karin von Maur, in seinen schriftlichen Zeugnissen »ein zweites, dem Realen enthobenes Leben, in dem er seine geistigen Kämpfe austrug«.[8] Insbesondere seine Briefe an den Schweizer Seelenverwandten Otto Meyer-Amden und seine Tagebucheintragungen, die auszugsweise 1958 von seiner Witwe Tut Schlemmer publiziert wurden, kreisen intensiv um kunsttheoretische und philosophische Fra-

[7] Oskar Schlemmer an Richard Herre, 8.10.1916 (Oskar Schlemmer Archiv, Staatsgalerie Stuttgart, unpubl.).

[8] Karin von Maur 1979, a.a.O., Bd. I, S. 71.

The mysticism of painterly resources.«[10] The justification of the aesthetic form by ethical interpretation is crucial: »It is the new idea that gives the new art the great mission that is expected of it, namely a philosophy of life, religion. In this, the artist must ground himself especially firmly in the generally prevailing mood, or rather: the idea must be ethical, the shape can be aesthetic.«[11]

As Schlemmer himself once admitted to Meyer-Amden, it was unusual, in view of the elemental events of the war, to engage in such a dogged intellectual struggle to find the way forward as an artist.[12] Much the same, however, may have applied to him as to his fellow artist Paul Klee, who was also not engaged in active combat, and who likewise created major works during the war years, as well as writing his essay *Creative Confession*: »If my calm existence had continued // If I had gone on as usual with my life, would my art have poured forth as rapidly as in anno 16/17?? A passionate urge towards transfiguration is also a product of outer experience.«[13]

Schlemmer now concentrated his ›new idea‹, his quasi-religious understanding of his mission, on developing a timeless interpretation of the human figure, an archetype that formally combines the pa-

[10] Oskar Schlemmer, diary entry, April 1913, in: Tut Schlemmer, (ed.), *Oskar Schlemmer. Briefe und Tagebücher*, [The Letters and Diaries of Oskar Schlemmer] Munich 1958, p. 22.

[11] Oskar Schlemmer, diary entry, summer 1917, ibid., p. 55.

[12] Oskar Schlemmer to Otto Meyer-Amden, 3rd Jan. 1916, ibid, p. 44.

[13] Paul Klee to Lily Klee, 9th Sept. 1917, in: Felix Klee (ed.), *Paul Klee. Briefe an die Familie* [Letters to the family], vol. 2, Cologne 1979, p. 876.

(Wohl) Oskar Schlemmer in seinem Stuttgarter Atelier, 1919 / (Apparently) Oskar Schlemmer in his studio in Stuttgart, 1919

▲ Oskar Schlemmer: *Mann mit Fisch*, 1916/1918, Öl auf Leinwand auf Pappe aufgezogen, 91,8×40,1 cm, Nachlass Schlemmer / Oskar Schlemmer: *Mann mit Fisch* [Man with fish], 1916/1918, oil on canvas, mounted on cardboard, 91.8×40.1 cm, Schlemmer estate

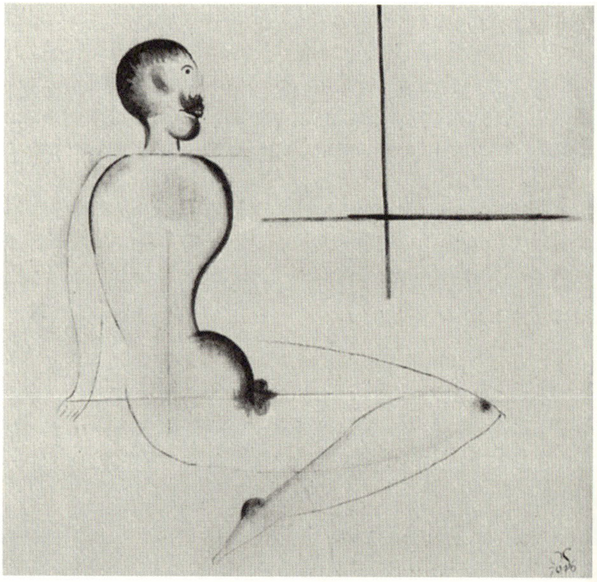

▲ Oskar Schlemmer: *Homo*, 1916, Öl auf Leinwand auf Karton aufgezogen, 45,5×48 cm, Nachlass Schlemmer / Oskar Schlemmer: *Homo*, 1916, oil on canvas, mounted on cardboard, 45.5×48 cm, Schlemmer estate

▲ Oskar Schlemmer: *Männlicher Kopf I*, Selbstbildnis, 1912, Öl auf Leinwand, 45,4×33,8 cm, Staatsgalerie Stuttgart / Oskar Schlemmer: *Männlicher Kopf I* [Male head I] self-portrait, 1912, oil on canvas, 45.4×33.8 cm, Staatsgalerie Stuttgart

gestellungen. Einige Korrespondenzen reflektieren jedoch auch eine Teilhabe des Künstlers am politischen Tagesgeschehen.«[9]
Dass es Schlemmer bei der Forderung nach Subjektivismus keineswegs um individualistische Selbstdarstellung im Sinne des Expressionismus ging, sondern um eine Verankerung des künstlerischen Tuns im Metaphysischen, macht er wiederholt und auch schon vor dem Krieg deutlich. Die romantische Vision einer Versöhnung von Künstler-Ich und Welt findet sich bereits 1913 in seinem Tagebuch: »Ich glaube, dass sich auf dem Weg der objektiven Naturdarstellung eine tiefere Mystik gestalten lässt. Die Mystik der malerischen Mittel.«[10] Entscheidend wird die Begründung der ästhetischen Form durch ethische Sinngebung: »Die neue Idee gibt der neuen Kunst erst die große Mission, die von ihr erwartet wird, nämlich Weltanschauung, Religion. Hierin muß sich der Künstler ganz besonders dem Allgemeingefühl verankern, oder so: die Idee muß ethisch, die Form kann ästhetisch sein.«[11]
Dass dieses beharrliche geistige Ringen um seinen künstlerischen Weg angesichts der elementaren Kriegsgeschehnisse ungewöhnlich war, äußerte Schlemmer selbst einmal Otto Meyer-Amden gegenüber.[12] Es mag jedoch für ihn möglicherweise Ähnliches wie für den ebenfalls nicht in aktive Kampfeshandlungen verwickelten Kollegen Paul Klee gegolten haben, der so wie er während der Kriegsjahre wichtige Werke schuf und seine Schrift *Schöpferische Konfession* verfasste: »Ob meine Kunst bei gelassenem Weiterleben auch so schnell emporgeschossen wäre wie anno 16/17?? Ein leidenschaftlicher Zug der Verklärung ist doch mit Produkt des äußeren Erlebens.«[13]
Schlemmer richtet nun seine ›neue Idee‹, die quasi religiöse Auffassung seiner Mission, dezidiert auf die Entwicklung eines überzeitlichen Menschentypus aus, eines Typus, der formal die Idolhaftigkeit archaischer Plastik — er nennt den Apoll von Tenea — mit klaren mathematischen Prinzipien vereint. In einer Tagebucheintragung vom Oktober 1915 entwirft er das Bild einer aus geometrischen Formen wie Quadrat, Kreis, Zylinder, Dreieck, Kugel bestehenden Kunstfigur.[14] Sie sollte in den starren, den Körper zu marionettenhafter Bewegung zwingenden Kostümen des *Triadischen Balletts*, das im Dezember 1916 seine oben erwähnte, zunächst auf drei Tänze reduzierte Geburtsstunde erfuhr, raumplastische Gestalt annehmen.
Gegenüber den Kostümen für die Urfassung des *Triadischen Balletts*[15] wirken die ebenfalls 1916 geschaffenen Gemälde *Homo* [→ links oben], *Komposition auf Rosa* [→ Seite 41] und *Mann mit Fisch* [→ links außen][16] wie formelhafte, auf der Bildfläche durchdeklinierte Prototypen seines figuralen Konzepts. Die menschliche Anatomie wird bei diesen Gemälden und zahlreichen Zeichnungen dieser Jahre jeweils auf Achsenkreuze ausgerichtet oder entlang orthogonaler Linien in schematisierte Fragmente zerlegt; auffällig ist dabei die häufige Armlosigkeit — eventuell ein Reflex auf die Beobachtung amputierter Kriegsteilnehmer während der Lazarettaufenthalte.[17] Bei dem ›Differenziermenschen‹ *Homo*, dessen Schema Schlemmer in den kommenden Jahrzehnten immer wieder aufgreifen wird,[18] entwickeln sich Kopf und

[9] So u.a. in Schlemmers Briefen an die Exilrussin Dora Yekimovsky, den Architekten und Maler Gustav Schleicher oder den Philologen Wolfgang Pfleiderer (Oskar Schlemmer Archiv, Staatsgalerie Stuttgart, teils unpubl.). Allerdings wird diese Teilhabe eher beiläufig formuliert und ist nicht wirklich konsistent. So schreibt er beispielsweise am 15. Januar 1915 an Dora Yekimovsky, dass der Krieg ihn zwinge, sich mit Staat, Partei, Politik zu befassen mit dem Ergebnis: »Bis jetzt kam der Anarchist heraus.«. Wolfgang Pfleiderer wird am 14. Oktober 1917 dann aber von seiner Sympathie für die Vaterlandspartei in Kenntnis gesetzt, diese habe jedoch »in Sachen Kunst kläglich versagt«.
[10] Oskar Schlemmer, Tagebuch, April 1913, in: *Oskar Schlemmer. Briefe und Tagebücher*, hg. von Tut Schlemmer, München 1958, S. 22.
[11] Oskar Schlemmer, Tagebuch, Sommer 1917, in: ebd., S. 55.
[12] Oskar Schlemmer an Otto Meyer-Amden, 3. Januar 1916, in: ebd., S. 44.
[13] Paul Klee an Lily Klee, 9.9.1917, in: *Paul Klee. Briefe an die Familie*, Bd. 2, 1907—1940, hg. von Felix Klee, Köln 1979, S. 876.
[14] Oskar Schlemmer, Tagebuch, Oktober 1915, in: *Schlemmer* 1958, a.a.O., S. 43.
[15] 1916 waren wohl zumindest zwei der Figurinen der 1922 aufgeführten endgültigen Fassung des *Triadischen Balletts* realisiert.
[16] Karin von Maur, *Oskar Schlemmer*, Bd. II: *Œuvrekatalog*, München 1979, Nr. G 111, G 114, G 115.
[17] Karin von Maur, 1979, a.a.O., Bd. I, Anm. 2, S. 75, führt in diesem Zusammenhang eine Bemerkung Oskar Schlemmers gegenüber Otto Meyer-Amden an (Brief vom 6.10.1915, Oskar Schlemmer Archiv, Staatsgalerie Stuttgart, unpubl.)
[18] Am monumentalsten für das Wandrelief, das er für das Haus von Paul Rabe 1930/31 in Zwenkau realisierte.

gan aesthetic of archaic sculpture—he cites the Apollo of Tenea—with clear mathematical principles. In a diary entry of October 1915, he devises the image of an artificial figure composed of geometric forms such as the square, circle, cylinder, triangle and sphere.[14] This was to find sculptural expression in a set of rigid costumes that compelled the wearer to move like a marionette: the costumes of the *Triadic Ballet*, which made its debut as mentioned earlier, in December 1916, albeit reduced to three dances at first.
Compared with the costumes for the original version of the *Triadic Ballet*[15] the paintings *Homo* [→ top left], *Composition on Pink* [→ page 41] and *Man with Fish* [→ far left], which were also created in 1916,[16] seem like formulaic prototypes, two-dimensional permutations of his figural concept. In these paintings and in numerous drawings from these years, the human anatomy is either aligned with cross axes or dismembered into schematic fragments along orthogonal lines; a striking aspect of them is the frequent lack of arms—perhaps a reflection of the military amputees that Schlemmer saw during his stay in hospital.[17] In the ›articulated man‹ *Homo*, whose diagrammatic form Schlemmer was to employ repeatedly in the coming decades,[18] the head and torso are developed along a vertical axis, thigh and abdomen along a horizontal axis and the legs of the seated figure along a bisecting diagonal.
Featuring letters of the alphabet and characters reminiscent of pictograms, *Image K* [→ page 38], which also dates from the spring/summer of 1916, provides a striking contrast to these figural works, owing to its high degree of abstraction and to a composition that, according to Schlemmer, was informed especially by the »idea of the (rectangular) area«, while testifying nevertheless to its playful and intuitive genesis.[19] This oscillation between lively and stringent, between intuition and rationality, between the Dionysian and the Apollonian (like many artists of his generation, Schlemmer was reading Nietzsche's writings at this time), but also between representation and abstraction, is evident time and time again, particularly in his drawings and watercolours, during this phase in which the artist sought orientation.
In 1911—12, Schlemmer, learning from Cézanne and Cubism, had achieved a clearly articulated style of composition, which he had mainly developed by working on landscapes and still lifes. In 1912 and 1913, however, two still rather idiosyncratically composed self-portraits [→ bottom right] mark a fresh interest in the human figure, almost a declaration of intent.[20] Despite this, the artist continued to explore the polar opposite: namely, radical abstraction derived from geometry. In the wake of cubism, this position was disseminated internationally during the 1910s, notably in the work of Kasimir Malevich, a Russian, and Piet Mondrian, a Dutchman, among others. Schlemmer himself saw his painterly quest for formal clarity, which took the basic rectangular form of the canvas as its starting point, primarily as a contrasting position to Hölzel, Kandinsky and Chagall.[21]
It seems reasonable to assume that the aforementioned development, in 1916, of a universal, impersonal, human archetype that is derived by geometric reduction, may be seen in conjunction with an abstract phase of the artist's oeuvre, to which several paintings from c. 1914/15 would have testified today, had they not unfortunately disappeared in the meantime.[22] In a studio photograph from 1919 [→ pages 42 and 43]

[14] Oskar Schlemmer, diary entry, Oct. 1915, ibid, p. 43.
[15] In 1916, at least two of the figurines belonging to the final version of the *Triadic Ballet*, as performed in 1922, had probably been produced.
[16] Karin von Maur, *Oskar Schlemmer*. vol. II: Oeuvrekatalog, Munich 1979, nos. G 111, G 114, G 115.
[17] Karin von Maur, 1979, op. cit., vol. I, p. 75, quotes a statement by Oskar Schlemmers to Otto Meyer-Amden (Letter from 6.10.1915, Oskar Schlemmer archive, Staatsgalerie Stuttgart, unpubl.)
[18] At its most monumental in the wall relief that he created for the home of Paul Rabe in Zwenkau, in 1930/31.
[19] von Maur, 1979, op. cit., p. 50.
[20] ibid., nos. G 77, G 82. Further figural works appear in 1913, paving the way for later techniques, in particular *Girl's Head with Silver*, 1913 (G 84).
[21] Oskar Schlemmer to Wolfgang Pfleiderer, 10th Nov. 1917, in: Schlemmer, 1958, op. cit., p. 58.

Rumpf entlang einer Vertikalen, Oberschenkel und Bauch entlang einer Horizontalen und die Beine der Sitzfigur entlang einer winkelhalbierenden Diagonalen.

Das mit Buchstaben und piktogrammartigen Zeichen arbeitende *Bild K* [Seite 38], ebenfalls entstanden im Frühjahr/Sommer 1916, bildet zu diesen figuralen Arbeiten einen markanten Kontrast durch seinen hohen Abstraktionsgrad und eine Konzeption, die sich, nach Schlemmer, ganz besonders von der »Idee der (rechteckigen) Fläche« leiten ließ und sich dabei dennoch einer spielerisch-intuitiven Genese verdankt.[19] Dieses Oszillieren zwischen Beschwingtem und Strengem, zwischen Intuition und Ratio, zwischen Dionysischem und Apollinischem — wie viele Künstler seiner Generation las auch Schlemmer in diesen Jahren die Schriften Nietzsches —, aber auch zwischen Gegenständlichkeit und Abstraktion findet sich in dieser Orientierungsphase des Künstlers, insbesondere auch bei seinen Zeichnungen und Aquarellen, immer wieder.

1911/12 hatte Schlemmer über Cézanne und den Kubismus zu einer tektonisch klaren Bildgliederung gefunden, die er vorwiegend anhand von Landschaften und Stillleben entwickelt hatte. Fast manifestartig markieren jedoch schon in den Jahren 1912 und 1913 zwei, allerdings noch eher individualistisch aufgefasste Selbstporträts [Seite 46] die Besinnung auf die menschliche Figur.[20] Trotzdem beschäftigte sich der Künstler weiterhin auch mit dem anderen Pol: mit der radikalen, aus der Geometrie gewonnenen Gegenstandslosigkeit. Als Konsequenz des Kubismus wurde diese Position in den 1910er-Jahren auch international, u.a. durch den Russen Malewitsch und den Holländer Mondrian, reflektiert. Schlemmer selbst stellt seine malerische Suche nach formaler Klarheit, die von der Grundform des Bildrechtecks ausgeht, vor allem als Gegenposition zu Kandinsky, Hölzel oder Chagall heraus.[21]

Es liegt dabei nahe, anzunehmen, dass die oben für das Jahr 1916 beschriebene Entwicklung eines allgemeingültigen, überindividuellen und aus geometrischer Reduktion gewonnenen Menschentypus mit einer abstrakten Phase des Künstlers zusammen zu sehen ist, die um 1914/15 einige heute leider verschollene Gemälde gezeitigt hatte.[22] Auf einer Atelieraufnahme von 1919 [Seite 42 und 43] stellt Schlemmer neben die Arbeiten von 1916 zwei wohl schon ein bis zwei Jahre zuvor entstandene Werke: das verschollene Gemälde *Bild aus vier Rechtecken* und *Geteilte Figur,* [rechts][23] d.h. eine achsensymmetrische Flächenkomposition und eine nahezu abstrakte Figurendarstellung, bei der pastellfarbige, orange, blaue und gelbe Rechteckfelder sich mit einer vasenartig vereinfachten, armlosen Figurensilhouette verzahnen: »Das ist, was mich zuzeiten stark beschäftigt: ob nicht die glückliche Verbindung zustande komme, wenn die abstraktesten Mittel der Darstellung der sichtbaren Welt dienstbar gemacht werden … Dies jedoch habe ich stark erlebt, daß die Beschäftigung in abstrakter Richtung ein gesteigertes Wirklichkeitsempfinden zur Folge hat.«[24]

Der Mensch als »Maß aller Dinge«,[25] der erneuerte, überindividuelle Typus als Bewohner einer zeitgemäßen Architektur und daraus folgernd das harmonische Gesamtkunstwerk als Bollwerk gegen Chaos — dies wird in den nächsten Jahren das große Thema des Bauhauskünstlers Oskar Schlemmer sein. In den Kriegsjahren entwickelte er als Voraussetzung für diese ›neue Idee‹ die ›neue Form‹ aus der für sein Schaffen fürderhin charakteristischen Synthese aus Organischem und Künstlichem, aus Naturalismus und Abstraktion. Dass Schlemmer bereits im April 1919 in einer Notiz in seinem Tagebuch die reale Revolution für den Künstler, der diese schon überwunden habe, für obsolet erklärt, mag als weitere — utopische — Konsequenz der vier Kriegsjahre zu betrachten sein: »Ein Künstler ist zu denken, der seiner Zeit vorgreift, vorausreift; — es kommt die Revolution, etwas für den Künstler innerlich Überwundenes … — seine Kunst zeigt schon das Bild der Zeit nach der Revolution — geklärt, neues Griechenland, Reinheit, — was soll diesem Künstler die Revolution? … Um so viel früher die Kunst-Revolution einsetzte als die politische, um so viel mehr sollte an Aufbau gedacht werden.«[26]

Schlemmer has placed two works that were probably produced one or two years previously next to works from 1916: the lost painting *Composition With Four Rectangles* and *Divided Figure* [right page].[23] These are, respectively, an axially symmetrical composition of colour blocks, and a nearly abstract figurative representation in which rectangular blocks in pastel tones, orange, blue and yellow intersect a simplified, armless, figurative silhouette that is reminiscent of a vase: »That is what greatly concerns me at times: whether the happy marriage will come about if the most abstract means of representation are employed in representing the visible world […] But I have experienced this intensely, that working towards abstraction results in a heightened sense of reality.«[24]

The human being as the »measure of all things«,[25] the remodelled, collective archetype as the inhabitant of the architecture of the times and, consequently, the harmonious, integrated work of art as a bulwark against chaos—for the next few years, this was to be Oskar Schlemmer's major theme as an artist at the Bauhaus. As a prerequisite for this ›new idea‹, he had developed the ›new form‹ during the war from his own synthesis of the organic and the artificial, naturalism and abstraction, which henceforth characterised his oeuvre. It may be interpreted as a further, utopian, consequence of four years of war that, as early as April 1919, Schlemmer held the real revolution to be obsolete for the artist, who had already got over it, noting in his diary: »Picture an artist who thinks ahead of his time, who matures ahead of it;—the revolution comes—something that the artist has already resolved internally […]—his art already shows the scene in the time after the revolution—enlightened, new Greece, purity—what does the revolution have to do with this artist? […] The earlier that the art revolution began than the political one, the more it should busy itself with reconstruction.«[26]

Ina Conzen is the Deputy Scientific Director of the *Staatsgalerie Stuttgart.* She studied art history, Classical archaeology and mediaeval and modern history in Heidelberg. In 1989 she was put in charge of the Sohm archive, as well as the press and public relations department of the *Staatsgalerie Stuttgart*; in 2004 she was made head of the Department of Paintings and Sculpture 1900—1980. She has organised numerous exhibitions of works of classical modernism including, in 2012/13, the major state exhibition *The Myth of the Studio. From Spitzweg to Picasso, from Giacometti to Nauman.* She is currently curating the Oskar Schlemmer exhibition, which will be shown in the *Staatsgalerie Stuttgart* from 21st November 2014.

[22] von Maur, 1979, op. cit., vol. II, nos. G 99—101.
[23] ibid., no. G 107. *The Divided Figure* was partially reworked by Schlemmer after the war.
[24] Oskar Schlemmer to Otto Meyer-Amden, 20th Nov. 1917, in: Schlemmer 1958, op. cit. p. 58.
[25] See the artist's remarks in: *Oskar Schlemmer, Gestaltungsprinzipien bei der malerisch-plastischen Ausgestaltung des Werkstattgebäudes des Staatlichen Bauhauses* [Design principles in the painterly and sculptural decoration of the workshop building of the State Bauhaus], in: *Das Kunstblatt*, vol. VII year 1923, issue 11/12, p. 340—343.
[26] Oskar Schlemmer, diary entry, 30th April 1919, in: *Schlemmer 1958*, op. cit., pp. 77—78.

Ina Conzen ist stellvertretende wissenschaftliche Direktorin der *Staatsgalerie Stuttgart.* Sie studierte Kunstgeschichte, Klassische Archäologie und Mittlere und Neue Geschichte in Heidelberg. Ab 1989 leitete sie das *Archiv Sohm* sowie die Presse- und Öffentlichkeitsarbeit an der *Staatsgalerie Stuttgart*, seit 2004 das Ressort Malerei und Skulptur von 1900 bis 1980. Sie organisierte zahlreiche Ausstellungen zur Klassischen Moderne und zuletzt 2012/13 die Große Landesausstellung *Mythos Atelier. Von Spitzweg bis Picasso, von Giacometti bis Nauman.* Derzeit kuratiert sie die Oskar-Schlemmer-Ausstellung, die ab 21. November 2014 in der *Staatsgalerie Stuttgart* zu sehen sein wird.

[19] von Maur 1979, a.a.O., Bd. II, S. 50.
[20] Ebd., Nr. G 77, G 82. 1913 entstehen noch einige weitere figurale Arbeiten, die spätere Lösungen vorbereiten, wie insbesondere *Mädchenkopf mit Silber*, 1913 (G. 84).
[21] Oskar Schlemmer an Wolfgang Pfleiderer, 10. November 1917, in: Schlemmer 1958, a.a.O., S. 58.
[22] von Maur 1979, a.a.O., Bd. II, Nr. G 99—101.
[23] Ebd., Nr. G 107. *Die Geteilte Figur* wurde von Schlemmer nach dem Krieg nochmals partiell überarbeitet.
[24] Oskar Schlemmer an Otto Meyer-Amden, 20. November 1917, in: Schlemmer 1958, a.a.O., S. 58.
[25] Vgl. die Ausführungen des Künstlers in: Oskar Schlemmer, *Gestaltungsprinzipien bei der malerisch-plastischen Ausgestaltung des Werkstattgebäudes des Staatlichen Bauhauses*, in: *Das Kunstblatt*, VII. Jahrgang 1923, Heft 11/12, S. 340—343.
[26] Oskar Schlemmer, Tagebuch, 30. April 1919, in: *Schlemmer* 1958, a.a.O., S. 77/78.

Oskar Schlemmer: *Geteilte Figur*, 1915/1918, Öl auf Leinwand, 98×73,5 cm, Nachlass Schlemmer / Oskar Schlemmer: *Geteilte Figur* [Divided figure], 1915/1918, oil on canvas, 98×73.5 cm, Schlemmer estate

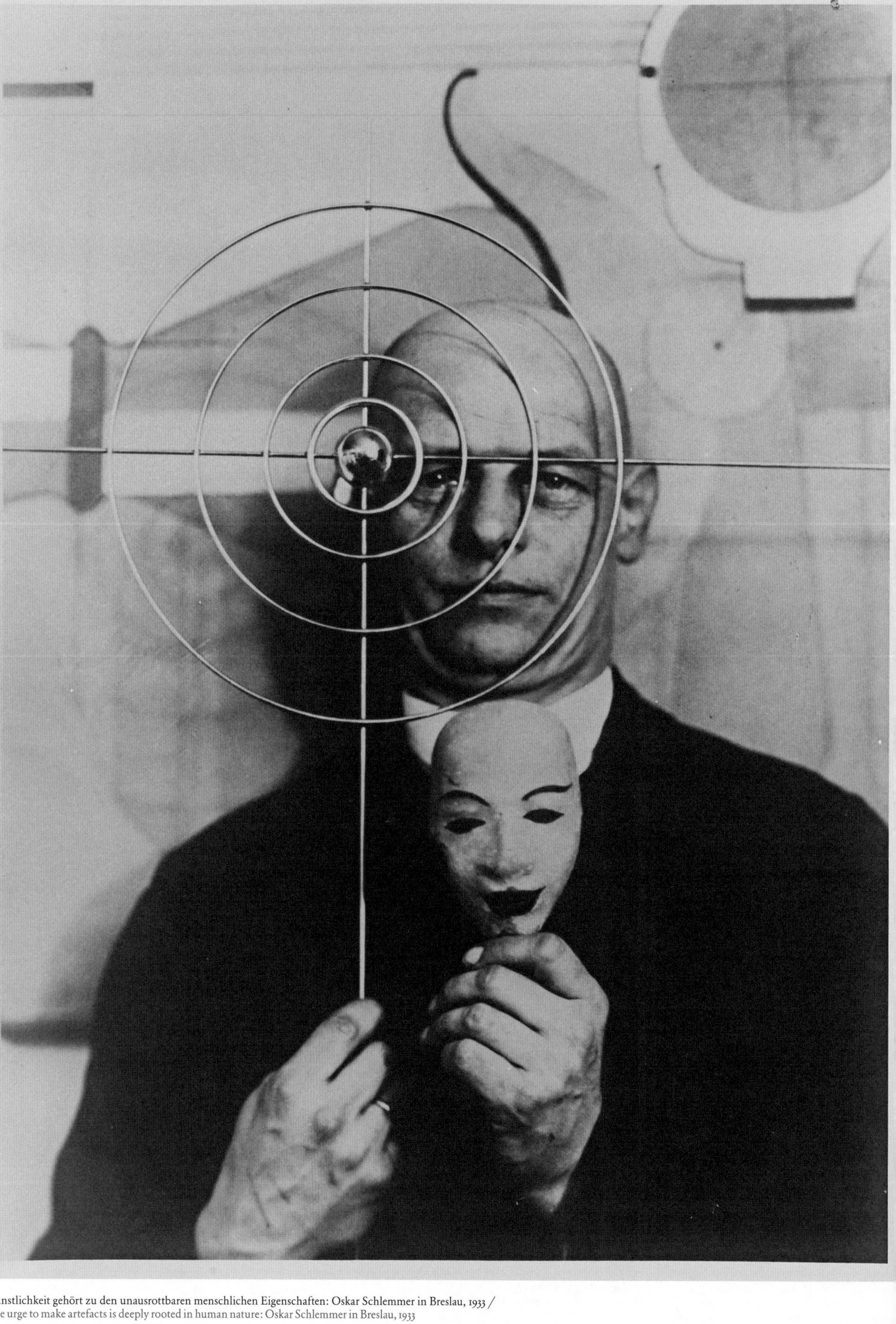

Künstlichkeit gehört zu den unausrottbaren menschlichen Eigenschaften: Oskar Schlemmer in Breslau, 1933 /
The urge to make artefacts is deeply rooted in human nature: Oskar Schlemmer in Breslau, 1933

Ich bin zu modern, um Bilder zu malen

Oskar Schlemmer[OS] spricht:

Über seine Bauhausjahre zwischen Klostergeist und Fabrikatmosphäre, das Dilemma der Malerei und die Hände von Paul Klee

[1] Oskar Schlemmer an Tut, Auf der Reise, 13. Juli 1920, zit. nach: *Oskar Schlemmer. Briefe und Tagebücher*, hg. von Tut Schlemmer, München 1958.
[2] Oskar Schlemmer an Otto Meyer-Amden, Cannstatt, 3. Februar 1921, zit. nach ebd.
[3] Oskar Schlemmer an Otto Meyer-Amden, Cannstatt, 21. Dezember 1920, zit. nach ebd.
[4] Oskar Schlemmer an Otto Meyer-Amden, Stuttgart, 23. Februar 1919, zit. nach ebd.
[5] Oskar Schlemmer an Otto Meyer-Amden, Weimar, 14. Juli 1921, zit. nach ebd.
[6] Oskar Schlemmer an Otto Meyer-Amden, Weimar, 7. Dezember 1921, zit. nach ebd.

Wandmalereiabteilung, Stein- und Holzbildhauerei, Metallwerkstatt und schließlich die legendäre Bauhausbühne. Acht Jahre war Oskar Schlemmer ein prägender Meister am Bauhaus in Weimar und Dessau — und in seinen Schriften auch ein präziser Analytiker und Chronist. Wie er diese Zeit, die Höhepunkte und Konflikte, die Verheißungen und Realitäten, erlebt hat, wie er zu seinen künstlerischen Antworten fand und wie er sie verteidigte, schildert er in einem Gespräch, das Gesine Bahr[GB] und Ingolf Kern[IK] aus seinen Tagebüchern und Briefen destilliert und redaktionell aufbereitet haben.

GB IK **Herr Schlemmer, im Juni 1920 haben Sie zum ersten Mal das Bauhaus in Weimar besucht. Ein paar Monate später waren Sie dort schon Meister. Wie haben Sie diese Schule damals eigentlich erlebt?**

OS Als einen schönen, stillen Platz. Bedeutend, historischer Boden, darauf das junge, übermütige Bauhausvolk seine Streiche macht. Die meisten in russenkittelähnlicher Tracht. Ich habe in der Kantine gegessen. Billig! Auch der Direktor [Walter Gropius] aß dort. Die Bauhäusler wurden arg bekämpft von den Reaktionären. Sie wollten viel, konnten nichts tun, weil keine Mittel, und ergingen sich so in Spielereien. Hat eben alles seine Schattenseiten, bei allem Verlockenden.[1] Aber, und das ist entscheidend: Gropius [...] erkannte [...] das Manko der Akademien, die die Menschenbildung außer Acht ließen. Er wollte, sagte er, dass ein Künstler auch ein Charakter sei, und erst dies, nachher das andere. Doch schien er zuweilen Angst zu bekommen ob den Folgen: Es wurde nichts gearbeitet — aber viel, viel geredet.[2]

GB IK **Aber sind Sie nicht eigentlich wegen Paul Klee ans Bauhaus gekommen?**

OS Das stimmt. Ich lernte ihn [Klee] dort erstmals persönlich kennen und fand ihn eigenartig materialistisch bestimmt: Er stellte immer Fragen nach Lebensmittelpreisen, Mietpreisen. [...] Seine Beharrlichkeit darin grenzte [ans Komische].[3] In ihm aber war eine Frömmigkeit und tiefe Einsicht, die ihn dahin führte, in kindlicher Form zu spielen.[4]

GB IK **A propos Frömmigkeit: War das Bauhaus auch eine Glaubensgemeinschaft?**

OS Ja. [Johannes] Itten wollte aus dem Bauhaus ein Kloster, mit Heiligen oder doch Mönchen machen.[5] [Er] hatte durchgesetzt, dass sein Unterricht obligatorisch war, sonst keiner. Und er hatte die wesentlichen Werkstätten in der Hand und wollte das nicht Geringe, Bewundernswerte: dem Bauhaus seinen Stempel aufdrücken.[6]

GB IK **Damit musste er unweigerlich in Konflikt mit dem Bauhausdirektor geraten.**

OS Gropius wollte den lebens- und arbeitstüchtigen Menschen, der in der Reibung mit der Wirklichkeit und in der Praxis reift. Itten wollte das Talent, das in der Stille sich bildet, Gropius den Charakter in

Fortsetzung auf Seite 54

I am too modern to paint pictures

Oskar Schlemmer[OS] speaks:

about his Bauhaus years between the spirit of the monastery and the atmosphere of the factory, the dilemma of painting, and Paul Klee's hands

[1] Oskar Schlemmer to Tut, in transit, 13 July 1920, quoted in: Oskar Schlemmer (ed.), *Letters and Diaries*, Tut Schlemmer, Munich 1958.
[2] Oskar Schlemmer to Otto Meyer-Amden, Cannstatt, 3 February 1921, quoted in: Oskar Schlemmer (ed.), *Letters and Diaries*, ibid.
[3] Oskar Schlemmer to Otto Meyer-Amden, Cannstatt, 21 December 1920, in: Oskar Schlemmer (ed.), *Letters and Diaries*, ibid.
[4] Oskar Schlemmer to Otto Meyer-Amden, Stuttgart, 23 February 1919, in: Oskar Schlemmer (ed.), *Letters and Diaries*, ibid.
[5] Oskar Schlemmer to Otto Meyer-Amden, Weimar, 14 July 1921, in: Oskar Schlemmer (ed.), *Letters and Diaries*, ibid.
[6] Oskar Schlemmer to Otto Meyer, Weimar, 7 December 1921, in: Oskar Schlemmer (ed.), *Letters and Diaries*, ibid.

The wall painting department, stone and wood sculpture, the metal workshop, and finally the legendary Bauhaus stage. For eight years, Oskar Schlemmer was one of the most influential masters at the Bauhaus in Weimar and Dessau as well as a detailed chronicler and analyst in his writings. He talks about how he experienced the time, its highlights and conflicts, its promises and realities, how he developed and how he defended his artistic positions—in an interview culled from his journals and letters and edited by Gesine Bahr[GB] and Ingolf Kern.[IK]

GB IK Mr. Schlemmer, you first visited the Bauhaus in Weimar in June 1920. A few months later you were already a master there. How did you experience the school at that time?

OS As a lovely, quiet spot. As an important place, historic ground, on which the young, high-spirited Bauhaus crew played its pranks. Most of them in Russian-style smocks. I ate in the cafeteria. It was cheap! Even the director ate there. They were viciously opposed by the reactionaries. They had a lot they wanted to do, but they couldn't do anything because they didn't have the resources, so they dissipated their energies in various games. Everything has its downsides, however enticing it may be.[1] Yet—and this was the crucial thing—to Gropius' mind the academies made a grave mistake by neglecting the formation of the human being. He said he wanted artists to have character, and that that should come first and art afterward. Yet he sometimes seemed alarmed at the outcome: no work got done, but there was a great, great deal of talk.[2]

GB IK But didn't you actually come to the Bauhaus because of Klee?

OS That's right. I finally met him there and found him strangely caught up in materialistic concerns: questions of food prices, rental costs. [...] His insistence on such matters bordered on the ludicrous.[3] But Klee had a sort of devoutness and deep insight that inspired him to childlike forms of play.[4]

GB IK Speaking of devoutness: was the Bauhaus also in some sense a religious community?

OS Yes. Itten wanted to turn the Bauhaus into a monastery, with saints, or at least monks.[5] [He] had managed to have his course made the only required one. And he controlled the important workshops and had the admirable and not inconsiderable ambition of placing his stamp on the Bauhaus.[6]

GB IK That must have brought him into conflict with the Bauhaus director.

OS Gropius wanted the person firmly rooted in life and work, who matures through contact with reality and through practicing his or

Die Kunst schafft die Gebrauchsgegenstände der Seele: Oskar Schlemmer mit einer Glocke aus dem Dessauer Bühnenstück *Glastanz*, um 1928 /
Art creates the utensils of the soul: Oskar Schlemmer with a bell from the Dessau stage production *Glass Dance*, around 1928

dem Strom der Welt (und das Talent dazu). [...] Dies Zweierlei scheint mir ein sehr Prinzipielles im damaligen Deutschland. Einerseits der Einbruch der östlichen Kultur, Indienkult, auch das Zurück zur Natur der Wandervogelbewegung und anderem, Siedlung, Vegetarismus, Tolstoiismus, Reaktion auf den Krieg — andererseits Amerikanismus, Fortschritt, Wunder der Technik und Erfindung, Großstadt. Gropius und Itten waren die fast typischen Vertreter, und ich [...] glücklich-unglücklich in der Mitten. Ich bejahte beides oder wünschte doch die Durchdringung des Einen durch das Andere.[7]

GB IK Und wie dachten die anderen Meister?

OS Klee war der Passivste: Er schwieg fast ganz. [Lyonel] Feininger sprach über allgemeine Gefühle. [Georg] Muche war Assistent und Sekundant Ittens, nur viel duldsamer als dieser. [Gerhard] Marcks, Duzfreund von Gropius, sekundierte diesem. [Lothar] Schreyer, der Theaterreformer, wollte versöhnen, und ich wohl auch, doch mit Präzision der Arbeitsgebiete nach Talent und Fähigkeit. Das hätte jedoch Wahrheiten auszusprechen erfordert, was ich nicht vermochte.[8]

GB IK Mit der Mazdaznan-Lehre war es dann ja auch schnell vorbei, oder?

OS Mazdaznan war längst verraucht. Das heißt, es dunstete im Stillen weiter — und es sind viele neue Wellen gekommen, um und über das Bauhaus. Jetzt standen Bauen und ›Die Wohnmaschine‹ im Vordergrund.[9]

GB IK Man kann darin auch einen Streit um den idealen Bauhäusler ablesen? Wie wäre der für Sie?

OS So wie also konsequenterweise jeder den Stuhl, auf dem er sitzt, gemacht und geschaffen haben muss, so solle auch jeder sein Brot backen, sein Hemd weben, seine Schuhe machen.[10] Ich glaubte nicht an das Handwerk. Das Handwerk des Mittelalters war nicht wieder herzustellen, so wenig wie sein einstiger goldener Boden und so wenig wie die Kunst des Mittelalters oder sonst einer Zeit. [...] Handwerkliches Kunstgewerbe im Zeitalter der Maschine und Technik wird Ware für die Reichen, ohne eine Wurzel im Volk. Das Handwerk von ehedem macht heute die Industrie — typisierte, solide, zweckgerechte Gebrauchsgegenstände für die leiblichen Bedürfnisse, geboren aus der äußeren Notwendigkeit. [...] Die Industrie schafft die Gebrauchsgegenstände des Leibes, die Kunst die Gebrauchsgegenstände der Seele.[11]

GB IK Wie sehen Sie denn die Rolle der Kunst?

OS Trotz Entreligionisierung und der ›Sackgasse der Abstraktion‹ glaube ich, dass die Kunst noch Aufgaben hat. Alle Erfindungen, aller Fortschritt der Wissenschaft werden das Gebiet der Kunst nicht schmälern. [...] Die ›absolute‹ Kunst, die der ›reinen‹ Form und Farbe, gehört der Architektur und allem, was darinnen ist. Die Malerei bedarf eines Mediums aus der sichtbaren Welt, um sich darzustellen. Das vornehmste Objekt: der Mensch.[12]

GB IK Und Ihre eigene Rolle dabei?

OS Ich bin zu modern, um Bilder zu malen. Die Krise der Kunst hat mich erfasst. [...] Quäle mich mehr, als dass ich male! Bühne! Musik! Meine Leidenschaft! [...] Der Fantasie freie Bahn. Hier kann ich neu sein, abstrakt, alles. Hier kann ich alt sein, mit Erfolg. Hier ist nicht das Dilemma der Malerei, zurückzufallen in eine Kunstgattung, an die ich innerlich nicht mehr glaube. [...] Hier bin ich selbst und bin neu. Einziger auf dem Plan, ohne Konkurrenz.[13] Ich wäre natürlich ein Esel, wenn ich einer Theorie wegen (Bühne) nicht malte.[14] Es fehlen die großen Aufgaben für die utopischen Fantasien der Modernen. In der Illusionswelt des Theaters ist Raum dafür. Wir

[7] Ebd.
[8] Ebd.
[9] Ebd.
[10] Tagebuch, 11. Mai 1922, zit. nach *Oskar Schlemmer. Briefe und Tagebücher*, a.a.O.
[11] Aus *Hausbau und Bauhaus! — Eine reale Utopie*, zit. nach: Karin von Maur, *Oskar Schlemmer*, Bd. I, Monographie, Bd. II Oeuvrekatalog, München 1979.
[12] Tagebuch, 18. März 1924, zit. nach *Oskar Schlemmer. Briefe und Tagebücher*, a.a.O.
[13] Tagebuch, 13. Juli 1925, zit. nach ebd.
[14] Oskar Schlemmer an Tut, Weimar, 23. Juli 1925, zit. nach ebd.

her craft. Itten wanted the talent that develops in solitude; Gropius wanted the character formed by the currents of life (and the talent as well). [...] It seems to me that this duality was quite fundamental in Germany at the time. On the one hand, the influence of Eastern culture, the cult of India, as well as a return to nature in the *Wandervogel* movement and others like it; also communes, vegetarianism, Tolstoyism, reaction against the war; on the other hand, the American spirit, progress, the wonders of technology and invention, the urban environment. Gropius and Itten were the almost typical exponents, and I was caught in the middle, half pleased, half displeased. I embraced both possibilities, or at least wished to see a cross-fertilisation between the two.[7]

GB IK And how did the other masters see things?

OS Klee was the most passive: he said next to nothing. Feininger talked about general feelings. Muche was Itten's assistant and second, only much more tolerant than he was. Marcks was Gropius' close friend and always backed him up. Schreyer, the theater reformer, wanted to effect a reconciliation, which was certainly the case with me as well, except that I also wanted to see the areas of activity clearly assigned according to talent and ability. But that would have meant voicing truths I didn't feel equal to defending.[8]

GB IK The fascination with Mazdaznan was over with very quickly, wasn't it?

OS The Mazdaznan business had long since subsided. Or rather, it was at low ebb—and since then many new waves had washed over the Bauhaus. At this point the focus was on building and the concept of the ›living machine‹.[9]

GB IK That can also be viewed as a dispute over the ideal Bauhaus member. How would you see that person?

OS If consistency demands that everyone make and create the chair they sit on, then everyone should also bake their own bread, weave their own shirt, and make their own shoes.[10] I didn't believe in arts and crafts. There was no way to bring back the medieval trades, any more than their ›gold in every land‹ or the art of the Middle Ages or any other era. [...] In the age of machines and technology, arts and crafts become a commodity for the rich, without roots in the people. What used to be made by artisans is today produced by industry—standardised, solid, functional objects to meet physical needs, born of external necessity. [...] Industry creates the useful objects for the body, art the useful objects for the soul.[11]

GB IK What do you see as the role of art?

OS In spite of secularisation and the ›cul-de-sac of abstraction‹, I think art still has a role to play. Future inventions and scientific progress will not encroach on art's preserve. [...] ›Absolute‹ art, the art of ›pure‹ form and color, belongs to architecture and all that goes with it. Painting requires a medium borrowed from the visible world in order to manifest itself. Its principal subject: humanity.[12]

GB IK And your own role in this?

OS I am too modern to paint pictures. The crisis in art has me in its grip. I spend more time agonizing than I do painting! [...] Theater! Music! My passion! [...] Free run for the imagination. Here I can be new, abstract, everything. Here I can be traditional, and successful. Here I don't run into the dilemma of painting, of falling back into a genre in which I secretly no longer believe. [...] Here I am myself and yet new. The only one in the field, with no competition.[13] Of course, I would have been foolish not to paint just because of a theory (the

[7] Ibid.
[8] Ibid.
[9] Ibid.
[10] Diary entry, 11 May 1922, in: Oskar Schlemmer (ed.), *Letters and Diaries*, op. cit.
[11] From *Hausbau und Bauhaus! — Eine reale Utopie*, quoted in Karin von Maur, *Oskar Schlemmer*, vol. 1 monograph, vol. 2 catalogue raisonné, Munich 1979.
[12] Diary entry, 18 March 1924, in: Oskar Schlemmer (ed.), *Letters and Diaries*, op. cit.
[13] Diary entry, 13 July 1925, in: Oskar Schlemmer (ed.), *Letters and Diaries*, ibid.

müssen uns mit Surrogaten begnügen, aus Holz und Pappe machen, was uns in Stein und Eisen versagt ist.[15]

GB IK Eine utopische Fantasie der Moderne haben Sie ja mit dem *Triadischen Ballett* geschaffen. Was steckt dahinter?

OS Das *Triadische Ballett* — Tanz der Dreiheit, Wechsel der Eins, Zwei und Drei, in Form, Farbe und Bewegung. Es soll auch die Planimetrie der Tanzfläche und die Stereometrie der sich bewegenden Körper, jene Dimensionalität des Raumes erzeugen, die durch Verfolgung elementarer Grundformen wie Gerade, Diagonale, Kreis, Ellipse und der Verbindungen untereinander notwendigerweise entstehen muss. So wird der Tanz, seiner Herkunft nach dionysisch und ganz Gefühl, apollinisch-streng in seiner endlichen Gestalt, Sinnbild des Ausgleichs von Polaritäten. [...] Das *Triadische Ballett*, das mit dem Heiteren kokettiert, ohne der Groteske zu verfallen, das Konventionelle streift, ohne mit dessen Niederungen zu buhlen, zuletzt Entmaterialisierung der Körper erstrebt, ohne sich okkultistisch zu sanieren, soll die Anfänge zeigen. Daraus könnte sich ein deutsches Ballett entwickeln, das in Stil und Eigenwert so verankert wäre, um sich gegenüber vielleicht bewundernswerten, doch wesensfremden Analogien zu behaupten — zum Beispiel dem russischen oder schwedischen Ballett.[16]

GB IK Warum denn eigentlich Ballett? Ist das nicht längst mausetot?

OS Weil die Lust am bunten Spiel, an der Verkleidung, Vermummung, Verstellung, Künstlichkeit zu den unausrottbaren menschlichen Eigenschaften gehört, ebenso wie der Sinn für das Festliche, für den Augenschmaus und den farbigen Abglanz dieses Lebens. [...] Warum triadisch? Weil die Drei eine eminent wichtige, beherrschende Zahl ist, bei der das monomane Ich und der dualistische Gegensatz überwunden sind und das Kollektiv beginnt.[17]

GB IK 1925 ging das Bauhaus nach Dessau. Es hatte sich inhaltlich deutlich verändert. War es für Sie noch künstlerische Heimat?

OS Die Malerei war gegenstandslos, ›abstrakt‹ = gegenstandslos. Sehr befördert übrigens durch die äußerliche Machtstellung Kandinskys und [László] Moholy[-Nagy]s. Ich war da einer von vorgestern, oder vielleicht ein Abtrünniger, weil ich ›klassizistisch‹ malte. [...] Moholy war derart aggressiv, dass er, wie ein Eroberer, nur den Feind: die Malerei, und nur den Sieg kennt: die Fotografie. Er ließ seine Fotos vergrößern und ich muss sagen, sie waren sehr schön. Ich kann mir aber auch eines meiner Kostüme vergrößert denken, und Bilder, und werde sie dann auch sehr schön finden. Hat angesichts solcher Errungenschaften der Fotografie die Malerei noch Existenzberechtigung? Ja, sie hat! Sage ich schon aus reinem Protest.[18]

GB IK 1929 verließen Sie das Bauhaus. Warum eigentlich?

OS Sie wissen, dass [der neue Direktor] Hannes Meyer, und mit ihm eine junge Gruppe, die Bauhausaufführungen ablehnte — als unaktuell, formalistisch, zu persönlich bestimmt. Auch das war mir ein Grund, gern den Ort zu wechseln. [Wassily] Kandinsky unterstützte und verteidigte mich, auch Klee — und beide sagten: Man werde im Bauhaus erst später merken, was hier geschehen sei. [...] In Dessau wurden, so hörte ich, Tränen geweint um das Vergangene, mit mir entschwundene Theatralische, das, in neuer Form, in der Tendenz politischer, nicht gelingen wollte und auch, scheint's, nicht durfte.[19]

GB IK Aber erinnern Sie sich an Dessau nur mit Groll?

OS Aber nein. Seinerzeit in Dessau, beim Sekt, hat man sich gegenseitig in die Hände geguckt. Man konstatierte bei Klee wenige, einfache Anlagen, in der linken Hand zu lesen, und reiche Entfaltung in der rechten. Bei mir umgekehrt. Viele Anlagen, ungenützte, und einfache Anwendung; große simple Linien. Könnte stimmen! Gab mir zu denken.[20]

[15] Oskar Schlemmer an Otto Meyer-Amden, Weimar, 14. Juni 1921, zit. nach ebd.
[16] Tagebuch, September 1922, zit. nach ebd.
[17] Tagebuch, 5. Juli 1926, zit. nach ebd.
[18] Brief an Otto Meyer-Amden, Dessau, Mitte Dezember 1925, zit. nach ebd.
[19] Oskar Schlemmer an Otto Meyer-Amden, Groß-Dirschkeim, 8. September 1929, zit. nach ebd.
[20] Oskar Schlemmer an Tut, Weimar, 14. Juli 1925, zit. nach ebd.

stage).[14] The great tasks aren't there for the utopian fantasies of the moderns. The illusionary world of the theater offers a space for them. We must make do with surrogates and create out of wood and cardboard what we cannot build in stone and iron.[15]

GB IK You actually created a utopian modernist fantasy of your own with the *Triadic Ballet*. What was that all about?

OS The *Triadic Ballet*—dance of the trinity, changing faces of the One, Two, and Three, in form, colour and movement. It is designed to generate the plane geometry of the dance surface and the solid geometry of the moving bodies, that sense of spatial dimension that necessarily results from tracing basic forms like the straight line, the diagonal, the circle, the ellipse, and their combinations. Hence the dance, which is Dionysian and wholly emotional in origin, becomes strict and Apollonian in its finite form, a symbol of the balancing of opposites. [...] The *Triadic Ballet*, which flirts with humor without becoming grotesque, brushes up against the conventional without sinking to its dismal depths, and strives for the dematerialisation of bodies without seeking salvation in the occult, is meant to point the way. It might form the basis of a German ballet so firmly grounded in its own style and worth that it can hold its own against analogous developments which are foreign to us, for all their admirable qualities—for example, the Russian or Swedish ballet.[16]

GB IK But why ballet? Hasn't it long been dead as a doornail?

OS Because human beings will always love bright games, disguises, masquerades, dissimulation, artificiality, just as they will always love any festive, eye-catching, colourful reflection of life. [...] Why ›triadic‹? Because three is a supremely important, dominating number, with which the monomaniacal ›I‹ and dualistic opposition are transcended, giving way to the collective.[17]

GB IK In 1925, the Bauhaus moved to Dessau. It had changed quite a bit. Was it still an artistic home for you?

OS Painting there was non-representational, non-objective (›abstract‹ = non-objective), all the more so because of the outwardly powerful positions of Kandinsky and Moholy. In that context, I was a holdover, or perhaps a deserter, since I painted »classicistically«. Moholy was so aggressive that, like a conqueror, all he saw was the enemy: painting, and victory: photography. He had his photographs enlarged, and I must admit they were very beautiful. But I can also picture one of my costumes enlarged, or one of my paintings, and I would find them beautiful too. Does painting still have a reason for being in the face of such photographic achievements? Yes it does! I say if only for the sake of contradiction.[18]

GB IK You left the Bauhaus in 1929. Why?

OS You know that Hannes Meyer and a group of young students rejected the Bauhaus theatre productions as irrelevant, formalistic, too personal. And that was one reason why I was glad to leave. Kandinsky supported and defended me, as did Klee—and they both said: only later will the Bauhaus people realise what they've lost. I heard that in Dessau they were already bemoaning the theatrical productions that ceased with my departure; the new, more political brand seemed doomed to failure, and rightly so, I felt.[19]

GB IK But do you look back on Dessau only with rancor?

OS Not at all. That time we had the champagne in Dessau we all looked at each other's palms. Klee's left hand revealed a few simple gifts, while the right showed rich development. It was the opposite with me. Many gifts, unused, and simple application; large, plain lines. It may be true! It gave me something to think about.[20]

[14] Oskar Schlemmer to Tut, Weimar, 23 July 1925, in: Oskar Schlemmer (ed.), *Letters and Diaries*, ibid.
[15] Oskar Schlemmer to Otto Meyer, Weimar, 14 June 1921, in: Oskar Schlemmer (ed.), *Letters and Diaries*, ibid.
[16] Diary entry, September 1922, in: Oskar Schlemmer (ed.), *Letters and Diaries*, ibid.
[17] Diary entry, 5 July 1926, in: Oskar Schlemmer (ed.), *Letters and Diaries*, ibid.
[18] Oskar Schlemmer to Otto Meyer-Amden, Dessau, mid-December 1925, in: Oskar Schlemmer (ed.), *Letters and Diaries*, ibid.
[19] Oskar Schlemmer to Otto Meyer-Amden, Groß-Dirschkeim, 8 September 1929, in Oskar Schlemmer (ed.), *Letters and Diaries*, ibid.
[20] Oskar Schlemmer to Tut, Weimar, 14 July 1925, quoted in ibid.

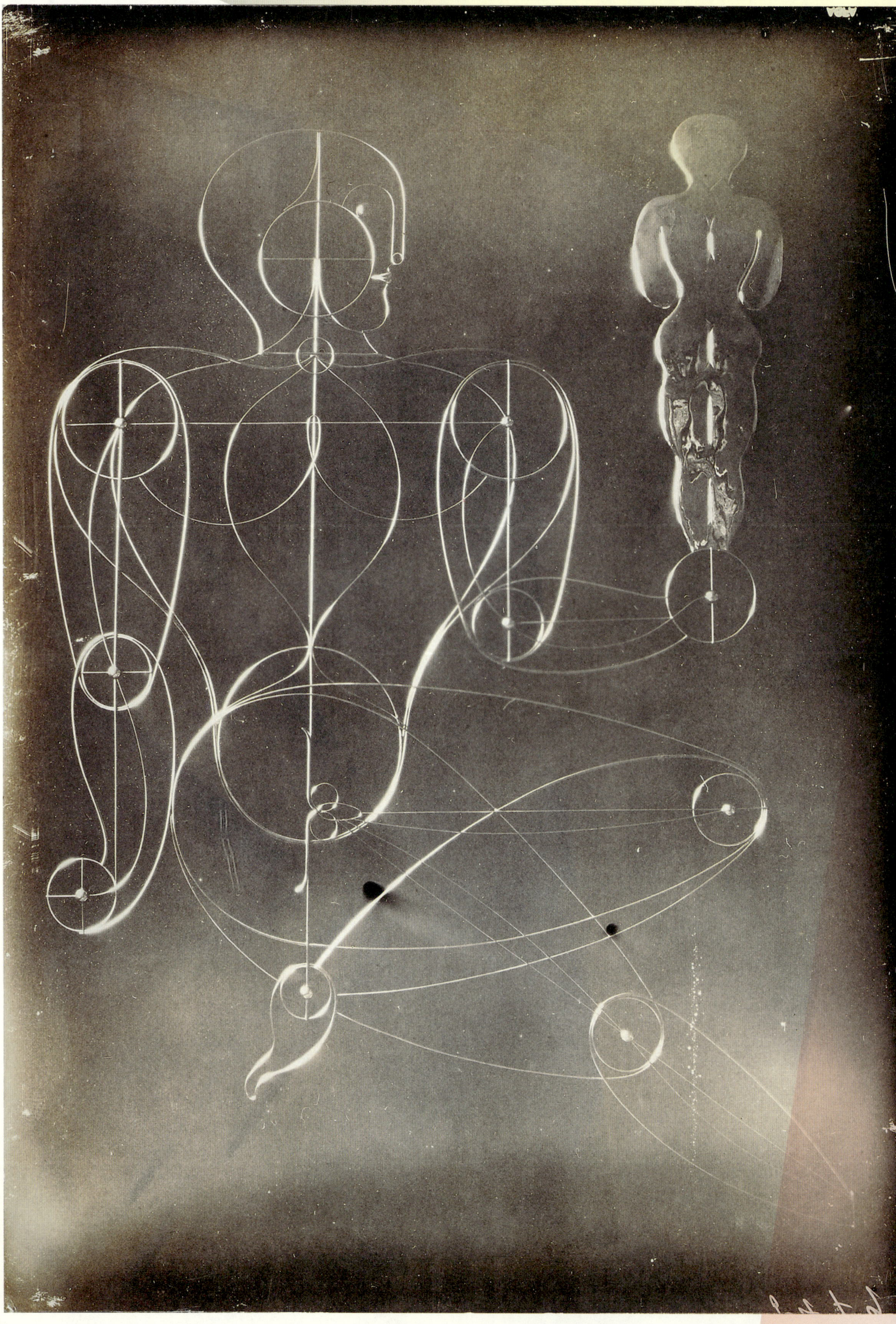

▲
◄ Kunst am Bau in Zwenkau: Oskar Schlemmers Metallkomposition für Haus Rabe, 1931 / Art in architecture, Zwenkau: Oskar Schlemmer's metal composition for the Rabe House, 1931

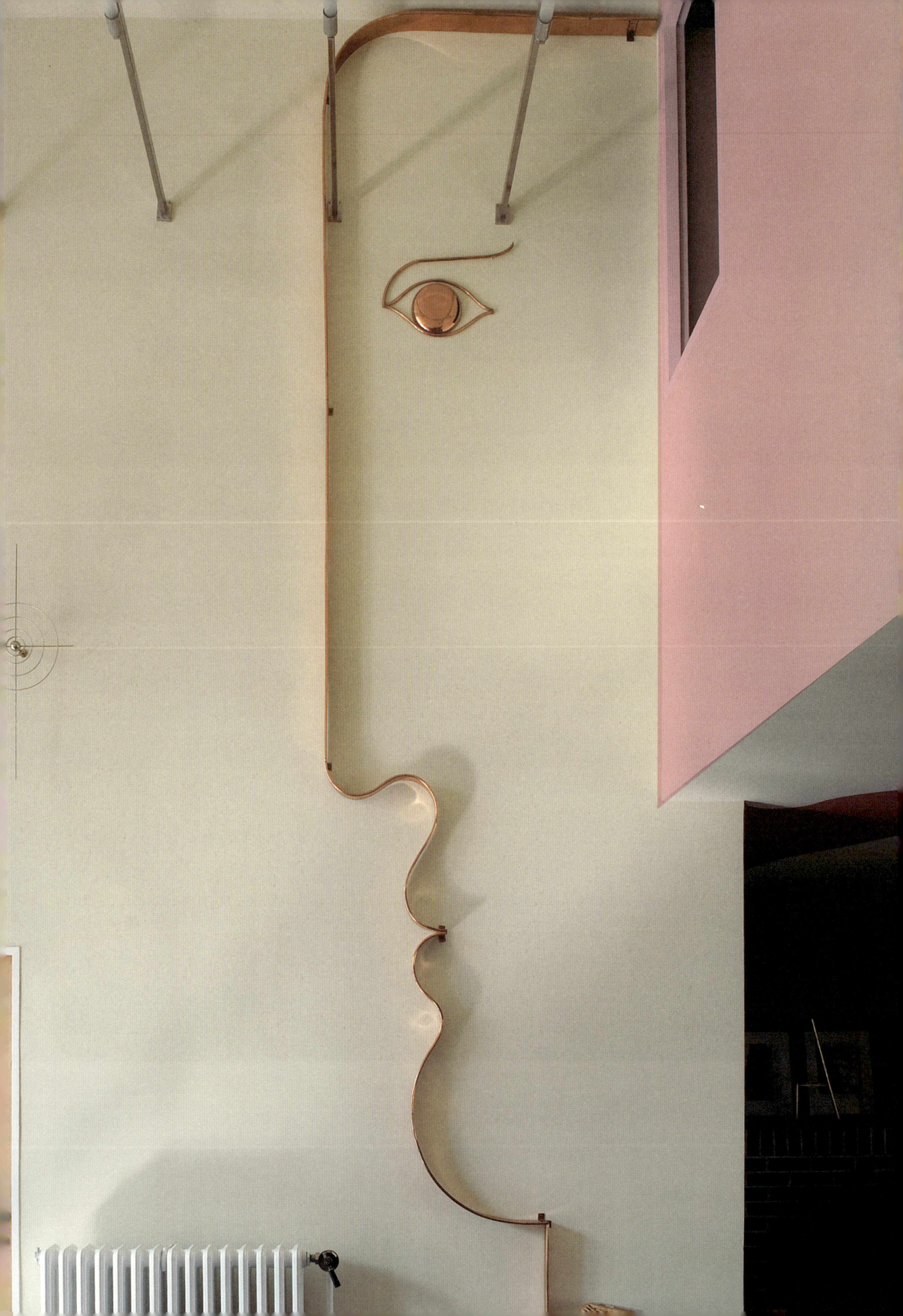

Die Abstraktion befreit vom Lebenschaos

In Zwenkau bei Leipzig wurde Oskar Schlemmer zum Pionier der modernen Drahtplastik — und das Haus Rabe von Adolf Rading zu einem offenen Kunstwerk

Von **Walter Prigge**

[1] Zur Vorgeschichte vgl. Vladimir Slapeta, *Adolf Rading. Casa Rabe, Zwenkau/Lipsia, 1928—1930*, in: *Domus* Nr. 704, April 1989.

[2] Adolf Loos, *Sämtliche Schriften*, München und Wien 1962, S. 438.

Zwenkaus Entwicklung steht paradigmatisch für den Strukturwandel im Leipziger Süden. Bis in die Neunzigerjahre hinein wurde hier flächendeckend Braunkohle abgebaut, auch die Stadt selbst drohte in einer Abraumhalde zu verschwinden. Die jahrzehntelange Bau- und Veränderungssperre hat entsprechende Spuren an Häusern, Straßen und Infrastrukturen hinterlassen.

Nach der Wende entstand im Süden Zwenkaus ein Gewerbegebiet mit über 2.000 Arbeitsplätzen, attraktiv durch die Nähe zur Autobahn und zur Leipziger Innenstadt, die auf 15 Autominuten heranrückte. Im Norden hingegen erfindet sich die Kleinstadt mit etwa 9.000 Einwohnern seit einigen Jahren neu. Ein Bergbaufolge-See ist zwar nur bis zur Hälfte gefüllt, besitzt aber bereits einen Hafen mit touristischer Infrastruktur (»Kap Zwenkau«). Dahinter wächst ein riesiges Baufeld mit Dutzenden Einfamilienhäusern, die sich zum See hin orientieren. Auf den ersten Grundstücken haben sich betuchte Leipziger bereits dreistöckige Villen im Bauhausstil gebaut. Aber auch mittlere Einkommensschichten sollen sich hier ansiedeln (»Raus ans Kap«) und auch sie sind durch den Bebauungsplan auf kubische Bauten mit Flachdächern verpflichtet: Das neue »Bad Zwenkau« soll eine kleine weiße Stadt am Wasser sein. Damit steht das weitbekannte Haus Rabe von Adolf Rading nicht mehr allein. Gebaut wurde der weiße Kubus 1930 für eine befreundete Arztfamilie im Gründerzeitquartier am Bahnhof, in dem es immer ein Fremdkörper blieb. Mit den neuen Villen am Kap wird das Haus Rabe nun allerdings zum historischen Vorbild für den gegenwärtigen Strukturwandel von Zwenkau: der Bauhausstil als Hoffnung für einen Neubeginn in der Stadtentwicklung.

»Eine Schande für Sachsen«

1929 war das noch anders. Nach einem ersten Versuch hatte sich die Planung für das Grundstück konkretisiert. Die Widerstände waren heftig und verzögerten den Baubeginn fast ein ganzes Jahr. Der konservative Oberbürgermeister verlangte konstruktive Änderungen und drohte gar mit den übergeordneten Leipziger Genehmigungsbehörden — die dann im Dezember 1929 doch grünes Licht gaben. Dagegen protestierte wiederum eine Zwenkauer Bürgergruppe, unterstützt durch den Landesverband des sächsischen Heimatbundes in Dresden: Der weiße Kubus wurde als Fremdkörper ausgemacht und als eine »Schande für Sachsen« diffamiert.[1] Der Oberbürgermeister hakte nach und verlangte ein Dach, das zur Umgebung passt. Rading argumentierte dagegen mit der Heterogenität der historistischen Nachbarbauten, der Nähe zum sachlichen Bahnhof und zudem mit dem Sichtschutz, den die schnell heranwachsenden Bäume im Vorgarten bieten würden. Mit Erfolg, denn im Frühjahr 1930 konnten die Bauarbeiten beginnen, im Oktober zog die Familie Rabe mit zwei Söhnen ein, die Tochter wurde 1931 geboren. Über 60 Jahre lang bewohnte sie dieses Haus und sicherte damit seine Kontinuität. Die langjährige, bereits zu Breslauer Studienzeiten geschlossene Freundschaft zwischen den Familien Rading und Rabe machte den Bauauftrag fast selbstverständlich. Schon bald jedoch wurde diese Freundschaft, die vor allem von den Frauen gepflegt wurde, gewaltsam unterbrochen: Adolf Rading emigrierte 1933 mit seiner Frau Else nach Frankreich, wo er sein architektonisches Schaffen nicht fortsetzen konnte. Erst als sie 1936 Palästina erreichten, nahm Rading seinen Beruf wieder auf. Erich Rabe hingegen musste während des Krieges im Lager für ausländische Zwangsarbeiter praktizieren, Erna Rabe verschleppten die Nazis noch 1945 ins Konzentrationslager, das sie — trotz ein paar Monaten Krankheit — überlebte: Der Hass auf das moderne Haus richtete sich nun gegen den Architekten und die Bewohner selbst.

»Das Lösen eines Grundrisses im Raum«

Der Raum, nicht der Grundriss war nach Meinung von Adolf Loos »die große Revolution in der Architektur« der Moderne.[2] Loos kon-

Fortsetzung auf Seite 62

◄ Der markante Schlemmer-Kopf dominiert die Wohnhalle von Haus Rabe / A striking head by Schlemmer dominates the double-height living room of the Rabe House

Abstraction Liberates from Life's Chaos

In Zwenkau, near Leipzig, Oskar Schlemmer became a pioneer of modern wire sculpture, and the Rabe House by Adolf Rading became an open work of art

By Walter Prigge

[1] On its history, see Vladimir Slapeta, Adolf Rading: *Casa Rabe, Zwenkau/Lipsia, 1928—1930*, in *Domus*, 704, April 1989, p. 74—84.
[2] Adolf Loos, *Sämtliche Schriften*, Munich and Vienna 1962, p. 438.

Zwenkau's evolution stands paradigmatically for the structural change in the southern part of the district of Leipzig. Into the 1990s, soft coal was mined everywhere here, and the city itself was at risk of disappearing in a slagheap. The decades-old ban on construction and alterations had left corresponding traces on the buildings, streets, and infrastructure.

After the fall of communism, an industrial part was created in the south of Zwenkau, with more than 2,000 jobs. It was attractively close to the autobahn and to the centre of Leipzig, just 15 minutes by car. On its north side, by contrast, the small city of around 9,000 residents has been reinventing itself for several years. A manmade lake in a former mining pit is only half-filled, but it already has a harbor with tourist infrastructure (»Cape Zwenkau«). Behind it, an enormous construction site is growing, with dozens of single-family homes facing the lake. On the first lots, well-heeled residents of Leipzig have already built three-story villas in the Bauhaus style. But the middle classes are meant to settle here as well (»Out to the Cape«), and they too are obliged by the development plan to construct cubic buildings with flat roofs: the new »Bad Zwenkau« is supposed to be a small white city at the lake. Hence the well-known Rabe House by Adolf Rading will no longer stand alone.

The white cube was built in 1930 for the family of a doctor who was a friend of the architect, in the neighbourhood around the train station, where it has always been an ›alien element‹ amidst the Wilhelmine architecture. The new buildings on the Cape have now turned the Rabe House into a historical model for the current structural transformation of Zwenkau: the Bauhaus style as hope for a new beginning in urban development.

»A disgrace to Saxony«

In 1929 the situation was different. After a first attempt, the planning for the lot in the lower-middle-class milieu of the Wilhelmine-era neighborhood around the train station. The resistance was vehement and delayed the start of construction for nearly one year. The conservative mayor demanded construction changes and even threatened to bring it before the higher permit authorities in Leipzig, who did then, however, give it the green light in December 1929.

A citizens' group in Zwenkau however protested, supported by the Landesverband des sächsischen Heimatbundes (Regional association of the Saxon homeland league) in Dresden: the white cube was made it to be a ›alien element‹ and defamed as a »disgrace to Saxony.«[1] The mayor pressed the issue, demanding a roof that suited its surroundings. Rading argued against this by pointing to the heterogeneity of the neighboring historical buildings, its proximity to the train station in a functional style, and the screening that the rapidly growing trees in the front yard would provide. He was successful, and in the spring of 1930, construction could begin; in October the Rabes moved in with their two sons; a daughter was born in 1931. For more than 60 years they lived in this house and thus ensured its continuity.

The long-standing friendship between the Radings and the Rabes, which dated to their university days in Breslau, made the commission almost inevitable. Soon thereafter, however, this friendship, which had been cultivated by the women in particular, was violently interrupted. Adolf and Else Rading immigrated to France in 1922, where he was unable to continue his architecture career. Only after they reached Palestine in 1936 was Rading able to continue his architectural work. Erich Rabe, by contrast, was forced to practice medicine during the war in a camp for foreign forced laborers. Erna Rabe was taken to a concentration camp by the nazis as late as 1945, but she survived despite suffering a few months' illness. The hatred toward the modern house had now been redirected toward its architect and residents.

»The spatial solution of the ground plan«

Space, not the floor plan, was in Adolf Loos's view »the great revolution in architecture« of the modern age.[2] Loos constructed his buildings according to a *Raumplan* (spatial plan), which arranged the rooms in relation to one another much like urban streets and squares. Rading took a similar approach. He conceived his three-story cube in Zwenkau around a central living hall.

The ground floor had the doctor's practice, an apartment for the caretaker, and the garage—a striking example of the integration of

Adolf Rading konzipierte einen dreistöckigen Kubus um eine zentrale Wohnhalle herum, die von Schlemmer mit Fresken und Drahtplastiken ausgestattet wurde / Adolf Rading designed a three-storey cube encompassing a central hall, which Schlemmer decorated with frescos and wire sculptures

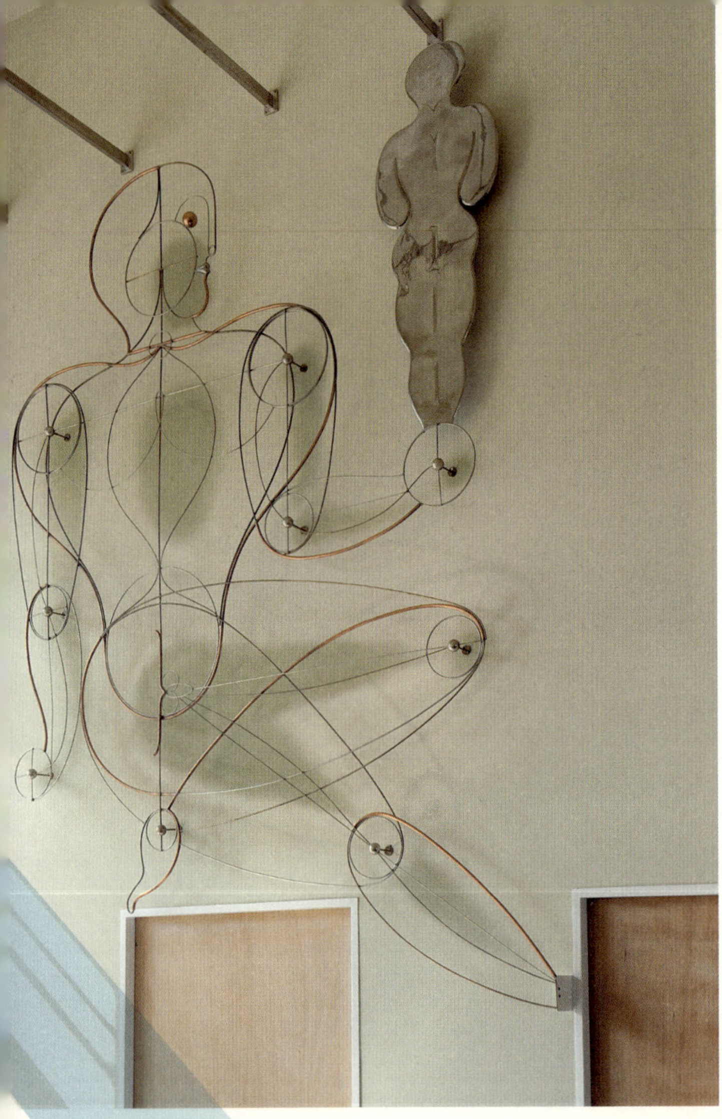

struierte seine Bauten nach einem »Raumplan«, der Räume ähnlich wie städtische Straßen und Plätze zueinander ordnete. Rading ging ähnlich vor. Er konzipierte seinen dreistöckigen Kubus in Zwenkau um eine zentrale Wohnhalle herum.

Im Erdgeschoss die Arztpraxis, eine Hausmeisterwohnung und die Garage — ein markantes Beispiel der Integration von Wohnen und Arbeiten im modernen Einfamilienhaus. Mit separatem Eingang darüber im ersten Obergeschoss Küche und WC auf der einen, Kinderspiel- und Gästezimmer auf der anderen Seite der nach Süden zum Garten hin zweistöckigen Wohnhalle. Wie in der Tradition des englischen Hauses spielt die Architektur hier mit den Elementen der Wohnhalle: der dominante Tisch, ausziehbar zum Essen; die von Norden belichtete Kamin- und Leseecke; die Galerie darüber im zweiten Obergeschoss, mit Durchbrüchen zur Belichtung des oberen Flures; die raumhohen, also zweistöckigen Fenster nach Süden — hier doppelt als schmale Loggia und Wintergarten für Blumen dazwischen; dazu der balkonartige Austritt, mit einer Treppe in den Garten hinunter.

Oben und unten, innen und außen durchdringen sich im Inneren des Kubus, der als wohlproportionierter Körper äußerlich formale Geschlossenheit wahrt: Die fast quadratischen Fassaden werden durch interessant gesetzte und türkis gestrichene Fenster spielerisch perforiert, die zudem für jedes Zimmer unterschiedlich gestaltet sind. Den Tisch und die Lampen, die Einbauschränke und auch die Farben für Wände und Böden der Wohnräume hat Adolf Rading selbst entworfen. Das gilt auch für die Schlafzimmer von Eltern, Kindern und Kindermädchen im zweiten Obergeschoss, die durch unterschiedlich stark leuchtende Farben Kontraste erzeugen: »Das räumliche Wohlgefühl, die Wohnlichkeit dieses Hauses ist nicht mit reichen materiellen Mitteln erzielt, sondern mit wesentlich geistigen: mit einer Grundkonzeption, die von Raumvorstellungen, und nicht vom

▲ Drahtiger *Homo* schwebt in unbestimmbarer Distanz vor der Wand / The wire *Homo* floats at an indeterminate distance from the wall

dwelling and working in a modern single-family home. The second floor had a separate entrance and housed the kitchen and a WC on one side of the two-storey living hall and the children's playroom and a guestroom on the other side, facing the garden to the south. In the tradition of the English house, the architecture here plays with the elements of the living hall: the dominant table, which pulls out for dining; the fireplace and reading area with northern light; the gallery above it on the third floor, with openings to light the upper hallway; the full-height, two-storey windows facing sought—here doubled as a narrow loggia and as a winter garden for floors in between; a balcony-like projection, with stairs down to the garden. Above and below, inside and outside interpenetrate inside the cube, which as a well-proportioned volume preserved the outward appearance of formal coherence: the nearly square facades are playfully perforated by interestingly placed windows painted turquoise, with a different design for each room. The table and lamps, the built-in cabinets, and the colors of the walls and floors in the living areas were chosen by Adolf Rading himself. That was also the case with the bedrooms for the parents, children, and nanny on the third floor, where colors of varying brightness produce contrasts: »The feeling of spatial well-being, the hominess of this house, is achieved not by rich material means but by essential intellectual ones: with a basic conception that sets out from concepts of space, not of floor plan, and with colors as the element that produces the form and clarifies the space.« That was how the journal *Innendekoration* summed it up in 1932.[3]

Shadow plays of abstraction

Rading proposed Oskar Schlemmer for any wall decorations that might be desired. They too had met at the Kunstakademie in Breslau, where Schlemmer had gone after his stint at the Bauhaus. Zwenkau offered him one of the few opportunities he would have to realize a project for a mural. Schlemmer thus moved from the planar painting to the abstract mural relief. This transformation is evident in the differences in the designs for the rooms.

In the staircase, there are profile heads and full-height standing or floating figures in various colours that recall his mural for the Weimar Bauhaus of 1923: Here, too, abstract, undifferentiated planes dominate, breaking through or playing around the existing architectural forms. In the hall, this painting continues with contrasting colours on the ceiling, which guide those entering to the corner with the fireplace.

With the two-storey main wall, by contrast, Schlemmer placed a floating wire sculpture in front of it that monumentalises his earlier abstract murals and enters into a dialogue with the space: »The wire sculpture or better still ›metal composition‹ or figurative composition of different metallic wires is a triple one: the large figure carries a smaller one on its hand; on the right in relation to the first figure, is the metal profile of a face, over five metres high. The figures are detached from the wall by about eight centimeters, so that the changing light forms a series of interesting varied shadows (in the manner of a sun-dial).«[4] Schlemmer himself characterised the spatial play with shadows as progress over abstract painting: »Fundamentally what deters me today in earlier practised abstractions, is the absence or insufficient exploitation of wonderful effects of depth, and colourful displays which can be extracted from the canvas. I shall not succeed again in tracing, for instance, the dark contour of a figure on a finely-grained primed canvas—and nothing else. I would rather

[3] Edith Nowak-Rischkowski on the Rabe House, quoted in Romana Schneider, *Sanierung Haus Rabe von Adolf Rading, bei Leipzig*, in: Deutsches Architektur-Museum (ed.), *Architektur Jahrbuch 1996*, Munich 1996, p. 44.

[4] Oskar Schlemmer in a letter of 1931, quoted in Karin von Maur, *Oskar Schlemmer: Sculpture*, Stuttgart 1972, p. 74.

Haus Rabe ist ein markantes Beispiel der Integration von Wohnen und Arbeiten im modernen Einfamilienhaus / The Rabe House is a striking example of the integration of home and work in a modern detached house

Grundriss ausgeht, und mit der Farbe als formgebenden und raumklärendem Element.« So das Resümee der Zeitschrift *Innendekoration* von 1932.[3]

Schattenspiele der Abstraktion

Für mögliche Wandgestaltungen schlug Rading Oskar Schlemmer vor. Beide hatten sich an der Breslauer Kunstakademie kennengelernt, wohin Schlemmer nach seiner Bauhauszeit gewechselt war. Ihm bot sich nun in Zwenkau eine der wenigen Gelegenheiten, ein Wandgestaltungsprojekt zu realisieren — Schlemmer gelangte damit von der flächigen Bild- zur raumtiefen Wandabstraktion. Sichtbar wird diese Transformation an den unterschiedlichen Gestaltungen für die Räume.

Im Treppenhaus finden sich Profilköpfe sowie raumhoch stehende oder schwebende Figuren in unterschiedlichen Farben, die an seine Wandarbeit für das Weimarer Bauhaus von 1923 erinnern: Auch hier dominieren abstrakte undifferenzierte Flächen, welche die vorgegebenen Architekturformen durchbrechen oder umspielen. In der Halle setzt sich diese Bemalung mit kontrastierenden Farbflächen an der Decke fort, die die Eintretenden zur Kaminecke lenken.

An der zweistöckigen Hauptwand bringt Schlemmer dagegen eine davor schwebende Drahtplastik an, die seine früheren abstrakten Wandbilder monumentalisiert und in einen Dialog mit dem Raum treten lässt: »Die Drahtplastik oder besser ›Metallkomposition‹ oder figürliche Komposition aus verschiedenen metallischen Drähten ist dreifigurig, die große Figur trägt eine kleinere auf der Hand, rechts auf der Wand in Beziehung zu ersterem ein über fünf Meter hohes Metallprofil eines Gesichtes. Die Figuren stehen zirka acht Zentime-

[3] Edith Nowak-Rischkowski über das Haus Rabe, zit. nach Romana Schneider, *Sanierung Haus Rabe von Adolf Rading, bei Leipzig*, in: Deutsches Architektur-Museum (Hg.), *Architektur Jahrbuch 1996*, München 1996, S. 44.

▲ Mitte der Neunzigerjahre ließ ein Hamburger Kunstliebhaber Haus Rabe mit großem Aufwand denkmalgerecht restaurieren / In the mid-Nineties, an art-lover from Hamburg had the Rabe House authentically restored at great expense

work with materials, such as in wire compositions. Abstraction is highly suitable here, and there are wonderful means for demonstrating abstract-simplified form.«[5]

And it is precisely the architect's brief that demands this: »I believe I am coming to a new abstraction via the fact of the architect's desires, which are not about painting for its own sake but about material compositions adapted to the given architectonic situation. This pure separation of ›painting‹ and abstract ›material composition‹ is gratifying to me. For the time being, I have moved away from abstract painting in [Willi] Baumeister's sense.‹[6]

Wulf Herzogenrath has analysed the plasticity of the three figures, with their different relationships between image and architecture, space, and time:

»The large figurative type in Weimar that Schlemmer called the ›heroic linear figure Homo‹ floats in front of the wall at an indeterminable distance, the blurrily sprayed artificial shadows within the figure reinforce this impression of indeterminacy. In keeping with this spacelessness, there is a kind of timelessness, since the thin, wandering shadow lines of the metal are scarcely perceived in comparison to the large static ›shadows‹ sprayed on the wall. On the other hand, there is the small, three-dimensional figure whose curving contour contrasts with the relatively geometric construction of the wire figure. The shadow of the latter falls on the wall as a precise cast shadow and wanders as the light changes; here the course of time is always clear. This small figure not only stands on the wall in the middle of the two figures but also corresponds to a combination of the two in terms of its optical depth. Because it lies directly on the wall, the large profile casts a long, powerful but then fading shadow. The spatial extension into the depth of the eight-centimeter-wide metal band attached at a right angle to the wall does not, however, reveal the course of time, since it is scarcely possible to perceive a shift in the delicate edge of its shadow.«[7]

With this metal composition, Schlemmer joined the pioneers of modern wire sculpture that no longer has physical mass. In 1989 it was violently dismantled by GDR authorities for a few month—something completely unacceptable from the perspective of conservation—and shown in the exhibition *Merkur und die Musen: Schätze der Weltkultur aus Leipzig* (Mercury and the muses: Treasures of world culture from Leipzig), an exhibition from the German Democratic Republic shown at the Künstlerhaus in Vienna.[8]

Living in a work of art

There were only a few paintings in the house; nearly every wall was already painted or had an artistic design. In the Rabe House, architecture, painting, and sculpture entered into a relationship with the utopian idea of »liberating the human being from the chaos of life by means of the vital reality of abstraction. Here the unity of art and life of a new age (that then did not dawn after all) is harmoniously celebrated. It also required, however, the ›perfect human being‹, free of individualistic features, able to feel and see universally, and has achieved a consciousness that demands clarity.«[9]

At first, this demands a certain abstraction from one's own desires for living and furnishing. The daughter, who as a doctor took over both the medical practice and the house after her parents died, perceived such abstraction as pleasant and relaxing. When she returned home after house calls in her patients' apartments stuffed with furniture, she was happy to be back in this open work of art.[10]

After more than 60 years she was able to sell the house, which was in need of renovation, to an art lover in Hamburg, who in the mid-1990s took great pains to restore it in a manner appropriate to an

[5] Oskar Schlemmer in a letter of 1932, quoted in ibid., p. 69.
[6] Schlemmer quoted in Wulf Herzogenrath, *Oskar Schlemmer: Die Wandgestaltung der neuen Architektur*, Munich 1973, p. 104.
[7] Wulf Herzogenrath, in ibid., p. 105.
[8] September 21, 1989 to February 18, 1990.
[9] Romana Schneider, (see note 3), p. 46.
[10] Conversation with Gabriele S. in Leipzig, August 23, 2013.

architectural landmark and now lives there sporadically—so its future is assured for the time being.

Walter Prigge, born in Bremen in 1946, studied sociology, politics, and architecture in Munich and Frankfurt am Main, with a dissertation and a habilitation thesis on architecture, space, and urbanism in the twentieth century. After working freelance as an urban sociologist in Frankfurt, he came to the Stiftung Bauhaus Dessau in 1996. He has been a senior fellow there since 2012.

ter von der Wand ab, wodurch sich durch wechselndes Licht interessante, wechselnde Schatten bilden (in der Art der Sonnenuhr).«[4]
Das räumliche Spiel mit Schatten kennzeichnet Schlemmer selbst als Fortschritt gegenüber der abstrakten Malerei: »Grundsätzliches, was mich vom früher geübten Abstrakten heute abhält, ist die nicht — oder ungenügend — mögliche Verwendung der in der Leinwandfläche gegebenen schönen Möglichkeit der Raumtiefe und farbigen Ausbreitung. Ich werde es nicht mehr fertigkriegen, auf eine Leinwand, grundiert mit schönem Korn, eine zum Beispiel schwarze Figurenkontur zu ziehen und nichts sonst. Ich möchte dann lieber in Material arbeiten, wie in der Drahtkomposition. Hier ist Abstraktion gefordert, und es gibt herrliche Mittel, die abstrakt-vereinfachte Form zu demonstrieren.«[5]
Und es ist gerade der Auftrag des Architekten, der das befördert: »Ich glaube zu neuem Abstrakten zu kommen durch die Tatsache der Architektenwünsche, bei denen es sich nicht um Malerei im Eigensinn handelt, sondern um Materialkompositionen, der jeweiligen architektonischen Situation angepasst. Diese reinliche Scheidung von ›Malerei‹ und abstrakter ›Materialkomposition‹ ist mir angenehm. Von abstrakter Malerei im Baumeister-Sinne bin ich bis auf weiteres entfernt.«[6]
Wulf Herzogenrath analysiert die Plastizität der drei Figuren mit ihren unterschiedlichen Beziehungen von Bild und Architektur, Raum und Zeit:
»Der von Schlemmer in Weimar als ›heroische Linearfigur‹ bezeichnete große Figurentypus ›Homo‹ schwebt in unbestimmbarer Distanz vor der Wand, die verwischt gespritzten künstlichen Schatten innerhalb der Figur verstärken diesen unbestimmten Eindruck. Der Raumlosigkeit entspricht eine Zeitlosigkeit, da die dünnen, wandernden Schattenlinien des Metalls gegenüber den großen statischen ›Schatten‹, die auf die Wand gespritzt sind, kaum wahrgenommen werden. Im Gegensatz dazu steht die kleine vollplastische Figur, deren geschwungener Umriss mit der verhältnismäßig geometrischen Konstruktion der Drahtfigur kontrastiert. Der Schatten dieser Figur fällt als präziser Schlagschatten auf die Wand und wandert bei wechselndem Licht; hier wird der Ablauf der Zeit immer deutlich. Diese kleine Figur steht nicht nur auf der Wand in der Mitte zwischen den beiden Figuren, sondern auch in ihrer optischen Tiefenräumlichkeit entspricht sie einer Verbindung beider. Das große Profil wirft, da es direkt auf der Mauer aufliegt, einen langen, kräftigen, dann heller werdenden Schatten. Die räumliche Tiefenerstreckung des 8 cm breiten, rechtwinklig auf der Wand befestigten Metallbandes lässt aber nicht den Ablauf der Zeit erkennen, da eine Verschiebung der zarten Schattengrenze kaum festgestellt werden kann.«[7]
Mit dieser Metall-Komposition gehört Schlemmer zu den Pionieren der modernen Drahtplastik, die keine physische Masse mehr kennt. 1989 war sie von DDR-Behörden für ein paar Monate — konservatorisch völlig inakzeptabel — gewaltsam abgebaut worden und in der Ausstellung *Merkur und die Musen. Schätze der Weltkultur aus Leipzig* im Künstlerhaus Wien[8] gezeigt worden.

In einem Kunstwerk leben

Es gab nur wenige Bilder im Haus, fast jede Wand ist bereits bemalt oder künstlerisch gestaltet. Im Haus Rabe gingen Architektur, Malerei und Plastik eine enge Beziehung ein, unter der Utopie, »den Menschen durch die vitale Realität der Abstraktion vom Lebenschaos zu befreien. Hier wird die Einheit von Kunst und Leben einer neuen Zeit (die dann doch nicht begann) harmonisch zelebriert. Sie erfordert allerdings auch den ›vollkommenen Menschen‹, der frei ist von individualistischen Zügen, universal zu empfinden und zu sehen vermag und ein Bewusstsein erlangt hat, das Klarheit erfordert.«[9]
Zumindest fordert dieses Haus eine gewisse Abstraktion von eigenen Wohn- und Einrichtungswünschen. Die Tochter, die als Ärztin nach dem Tod der Eltern Praxis und Haus übernahm, empfand solche Abstraktion als wohltuende Erholung: Wenn sie nach Hausbesuchen aus den überladen eingerichteten Wohnungen ihrer Patienten zurückkehrte, war sie froh, wieder in diesem offenen Kunstwerk zu sein.[10]
Nach über 60 Jahren konnte sie das sanierungsbedürftige Haus an einen Hamburger Kunstliebhaber verkaufen, der es Mitte der Neunzigerjahre mit großem Aufwand denkmalgerecht restaurieren ließ und sporadisch bewohnt — seine Zukunft ist also vorerst gesichert.

Walter Prigge, geboren 1946 in Bremen, studierte Soziologie, Politik und Architektur in München und Frankfurt am Main — mit Dissertation und Habilitation zu Architektur, Raum und Urbanität im 20. Jahrhundert. Nach selbstständiger Tätigkeit als Stadtsoziologe in Frankfurt kam er 1996 an die Stiftung Bauhaus Dessau. Dort ist er seit 2012 Senior Fellow.

[4] Oskar Schlemmer in einem Brief von 1931, zit. nach Karin von Maur, *Oskar Schlemmer. Das plastische Werk*, Stuttgart 1972, S. 74.
[5] Schlemmer in einem Brief von 1932, zit. nach von Maur, ebd., S. 72.
[6] Schlemmer, zit. nach Wulf Herzogenrath, *Oskar Schlemmer. Die Wandgestaltung der neuen Architektur*, München 1973, S. 104.
[7] Wulf Herzogenrath, ebd., S. 105.
[8] 21.9.1989—18.2.1990.
[9] Romana Schneider, wie Anm. 3, S. 46.
[10] Gespräch mit Gabriele S. in Leipzig, 23. August 2013.

► Unterm Flachdach betteten sich Erna und Erich Rabe des Nachts zur Ruhe / Erna and Erich Rabe went to sleep each night under a novel flat roof

Blick auf Wuppertal: Im Frühjahr 1942 schuf Schlemmer 18 Arbeiten auf briefbogengroßem Papier, die er als »Fensterbilder« bezeichnete / View of Wuppertal: In the spring of 1942, Schlemmer produced eighteen works on sheets the size of writing paper, which he called »window pictures«

Zeit ohne Erzählungen

Von Gerda Breuer

Die sogenannte Innere Emigration hat den von den Nationalsozialisten verfemten Oskar Schlemmer in eine Lackfabrik in Wuppertal geführt, wo er an seinen alten Konzepten scheiterte und in Konflikt mit Willi Baumeister geriet

Nachkriegsszenario

Deutschland 1945. Ein Trümmerfeld. Zwischen Gefühlsstarre und Selbstmitleid, Scham und Verdrängung changierte die Reaktion auf den Schock des Zusammenbruchs. Noch hatte man nicht begonnen, die Mikrostrukturen des Faschismus zu untersuchen. Die Psyche war an die Grenzen symbolischer Formen und auf die Grenzen des Subjektvermögens gestoßen. Alte Welterklärungsmodelle standen noch unvermittelt neben Disparatem, das auf das Unfassbare keine Antwort im Sinne einer neuen Erzählung geben konnte.

Gleichwohl entwickelte sich in der Nachkriegszeit erneut eine Konjunktur für die Idee der Autonomie der modernen Künste. Besonders die avantgardistische Kunst der Zwanzigerjahre, auch das Bauhaus, wurden beschworen als ein letztes Überbleibsel einer heilen Welt, die es wiederzubeleben galt. In den Nebelkerzen einer harmonisierenden Rezeption wurde diese Zeit zur Klassischen Moderne eingeebnet.

In der Gedankenwelt Werner Haftmanns und Arnold Bodes, den Gründervätern der *documenta*, spielte die Idee von den gerissenen Fäden, an die man mit der unversehrten Moderne wieder anknüpfen wollte, eine große Rolle. In ihrem Denkgebäude trat die Figur Oskar Schlemmer als zentraler Akteur auf. Als Künstler, der durch Berufsverbot kaltgestellt und durch Verfemung seiner Bildwerke diffamiert worden war, war er zum Opfer der nationalsozialistischen Kulturpolitik geworden und wurde deshalb zu einem »Märtyrer der Moderne«[1] stilisiert. Auf der ersten *documenta* diente er mit seiner *Bauhaustreppe* (1932) der Bode'schen Inszenierung einer Entschuldigungsgeste. Man wollte den Geschmähten, die in ›Innerer Emigration‹ im Land ausgeharrt hatten, zu neuen Ehren verhelfen. Auf der *documenta* I, II und III stand Schlemmer im Zentrum der Idee von der Wiedergutmachung.

Zählte er doch unmittelbar nach 1945 zu denjenigen, die sich für die Heldensage der Klassischen Moderne und deren Legendenbildung eigneten — sichtbar an den zahlreichen Schlemmer-Ausstellungen in den Fünfzigerjahren. Schlemmer war am 13. April 1943 gestorben. Es ist durchaus anzunehmen, dass ihn die Lebensumstände im ›Dritten Reich‹ in solchem Maße geschwächt hatten, dass seine Lebenskraft erlosch. Er war aus seinem Lehramt entlassen, seine erste große Retrospektive in Stuttgart noch vor der Eröffnung geschlossen worden, schon 1934 war sein Bilderzyklus im Essener *Folkwang Museum* den Säuberungsaktionen zum Opfer gefallen. Viele seiner Werke in anderen Museen wurden mit Beschriftungen versehen, die sie als ›degenerierte Machwerke‹ diffamierten. Die Aufträge gingen zurück und er geriet in finanzielle Nöte. Höhepunkt der Diskriminierung war, dass sechs Werke auf der Femeausstellung *Entartete Kunst* 1937 in München und anderen deutschen Städten gezeigt wurden. Wenige Monate später erschien eine seiner Hauptarbeiten, das Gemälde *Vorübergehender* von 1924, auf der Berliner Propagandaausstellung *Bolschewismus ohne Maske*. Schon vor der Machtübernahme Hitlers, im Oktober 1930, hatte der Architekt Paul Schultze-Naumburg, Autor der Femeschrift gegen die Moderne mit dem Titel *Kunst und Rasse*

Fortsetzung auf Seite 70

[1] S. Beat Wyss, *Künstlerische Totalität und totalitäre Politik. Der Fall Oskar Schlemmer*, in: ders. *Die Wiederkehr des Neuen*, Hamburg 2007, S. 9—34.

Time without Narratives

By Gerda Breuer

So-called inner emigration led Oskar Schlemmer, who was condemned by the National Socialists, to a paint factory in Wuppertal, where he failed owing to his outdated concepts, and came into conflict with Willi Baumeister

Postwar scenario

Germany in 1945. A field of rubble. The reaction to the shock of collapse oscillated between emotional paralysis and self-pity, shame and repression. No one had yet begun to study the microstructures of fascism. The psyche had come up against the limits of symbolic forms and of the capabilities of the subject. Old models for explaining the world stood directly side by side with disparate things that could offer no response to the incomprehensible in the manner of a new narrative.

Nevertheless, the idea of the autonomy of the modern arts experienced a boom during the postwar period. The avant-garde art of the 1920s in particular, including the Bauhaus, were evoked as a last remnant of an ideal world that should be revived. Amid the smokescreen of a harmonizing reception, this period of High Modernism was smoothed over.

The idea of the torn thread that should be reconnected to the intact modern era played an important role within the world of ideas of Werner Haftmann and Arnold Bode, the founding fathers of *documenta*. In their intellectual edifice, the figure of Oskar Schlemmer was a central party. As an artist who had been sidelined by a prohibition on practicing his profession and the defamation of his sculptures, he had become a victim of the National Socialist art policy and was thus stylized as a »martyr for modernism«.[1] At the first *documenta*, he and his *Bauhaustreppe* (Bauhaus staircase, 1932) served Bode's presentation of a gesture of apology. There was a desire to help those who had been reviled but remained in the country in ›inner emigration‹ find new honors. In the first three *documentas*, Schlemmer was at the centre of this idea of making amends.

Immediately after 1945, Schlemmer was considered one of those who were suited for the heroic myth of High Modernism and its legends, as was evident from the numerous Schlemmer exhibitions in the 1950s. Schlemmer had died on April 13, 1943. It is certainly reasonable to assume that his living conditions in the ›Third Reich‹ weakened him to such an extent that his vitality was extinguished. He was dismissed from his teaching position; his first large retrospective, in Stuttgart, was closed even before it opened; as early as 1934 his cycle of paintings in the *Museum Folkwang* in Essen had fallen victim to the purge actions. Many of his works in other museums were labeled with the slander ›degenerate, shoddy work‹. Commissions dwindled, and he found himself in financial difficulties. The culmination of this discrimination was when six of his works were shown in the defamatory *Entartete Kunst* (Degenerate art) exhibition in Munich in 1937 and then in other German cities. A few months later, one of his major works, the painting *Vorübergehender* (Passing figure) of 1924, appeared in the propaganda exhibition *Bolschewismus ohne Maske* (Bolshevism without a mask) in Berlin. Even before Hitler took power, the architect Paul Schultze-Naumburg—the author of a work defaming modernism titled *Kunst und Rasse* (Art and race, 1928) and a fanatic opponent of the Bauhaus—had Schlemmer's wall paintings and reliefs removed from the former Bauhaus building in Weimar in October 1930 and repainted in white. Schlemmer was affected ear-

[1] See Beat Wyss, *Künstlerische Totalität und totalitäre Politik: Der Fall Oskar Schlemmer*, in: ibid., *Die Wiederkehr des Neuen*, Hamburg 2007, pp. 9—34.

Das Wuppertaler Kränzchen der Kunstliebhaber: Willi Baumeister, Oskar und Karin Schlemmer, 1942 / The Wuppertal art circle: Willi Baumeister with Oskar and Karin Schlemmer, 1942

(1928) und fanatischer Bauhaus-Gegner, seine Wandmalereien und -reliefs im ehemaligen Bauhausgebäude in Weimar abschlagen und weiß übermalen lassen. Es traf Schlemmer früh, intensiv und anhaltend, die psychische Zerreißprobe strapazierte seine physische Belastbarkeit dauerhaft.

Auch die ›Alternativen‹ waren wenig befriedigend: 1938 hatte er eine Anstellung in einem Stuttgarter Malerbetrieb erhalten, wo er, neben schnöden dekorativen Hausanstrichen, auch Tarnbemalungen für Militärflugplätze und Industrieanlagen in ganz Deutschland ausführen musste. Zusätzliche Aufträge für Wandbilder erlaubten ihm allerdings eine zurückhaltende Modernität und kamen seinen künstlerischen Interessen mehr entgegen als die ›angewandte Kunst‹. Teils wurden sie aber gerade deshalb abgelehnt: So hatte er 1934 beim staatlichen Wandbilder-Wettbewerb für den Kongress-Saal des *Deutschen Museums* in München das Thema ›Volksgemeinschaft‹ vorgeschlagen und gestaffelte Reihen uniformer Figuren mit erhobenem rechten Arm entworfen, sein Stil galt aber als zu modern und wurde verworfen.

Für die Nachwelt eignete sich Schlemmers kurze Vita in Wuppertal als Beispiel für eine Revision des ›Schicksals‹ der Moderne, die nach 1945 Konjunktur bekam. Ein Auslöser war ein Artikel in der *Münchener Zeitung* unter dem Titel *Innere Emigration* gewesen, der sich an Thomas Mann richtete. Gegen Mann, dem man die Emigration in die Vereinigten Staaten übelnahm, erschienen nun Plädoyers für die ›inneren‹ Emigranten in Deutschland. Nun wurde nicht nur aktiver Widerstand als Kriterium der Unangepasstheit betrachtet, sondern auch passive Verweigerung bis hin zum diffusen Tatbestand des ›beredten Schweigens‹, das indirekte Kritik erahnen ließ.

Gute Zeiten

Die Aufforderung des Fabrikanten Kurt Herberts, in Wuppertal die künstlerische Verwendung von Lacken zu erproben, erschien Schlemmer am Anfang wie ein Rettungsanker, zumal er hier mit Gleichge-

ly on, intensely, and enduringly; the psychological stress test strained his physical resilience to lasting effect.

The ›alternatives‹ were not very satisfying either: in 1938 he found employment with a house painting company in Stuttgart, where he was required to produce despicable decorative designs for homes as well as camouflage for military airports and industrial facilities throughout Germany. Additional commissions for murals did, however, permit him a restrained modernity and were better suited to his artistic interests than the ›applied art‹. In some cases, however, they were rejected for precisely that reason. For example, in 1934 he had proposed the subject ›community of the people‹ for the state mural competition for the conference room of the *Deutsches Museum* in Munich, and sketched staggered rows of uniformed figures with right arm raised, but his style was considered too modern and was rejected.

Schlemmer's brief period in Wuppertal served posterity as an example of a revision of the ›fate‹ of modernism that became popular after 1945. It was triggered by an article in the *Münchener Zeitung* titled *Innere Emigration*, directed at Thomas Mann. As opposed to Mann, whose emigration to the United States was held against him, he defended the ›inner emigrants‹ in Germany. Now not only active resistance was considered a criterion for nonconformism but also passive refusal and even the vague state of affairs known as ›eloquent silence‹, which suggested indirect criticism.

Good times

The request from Kurt Herberts paint manufacturer in Wuppertal, to test out their paints for artistic applications initially seemed like a life buoy to Schlemmer, especially since his client guaranteed him a great deal of artistic freedom, and he met with like-minded artists there. The latter included in particular Willi Baumeister, whom he had known since his studies in Stuttgart, who was also part of the

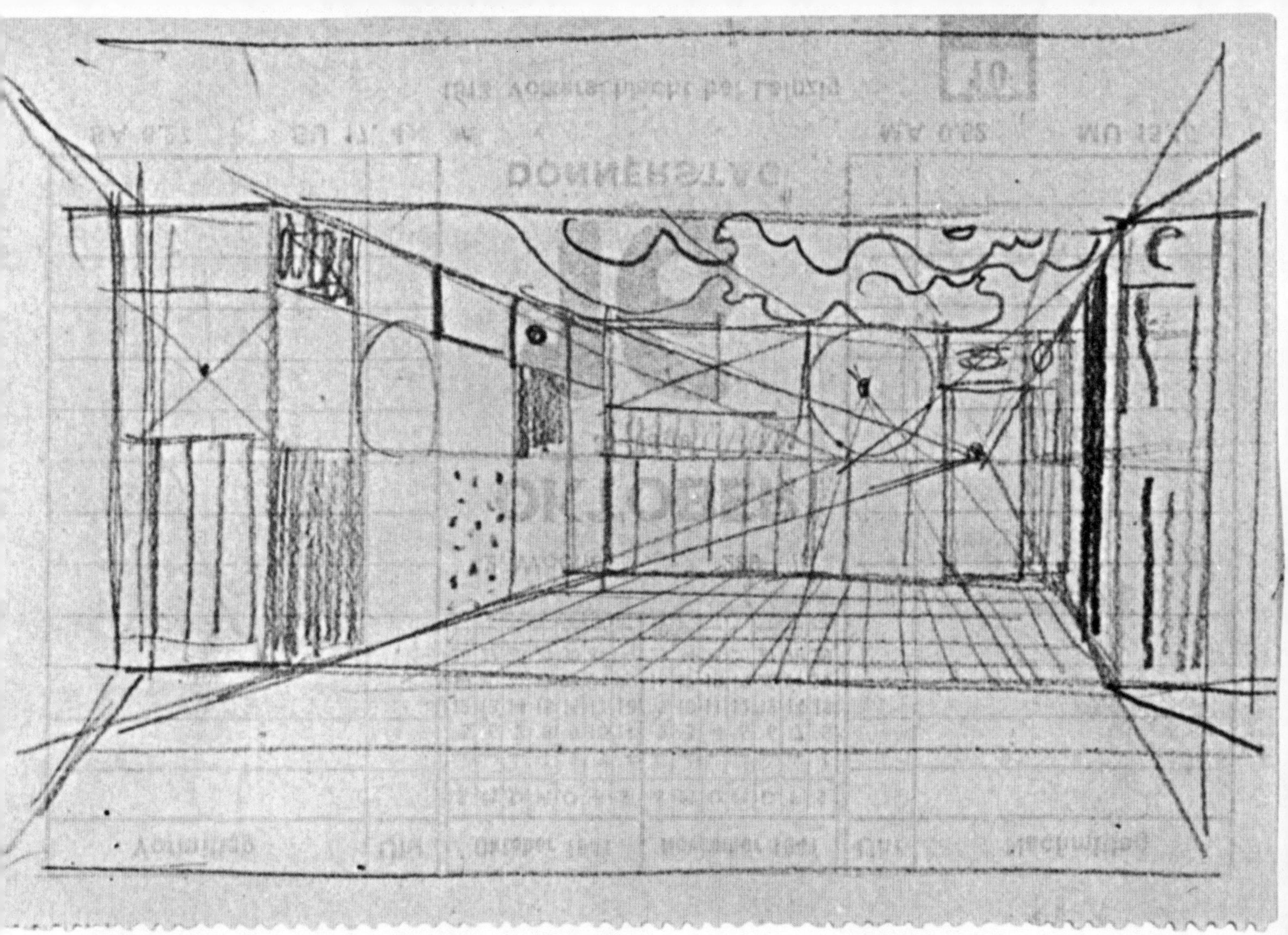

sinnten zusammentraf und sein Auftraggeber ihm ein hohes Maß an freier künstlerischer Betätigung gewährte. Da war vor allem Willi Baumeister, den er schon aus seiner Studienzeit in Stuttgart kannte, der ebenfalls zum Kreis um Adolf Hölzel und später Otto Meyer-Amden zählte und mit dem er sich in der Üecht-Gruppe für die abstrakte Kunst und um die Berufung von Paul Klee an die *Stuttgarter Akademie* engagiert hatte. Dann Georg Muche, der 1942 für Kurt Herberts Fresken in Wuppertal malte, unter anderem im Haus, in dem Schlemmer wohnte. Er war 1939 von Johannes Itten, dem Direktor, an die *Höhere Fachschule für Textile Flächenkunst* in Krefeld berufen worden und leitete dort die Meisterklasse für Textilkunst. Auch Max Peiffer Watenphul, der ab 1941 die Nachfolge von Itten in Krefeld angetreten hatte, war in Wuppertal engagiert sowie der Bildhauer Gerhard Marcks. Die Nähe der Bauhaus-Kollegen erinnerte Schlemmer an seine Glanzzeit in der Weimarer und Dessauer Schule. Mit Blick auf das nahe Krefeld schrieb er seinem Künstlerfreund Julius Bissier: »Erstaunlich wieviel ehemalige Bauhäusler dort, meist in Stellung, lehrend, sitzend. Sah eine kunsthandwerkliche Schau im Museum: Lindig, Wagenfeld, Otte, Mögelin, Tümpel — alles Bauhaus!«[2]
Nachdem Schlemmer schon im Mai 1938 mit Kurt Herberts in Verbindung getreten war, um im Neubau seiner Fabrik zwei Wandbilder zu malen, hielt er sich ab Herbst 1940 wochenlang in Wuppertal auf und siedelte schließlich in die bergische Stadt um, wo er bis 1942 wohnte und ein eigenes Atelier besaß. Seine Aufgabe war klar umrissen: Er sollte ein Labor für farbtechnische Experimente einrichten, Lackexperimente durchführen und die künstlerischen Anwendungsmöglichkeiten von Lack erproben. Doch seine eigenen Arbeiten und die in Kooperation mit dem Firmenchef gingen weit darü-

[2] Oskar Schlemmer, Brief an Julius Bissier, Abschrift in Schlemmers Tagebuch vom 28.12.1940, Schlemmer Archiv, Staatsgalerie Stuttgart.

circle around Adolf Hölzel and later Otto Meyer-Amden, and with whom he had supported both abstract art as part of the Üecht-Gruppe and Paul Klee's appointment at the *Akademie der Bildenden Künste* in Stuttgart. Then there was Georg Muche, who painted frescoes in Wuppertal for Kurt Heberts in 1942, including some in the house where Schlemmer was living. In 1939 Muche had been appointed to the *Höhere Fachschule für Textile Flächenkunst* in Krefeld by Johannes Itten, its director, where he headed the master class for textile art. Max Pfeiffer-Watenphul, Itten's successor in Krefeld from 1941, was also working in Wuppertal as was the sculptor Gerhard Marcks. This proximity to former Bauhaus colleagues reminded Schlemmer of his heyday at that school in Weimar and Dessau. With an eye to nearby Krefeld, he wrote to an artist-friend Julius Bissier: »Astonishing how many former Bauhaus members are there, most of them employed, teaching, sitting. Saw a crafts show at the museum: Lindig, Wagenfeld, Otte, Mögelin, Tümpel—all Bauhaus!«[2]
Schlemmer, who had been in contact with Kurt Herberts earlier, in May 1938, about painting two murals in a new building at his factory, first stayed in Wuppertal on a weekly basis beginning in the autumn of 1940 before he finally moved to that city in the Bergisches Land, where he remained until 1942 and had his own studio. His task was clearly defined: He was supposed to set up a laboratory for technical experiments with paints, to conduct experiments with lacquer paints, and to test the possibilities of lacquer for artistic use. He produced lacquer objects for Herberts that included a cabinet and panels and even performed a lacquer ballet with company's employees. At first, Wuppertal seemed like a remedy: »I would have an arduous climb to reach my former state. […] I have everything necessary for a regeneration, for finding my way back to myself. For here

[2] Oskar Schlemmer, diary entry, December 28, 1940, copy of letter to Julius Bissier, Schlemmer archive, Staatsgalerie Stuttgart.

▼ ▲ Entwürfe für das Lackkabinett. Bleistift auf Kalenderblatt / Designs for the paint cabinet. Pencil on calendar sheet

ber hinaus: Er fertigte Lackobjekte für Herberts an, schuf ein Lackkabinett, Lacktafeln, ja ließ sogar ein Lackballett von Firmenangehörigen aufführen. Wuppertal erschien ihm anfänglich als Remedur: »Der Aufstieg müßte in dementsprechende Höhe führen. Es ist sicher […] alles gegeben für eine Regeneration, daß ich wieder zu mir selber finde. Denn hier wird von mir nicht etwas mir Wesensfremdes verlangt […], sondern: mein Wesentlichstes! Beste Voraussetzungen also.«[3]

Das ›Kränzchen‹

Mit Schlemmers Ankunft in Wuppertal stellte Willi Baumeister zufrieden fest: »Auch unsre Kunstliebe hat ein Kränzchen bekommen, und die Entartung xxx (ausgestr. d. Verf.) (für Leute mit feineren Ohren) einen sanften Tritt.«[4] Zur engeren Runde der fortan ›Wuppertaler Arbeitskreis‹ genannten Gruppe zählte neben Baumeister der Architekt Franz Krause. Der Architekt Heinz Rasch, Freund aus Stuttgarter Studienzeiten, der ›spiritus rector‹ (Baumeister) der Gruppe und der große Berater von Herberts, organisierte die Arbeit. Man war sich in der Sache, für die moderne Kunst einzutreten, zunächst einig, wenngleich die Personen unterschiedlicher nicht sein konnten.

Der Auftraggeber der Künstler, Dr. Kurt Herberts, hatte in den Dreißigerjahren die väterliche Fabrik übernommen und suchte, ganz in der Tradition des *Deutschen Werkbundes*,[5] durch eine anspruchsvolle

[3] Oskar Schlemmer, Tagebuch, 8.12.1940, a.a.O.
[4] Heinz Rasch, Brief an Willi Baumeister, 21.10.1940, Archiv Willi Baumeister im Kunstmuseum Stuttgart.
[5] Herberts schließt sich bewusst der Programmatik des Deutschen Werkbundes an. S. Kurt Herberts, *Oskar Schlemmer und das »Lacktechnikum«*, in: *Schlemmer Baumeister Krause. Wuppertal 1937—1944*, Ausst.-Kat. des Von der Heydt-Museum Wuppertal, 1979.

I am not being asked to deny my nature, but rather to do what I find most congenial. The best possible conditions.«[3]

The ›small wreath‹

When Schlemmer arrived in Wuppertal, Willi Baumeister noted with satisfaction: »Our love of art has also received a little wreath, and the degeneracy xxx [deletion by the author] (for people with more sensitive ears) a gentle kick.«[4] The inner circle of the group that began to call itself the Wuppertaler Arbeitskreis (Wuppertal working group) included both Baumeister and the architect Franz Krause. The architect Heinz Rasch, a friend from student days in Stuttgart, the ›spiritus rector‹ (in Baumeister's phrase) of the group, and Herberts's biggest consultant, organised the work. Initially they were united in wanting to advocate modern art, even though their personalities could not have been more different.

The artists' patron, Dr. Kurt Herberts, had taken over his father's factory in the 1930s, and was seeking, very much in the tradition of the *Deutsche Werkbund*,[5] to employ an ambitious, modern corporate culture to place his company on a level open to culture and innovation. Armaments production in the ›Third Reich‹ offered him unexpected possibilities to that end. Among his company's products were cellulose acetate paints, which were used to coat fabric coverings on airplanes and airships, such as the *Graf Zeppelin* and the *Hin-*

[3] Oskar Schlemmer, diary entry, December 8, 1940, loc. cit.
[4] Heinz Rasch to Willi Baumeister, October 21, 1940, Archiv Willi Baumeister, Kunstmuseum Stuttgart.
[5] Herberts consciously took up the tradition of the Deutscher Werkbund. See Kurt Herberts, *Oskar Schlemmer und das ›Lacktechnikum‹*, in: *Schlemmer, Baumeister, Krause: Wuppertal, 1937—1944*, exh. cat., Wuppertal 1979.

moderne Firmenkultur seinem Unternehmen ein kultur- und innovationsfreudiges Niveau zu verleihen. Es war die Rüstungsproduktion im ›Dritten Reich‹, die ihm dazu ungeahnte Möglichkeiten bot. Zu den Produkten seiner Firma zählten ›Cellonlacke‹, mit denen die Textilbespannung an Flugzeugen und Luftschiffen, z.B. *Graf Zeppelin* und *Hindenburg*, beschichtet wurden. Mit dem Oberflächenschutz Nitropon versah man die Außen- und Innenlackierung der Züge der Deutschen Reichsbahn sowie von Omnibussen. Während des Kriegs zwischen 1939 und 1945 weitete sich das Aufgabenfeld der Firma auf Jagdflugzeuge und Schiffe aus, für die Tarnfarben hergestellt, und auf Patronen, für die Korrosionslacke benötigt wurden. Die Arbeit in einem ›Rüstungsbetrieb‹ vermittelte deshalb politisch einen politisch unverfänglichen Eindruck und gestattete es den Künstlern, eine praktische Tätigkeit nachzuweisen, die sie vor staatlichem Zugriff schützte. Krause konnte beispielsweise mehrfach wegen ›kriegswichtiger‹ Arbeit von der Front in Russland beurlaubt werden. Die anderen Künstler galten als »unabkömmlich«, da sie als auswärtige »Mitarbeiter für Arbeiten innerhalb der Forschungsabteilung Malstoffkunde tätig« waren.[6]

Weder künstlerisch noch politisch und ideologisch war diese Gruppe isoliert, von einem Inseldasein kann keine Rede sein. Als Schlemmer zum 75-jährigen Jubiläum der Firma Herberts das Ballett *Reigen in Lack* von jungen weiblichen Angestellten der Firma aufführen ließ, das er in Anlehnung an das *Triadische Ballett* der Stuttgarter und Weimarer Zeit konzipierte, erschienen Gauleiter und belegten in vorderster Reihe die Plätze der Festgemeinde. Sie gratulierten Schlemmer, dem verfemten Künstler, öffentlich.

[6] Nach einer von Herberts ausgestellten Bescheinigung für Willi Baumeister, 20.2.1943. Archiv Willi Baumeister im Kunstmuseum Stuttgart.

denburg. The surface protectant Nitropon was used to paint the interior and exterior of Deutsche Reichsbahn trains as well as buses. During the war, between 1939 and 1945, the company's tasks expanded to include fighter aircraft and ships, for which they produced camouflage paints, and cartridges, which needed anticorrosion paints. The work in the ›armaments business‹ thus conveyed an impression of political harmlessness and enabled the artists to demonstrate a practical activity that protected them against state intervention. For example, Krause was repeatedly exempted from duty on the Russian front because his work was »important to the war effort«. The other artists were considered »indispensable«, because they were active as freelance »collaborators on tasks within the research division for paint studies«.[6]

This group was not isolated artistically, politically, or ideologically, so it can scarcely be described as an insular existence. Schlemmer arranged for the ballet *Reigen in Lack* (Round dance in lacquer) to be performed by young female employees of the company for the 75th anniversary of the Herberts firm; it was conceived based on *Das Triadische Ballett* (The triadic ballet) of his Stuttgart and Weimar periods. Local Gauleiters (regional heads of the National Socialist Party) attended the performance and sat in the front rows; they congratulated Schlemmer, the condemned artist, publicly.

The general rejection of the avant-garde that Schlemmer experienced all his life had now become inquisitorial as part of the National Socialist art policy. He was well aware of that and hard hit himself. At the same time, as he had during the First World War, he contin-

[6] According to a certification for Willi Baumeister provided by Herberts, February 20, 1943, Archiv Willi Baumeister, Kunstmuseum Stuttgart.

▲ Entwurf für das Lackkabinett, vier Teile, 24.10.1941. Bleistift, Aquarell und Farbstifte auf Karton, 12,4×35 cm / Design for the paint cabinet, four parts, 24 October 1941. Pencil, watercolour and coloured crayon on cardboard, 12.4×35 cm

Die generelle Ablehnung der Avantgarde, die Schlemmer zeit seines Lebens begleitet hatte, wurde nun, mit der nationalsozialistischen Kunstpolitik, inquisitorisch — dessen war er sich bewusst und davon war er selbst aufs Härteste betroffen. Gleichwohl verbindet ihn politisch nach wie vor, wie auch schon im Ersten Weltkrieg, ein Glaube an die großen überindividuellen Gesetze des Lebens, an eine »kosmische Bestimmung« der Menschen:

»Hier sei es auch endgültig gesagt: die kulturelle Misère ist und bleibt ein Manko, wenn nicht mehr, dieses Regimes. Daß das junge Talent oder gar Genie nicht mehr frei wachsen darf, sondern zuvörderst eingeengt wird von parteipolitischen Gesinnungsdingen, die in ihrer Enge niemals ›weltanschauliche Schulung‹ heißen können, sehe ich als eine ungeheure Gefahr an. —

Aber, daß eine Nation sich aufmacht, groß zu werden, darin kann ich nichts Schlechtes sehen, weil es beim Einzelnen und in Gemeinschaften ein primäres Element ist. [...] Und ich setze im stillen auf den deutschen Sieg, der, wenn er sein wird, meinen Gefühlen einigermaßen recht gibt und diejenigen, die denen entgegengesetzt sind, Lügen straft.«[7]

Schlemmer sieht im Russlandfeldzug nicht etwa eine durch nichts zu rechtfertigende Aggressionspolitik, sondern er ist in seinen Augen ein legitimes Kräftemessen — er spricht vom »Völkerringen von 9 Mill. Menschen«[8] in Russland. Im Jargon der Zeit und in seiner eigenen ist dies eine ›Menschwerdung‹ auf höherer, kollektiver Ebene, die den ›neuen‹ Menschen, ein zentraler Gedanke paulinischer Theologie, vom ›alten‹ erbsündigen Menschen herausschälen soll.

Der Mensch als Maß und Mitte

Die Freude über die Chancen künstlerischer Betätigung in Wuppertal währte nur kurz. Schlemmer wurde unsicher. Er war geplagt vom Vergleich mit dem ungleich unerschrockeneren und durchsetzungs-

[7] Oskar Schlemmer, Tagebuch, 7.4.1940, Abschrift eines Briefes an T (vermutlich an seine Frau Tut), a.a.O.

[8] »Es tobt an der Stalinlinie ein Völkerringen von 9 Mill. Menschen.« Oskar Schlemmer, Tagebuch, 16.7.1941, a.a.O.

ued to feel a faith in the great supraindividual laws of life, in a »cosmic determination« of human beings:

»Let it at last be said: cultural philistinism is and will remain the Achilles' heel, if not more, of this regime. I shall see it as an incredible tragedy if young talent or genius can no longer unfold in freedom, but instead is hemmed in on all sides by political considerations so narrow that they can never aspire to the name of ›ideological schooling‹. But: I do not regard it as a bad thing that a nation sets out to become great, because it is a primary element for the individual and in communities. [...] And quietly I am hoping for a German victory, which, if it happens, would prove my feelings somewhat correct and reveal those opposed to it to be liars.«[7]

Schlemmer did not regard the Russian campaign as an unjustifiable aggressive policy; in his eyes, it was a legitimate test of powers; he spoke of the »struggle of nations with nine million human beings« in Russia.[8] In the jargon of the time, and in his own, this was an evolution to the human being on a higher, collective level, which was supposed to sift out the ›new‹ human being—in a central idea of Pauline theology—from the ›old‹ human being of original sin.

The human being as measure and middle

The joy about his opportunities for artistic activity in Wuppertal did not last long. Schlemmer became uncertain. He was plagued by the comparison to the incomparably more undaunted and effective Willi Baumeister, to whom he now felt inferior, unlike in earlier times. He grew increasingly bored with his work: »When I was young and in my prime, I thought that if my intensity of inner vision and of creative energy ever failed, I would call it quits. I have indeed fallen low.«[9]

[7] Oskar Schlemmer, diary entry, April 7, 1940, copy of a letter to »T« (probably his wife, Tut), loc. cit.

[8] »On the Stalin line, a struggle between nations is raging with nine million human beings.« See Oskar Schlemmer, diary entry, July 16, 1941, loc. cit.

[9] Oskar Schlemmer, diary entry, December 8, 1940, loc. cit.

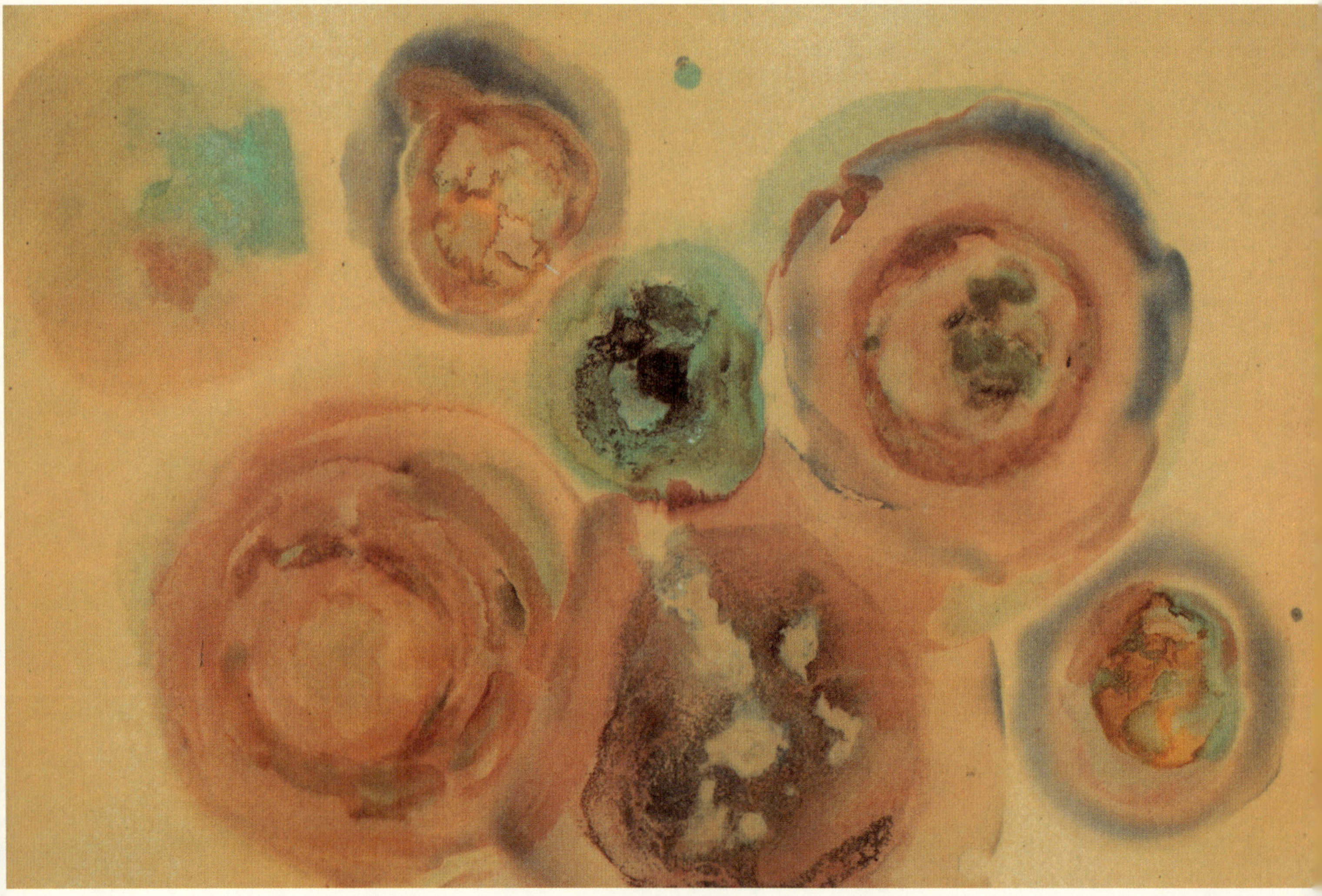

fähigen Willi Baumeister, dem er sich — anders als in früheren Zeiten — nun unterlegen fühlte. Von der Arbeit fühlte er sich zunehmend angeödet: »Es gab eine Zeit, wo ich als junger Mensch in meiner besten Zeit mir sagte, wenn diese Intensität der Gesichte und des Schaffens einmal versagen sollte, so mache ich Schluß. Ich bin tief gefallen.«[9]

Im Frühsommer 1942 malte er schließlich 18 Bilder auf briefbogengroßen Papieren, die er als ›Fensterbilder‹ bezeichnete. Er betrachtete sie als einen letzten Höhepunkt seiner eigenständigen künstlerischen Orientierungen, vor allem an seiner der Figuration verpflichteten Malerei. Dargestellt sind Blicke aus seinem Atelier in das nächtliche Wuppertal und in die erleuchteten Wohnungen, gefolgt von einer kleinen Improvisation mit dem Titel *Interieur.* Das kleine Bild beschrieb er als Reflex seiner reduzierten psychischen Situation: »Um Ölpapier zu probieren, entstand meine kleinste Skizze: aus ein paar Flecken bildete sich ein imaginäres Interieur. Es ist die reinste Darstellung meiner selbst, beinahe so: mehr kann ich nicht geben als in diesem kinderhandgroßen Blättchen! Es schwingt, lebt, hat Realität, ohne solche (exakt) zu sein, hat Fülle, ja Größe — und ist doch maßstäblich so klein. Auf so kleinem Raum kann also die Summe einer Lebensarbeit zusammengefaßt und erwiesen werden …«[10]

[9] Oskar Schlemmer, Tagebuch, 8.12.1940, a.a.O.
[10] Oskar Schlemmer, Tagebuch, 11.7.1942, a.a.O.

In the early summer of 1942 he painted 18 paintings on letter-size paper, which he called *Fensterbilder* (Window pictures). He regarded them as a final culmination of his independent orientations as an artist, especially of his painting indebted to figuration. They depict views from his studio of Wuppertal at night and lit apartments, followed by a small improvisation titled *Interieur* (interior). He described the small format as a reflection on his reduced psychological situation: »My smallest sketch ever started out as a test of the effects of oiled paper: a few spots took on the shape of an imaginary interior. It is the purest portrayal of myself, in the sense that I cannot outdo this tiny piece of paper, no bigger than a child's hand! It has élan, life, reality, without being those things exactly; it has richness, yes, even greatness—and yet its dimensions are so small. So the sum of a life's work can be demonstrated within such a tiny space …«[10]

It was this self-interpretation in particular that led the later generations to regard Schlemmer's paintings as the expression of a particular composure. His early death at 54 reinforced the impression of the thesis that he had been isolated by the circumstances of the war and National Socialist art policy.

All his life Schlemmer was intensely concerned with issues of art theory and especially with his position in modern art. His time in Wuppertal was characterized above all by an insistence on his anthropo-

[10] Oskar Schlemmer, diary entry, July 11, 1942, loc. cit.

Eine Variation von Oskar Schlemmer in Lack und Aquarell, 1940/41 / A variation by Oskar Schlemmer in varnish paint and watercolour, 1940/41

Figurinen-Entwürfe zum *Reigen in Lack*, 1941 / Figurine designs for *Reigen in Lack* [Round dance in paint], 1941

Es war insbesondere diese Selbstinterpretation, die die Nachwelt dazu veranlasste, Schlemmers Bilder als Ausdruck einer besonderen Verfasstheit zu lesen. Der frühe Tod im Alter von nur 54 Jahren verstärkte den Eindruck von der These der Vereinsamung, die die Kriegsführung der durch die Kriegsumstände und die nationalsozialistische Kunstpolitik herbeigeführt hatten.

Schlemmer war zeit seines Lebens intensiv mit kunsttheoretischen Fragen und insbesondere seiner Positionierung innerhalb der modernen Kunst befasst. Die Wuppertaler Zeit war vor allem gekennzeichnet durch ein Beharren auf seiner anthropozentrischen Position, die im klassischen Idealtypus des Menschen Figuration und Abstraktion miteinander versöhnen wollte. Die menschliche Gestalt blieb für Schlemmer bis zuletzt Trägerin einer Idee, der ›Mensch im Ideenkreis‹ war das Paradigma seiner Orientierung. Gegen das Umdenken seiner Künstlerkollegen in Wuppertal und deren zunehmende Hinwendung zur Moderne Pariser Provenienz, der eines Braque und Picasso, auch des Surrealismus, argumentierend, schrieb er 1940:

»Ich werde immer eine Abstraktion erstreben und verteidigen, die nicht nur in indifferenten Formen und Farben sich erschöpft, sondern Symbolwerte zu schaffen sucht und dadurch von selbst sich über alles nur Formale, Formelhafte erhebt. [...] Ich glaube auch immer noch an die Notwendigkeit oder zwangsläufige Verbundenheit, mit der Figur. Der menschlichen, als dem Maß aller Dinge, als dem Bindeglied zu einer Verständigung überhaupt. Reine Form, ungegenständliche, bleibt für mich Dekoration. Es ist reiner Augenschmaus der Willkür des Betrachters und Genießers preisgegeben [...]«[11]

Mit seinem idealistischen Anspruch verband Schlemmer zugleich die Überzeugung von der normativen und erzieherischen Funktion der Kunst. Mit seinem Lehrprogramm *Der Mensch* war Schlemmer schon am Bauhaus und den folgenden Schulen ein Vertreter einer großen Erzählung par excellence gewesen, eines sich als neue ›Weltordnung‹, als Meta-Philosophie verstehenden Programms, das Mensch, Natur, Kunst und Kosmos zu einem sinnhaften Ganzen verbinden sollte und damit zu einem symbolhaften Verständigungsrahmen einer Gesellschaft und ihrer Lebensbereiche.

Schlemmer hatte sich noch in den Zwanzigerjahren entschieden auf die Seite der Abstraktion gestellt. Doch in Wuppertal, besonders durch die geschlossene Front seiner Kollegen Baumeister, Rasch und Krause, grenzte er sich immer mehr davon ab. Ihm ging sie nun, kurz vor seinem Tod, mit dem Surrealismus, aber auch mit einigen alten Kollegen aus der Bauhauszeit wie Klee, zu weit.

Schlemmer verstand weder Baumeisters Position, der in seiner Hinwendung zur Archaik eine Art *reculer pour mieux sauter* suchte, noch surrealistische Positionen, die ihm vor allem durch die Hefte der Zeitschrift *Minotaure* vermittelt wurden. Die Suche nach neuen, banalen Projektionsterrains, das Zusammenspiel des Zufalls in der *ars combinatoria*, die Entdeckungsfahrten ins Unbewusste bei einer *écriture automatique*, all diese künstlerischen Mittel, die den Schöpfungsmythos des Künstlers infrage stellen, sie prallten mit seiner tiefsten Überzeugung zusammen, waren ihm »Form-Willkür und Zertrümmerung«.[12]

Willi Baumeister wurde nach 1945 zum Doyen der modernen Kunst, zumal sich unausgesprochen herausstellte, dass viele der Dagebliebenen eine *quantité negligeable* des Mittelmaßes waren, die durch die Heroen der Klassischen Moderne wie Kandinsky, Klee und eben auch Schlemmer aufgemischt werden mussten. Sie retteten den Zustand der (modernen) Kunst, die zwölf Jahre lang von Kunstzirkeln und dem Kunstbetrieb ausgeschlossen war.

Die Fronten der Modernen verschoben sich nun hin zu einem anderen Angriffsfeld, das vor allem verkörpert wurde durch den Kunsthistoriker Hans Sedlmayr. Er war Autor der zwischen 1941 und 1944 verfassten Schrift *Verlust der Mitte*, die mit ihrer Beliebtheit die Mehr-

[11] Oskar Schlemmer, Tagebuch, 17.1.1940, a.a.O.
[12] Oskar Schlemmer, Tagebuch, 14.3.1942, a.a.O.

centric view, which sought to reconcile figuration and abstraction in the classical ideal type of the human being. For Schlemmer, the human form remained to the end a way to communicate an idea; the »human being in the circle of ideas« was the paradigm for his orientation. Arguing against the rethinking of his fellow artists in Wuppertal and their increasing turn to modernism of Parisian provenance, of the likes of Georges Braque and Pablo Picasso as well as Surrealism, he wrote in 1940:

»I shall always aspire to and defend a form of abstraction which, far from being a composite of undefined forms and colors, strives to create symbolic elements, thus necessarily surpassing the merely formal or formulaic. [...] But at the same time I believe in the necessity of (or the necessary connection with) the human figure, seen as the measure of all things, as the link which makes understanding possible. Pure, non-representational form means ornament to me. It gives pleasure to the eyes, and is intended solely for the beholder.«[11]

Schlemmer also associated with his idealistic ambition his conviction that art has a normative and educational function. With his teaching program called *Der Mensch* (The human being) at the Bauhaus and his later schools, Schlemmer had been an advocate of a grand narrative par excellence, of a programme that saw itself as a new ›world order‹, as a metaphilosophy, which was intended to combine the human being, nature, art, and the cosmos into a meaningful whole and hence into a symbolic frame for understanding a society and its spheres of life.

In the 1920s, Schlemmer had decisively taken the side of abstraction. In Wuppertal, however, especially as a result of the united front of his colleagues Baumeister, Rasch, and Krause, he distinguished himself more and more from it. For him, now shortly before his death, both abstraction and Surrealism—but also some of his old colleagues from the Bauhaus such as Klee—had gone too far.

Schlemmer understood neither the position of Baumeister, who was turning to archaism in a search for a kind of *reculer pour mieux* sauter, nor the Surrealist positions he encountered primarily in issues of the journal *Minotaure*. The search for new, banal terrains of projection; the interplay of chance in *ars combinatoria*; the voyages of discovery in the unconscious by means of *écriture automatique*—all such artistic means that called into question the creation myth of the artist collided with his deepest conviction and were for him »formal arbitrariness and destruction«.[12]

After 1945 Willi Baumeister became the doyen of modern art, especially since there was unspoken agreement that many of those who had remained behind represented a *quantité négligeable* of mediocrity, who had to be stirred up by the heroes of High Modernism such as Wassily Kandinsky, Klee, and Schlemmer as well. They redeemed the state of (modern) art, which for 12 years had been excluded from artistic circles and the art business.

The fronts of the moderns shifted to another field of attack, embodied above all by the art historian Hans Sedlmayr. Between 1941 and 1944 he had written *Verlust der Mitte* (Loss of the middle), which was popular among the majority of conservatives. No one noticed that it was precariously close to Schlemmer's view of the human being as measure and middle.

In the rejection and defense of modern art, there was a strange *coincidentia oppositorum*, by which the seemingly irreconcilable positions were linked under the surface. Once one broke free of the surface of the polemical debate, there appeared to be some commonality among the opponents in the spirit of the age. One of the basic features of this zeitgeist was the constitution of a totalising image of art, which was held up as a pure sphere and an antidote to society. Abstract art evolved as individualistic, even solipsistic, to counter the politicized art of the National Socialists. Artists felt that the autonomy provided

[11] Oskar Schlemmer, diary entry, January 17, 1940, copy of a letter to Dieter Keller, loc. cit.
[12] Oskar Schlemmer, diary entry, March 14, 1942, loc. cit.

heit der Konservativen markierte. Dass sie mit Schlemmers Auffassung vom Mensch als Maß und Mitte in eine prekäre Nähe kam, blieb unbemerkt.
In Ablehnung und Verteidigung der modernen Kunst gab es eine merkwürdige *coincidentia oppositorum*, die die scheinbar unversöhnlichen Positionen untergründig miteinander verband. Löste man sich von der Oberfläche der polemischen Debatte, so erschien manche Gemeinsamkeit unter den Gegnern im Geist der Zeit. Zu den Grundzügen eines solchen Zeitgeistes gehörte die Konstitution eines ganzheitlichen Bildes von Kunst, das der Gesellschaft als reine Sphäre und als Antidot entgegengehalten wurde. Die abstrakte Kunst wurde als individualistisch, ja geradezu solipsistisch, im Gegenzug zur politisierten Kunst der Nationalsozialisten entwickelt. Die in der Abstraktion verbürgte Autonomie erschien den Künstlern als Garant einer höherwertigen Geistigkeit jenseits des tagespolitischen Geschehens. Allein Adorno vertrat den normativen Anspruch angesichts der jungen Vergangenheit, wonach die moderne Kunst »[…] das Zerrissene, selber unversöhnt, unversetzt zum Ausdruck« bringen sollte.[13]

[13] Theodor W. Adorno in: *Darmstädter Gespräch. Das Menschenbild in unserer Zeit* (1950), hg. von. Hans Gerhard Evers, Darmstadt 1951, S. 215.

by abstraction would guarantee a spirituality of greater value than everyday political events. Adorno alone defended the normative claim in the face of the recent past that modern art should »itself unreconciled, express the tattered untransposed«.[13]

Gerda Breuer, born in 1948, is an art historian and sociologist. She has taught in Ann Arbor, Leiden, Aachen, Bielefeld, and Cologne and since 1995 has been professor of the history of art and design at the Bergische Universität Wuppertal. She was a member of the scholarly advisory board of the Stiftung Bauhaus Dessau.

[13] Theodor W. Adorno (1950), in Hans Gerhard Evers, ed., *Darmstädter Gespräch: Das Menschenbild in unserer Zeit*, Darmstadt 1951, p. 215.

Gerda Breuer, geboren 1948, ist Kunstwissenschaftlerin und Soziologin. Sie lehrt in Ann Arbor, Leiden, Aachen, Bielefeld und Köln und ist seit 1995 Professorin für Kunst- und Designgeschichte an der Bergischen Universität Wuppertal. Sie gehörte dem Wissenschaftlichen Beirat der Stiftung Bauhaus Dessau an.

▲ Oskar Schlemmer: Entwurf für das Lackkabinett, Gouache auf starkem, schwarzem Papier (Fotokarton), 19,4×28,9 cm, 1941 / Oskar Schlemmer: design for the paint cabinet, Gouache on thick, black paper (card stock), 19.4×28.9 cm, 1941

Tanz den Schlemmer!

Eine Gebrauchsanweisung für den Selbstversuch vom französischen Illustrator Blexbolex (Bilder) und vom Bauhausbühnenexperten Torsten Blume (Text)

Dance the Schlemmer!

Do-it-yourself instructions by the French illustrator Blexbolex (illustrations) and the Bauhaus stage expertT Torsten Blume (text)

Es geht nicht darum, Gefühle zu zeigen, sondern darum, sich in eine bewegliche Plastik zu verwandeln, die mit ihrer Umgebung harmonisiert.

Sei unvoreingenommen und neugierig wie ein Kind, aber so genau wie ein guter Handwerker oder ein Wissenschaftler.

Vermeide den persönlichen Ausdruck. Masken und Kostüme helfen dabei.

Beim Kostüm kommt es darauf an, dass es eine klare Form hat und Dich möglichst an Deinen gewohnten Bewegungen hindert. Dann zwingt es Dich dazu, Bewegungsmöglichkeiten auszuprobieren, die Du noch gar nicht kanntest.

Auch die Masken sollten möglichst einfach sein und möglichst nichts ausdrücken, geht es doch vor allem darum, Dein Gesicht zu verbergen.

Stell Dir vor, Du bist eine Maschine, die sich selbst ausprobiert und sich an ihrer Mechanik, Klarheit und Präzision erfreut.

Es kommt nicht darauf an, sich viel zu bewegen, sondern genau. Das geht am besten, wenn Du sehr, sehr langsam bist und dabei an Dreiecke, Quadrate, Kreise und Linien denkst.

Denk Dir Deinen Körper als ein Liniengerüst oder Liniengestell, das Deine Knochen bilden. Versuche Deine Körperglieder auf interessante Weise anzuwinkeln.

Verändere die Winkel Deiner Körperglieder. Denke dabei auch an die kleinen Teile, wie z.B. die Finger.

Versuche die (Knochen-)Linien Deines Körpers mit Linien, die Du in Deiner Umgebung findest, parallel zu halten.

Stell Dir dabei vor, dass Du diese Linien unsichtbar in den Raum verlängern könntest. Dann kannst Du so tun, als würdest Du mit Deinen Knochen den Raum nachzeichnen.

Es ist wichtig, dass Deine Bewegungen erst einmal nur eine formale Bedeutung haben.

Es hilft, sich vorzustellen, dass der Raum, in dem Du Dich befindest (mit allen Gegenständen darin), *Dich* choreografiert — dass Du Dich vom Raum tanzen lässt.

Versuche auch, Deine Gelenke als Punkte zu denken und damit die Linien um Dich herum nachzuzeichnen, dann tanzt Du gewissermaßen so, wie Deine Umgebung aussieht.

Wenn Dir der Raum zu groß ist, kannst Du zunächst auch einzelne Objekte ›vertanzen‹ oder, wie Oskar Schlemmer wohl sagen würde, Dich von ihnen ›behexen‹ lassen.

Kannst Du Dir vorstellen, Dich so zu bewegen, wie eine Kaffeetasse geformt ist? (Schließlich ist jede Form immer das Ergebnis einer oder mehrerer Bewegungen.)

Tanzmusik brauchst Du nicht. Ein einfacher Rhythmus genügt. (Den kannst Du ganz einfach selber erzeugen, indem Du vor Dich hinzählst oder das Alphabet aufsagst.)

Text oder Handlung spielen keine Rolle. Wichtig ist allein, dass Du Dich darüber freuen kannst, wie formal genau und zugleich ganz ungewöhnlich Du Dich bewegen kannst, wenn Du mit dem Raum, verschiedenen Dingen oder einem merkwürdigen Kostüm tanzt und dabei allmählich ganz geometrisch wirst.

This is not about showing emotions; it's about transforming yourself into a moving sculpture, which harmonises with its surroundings.

Be like a child, free of preconceived ideas, but with the precision of a good craftsman or a scientist.

Avoid personal expression. Masks and costumes help with this.

With the costume, the important things are that it should have a clear shape and should hinder you as far as possible from moving in your usual way. This will compel you to attempt moves that you were not even aware of previously.

The masks should be as simple as possible and should express as little as possible, as the main point of them is to hide your face.

Imagine you are a machine that is trying itself out and takes pleasure in its mechanical workings, its clarity and precision.

It is not a matter of moving a lot, but of moving exactly. That is best achieved by moving very, very slowly, while thinking of triangles, squares, circles and lines.

Consider your body as a scaffolding or framework of lines, which is made up of your bones. Try to bend your limbs at angles to each other in interesting ways.

Change the angles of your limbs. When you are doing that, don't forget the smaller parts, such as your fingers.

Try to keep the (bone-)lines of your body parallel with lines that you notice among your surroundings.

While you are doing that, imagine that your lines extend invisibly into the space or room around you. Then you can move as though tracing the contours of the room with your bones.

It is important that your movements have a purely formal significance to start with.

It helps if you imagine that the room you are in (and all of the objects in it) is choreographing *you*—that you are letting yourself be danced, so to speak, by the room.

In addition, try to think of your body's joints as points in space and use them to plot the lines that you see around you; then you will dance, to a certain extent, the way that your surroundings look.

If you find the room too big for this, you can begin by ›dancing to‹ individual objects—or, as Oskar Schlemmer would probably say, letting yourself be ›bewitched‹ by them.

Can you imagine moving your body in a way that echoes the shape of a coffee cup? (In the end, every shape is the result of one or more movements.)

You do not need music to dance to. A simple rhythm is enough. (You can easily create that yourself, for instance by counting or saying the alphabet to yourself.)

Text and narrative have no part to play. The only important thing is to enjoy how you are able to move with formal precision and yet in a wholly unfamiliar way when you dance with the room, or various objects, or a curious costume, gradually becoming completely geometrical.

Oskar Schlemmer und seine Nachfahren, die bald mit seinem Erbe Schlitten fahren sollten: die Kinder Tilman, Ute Jaina und Karin (von rechts nach links), außerdem seine Frau Tut (ganz rechts) und Gunta Stölzl (Zweite von links), 1927/28, fotografiert von T. Lux Feininger vor dem Dessauer Meisterhaus / Oskar Schlemmer and his descendents, who would soon take a hard line with his legacy: his children Tilman, Ute Jaina and Karin (from right to left), as well as his wife Tut (far right) and Gunta Stölzl (2nd from left), 1927/28, photographed by T. Lux Feininger in front of the master's house in Dessau

Schlemmer vor Gericht

Seit Jahrzehnten begegnet die Kunstwelt dem Werk Oskar Schlemmers mit großen Berührungsängsten, was an der Streitlust der Erben liegt — Ende 2013 ist es damit vorbei: eine Chronik aus juristischer Sicht

Von Peter Raue

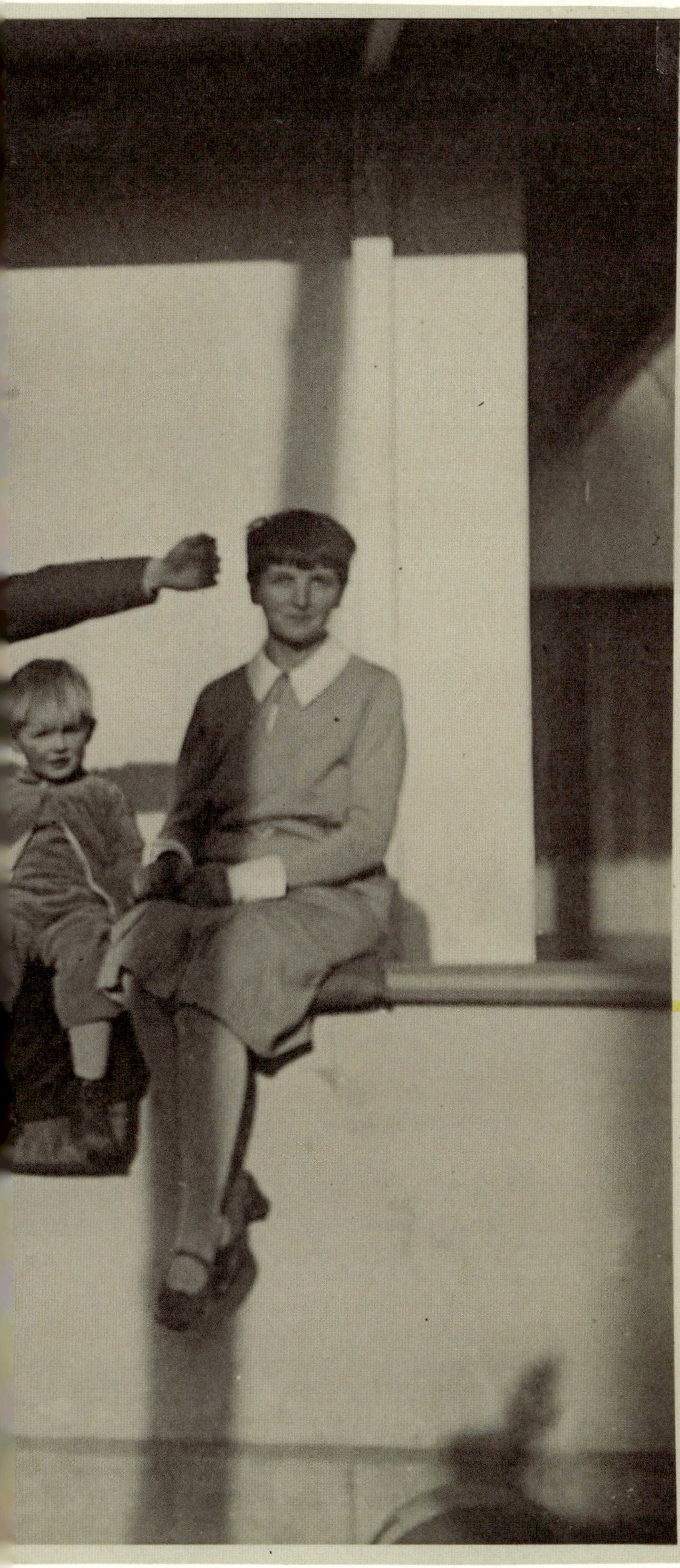

Oskar Schlemmer ist — kein Mensch wird das bestreiten — eine der großen Künstlerfiguren, die in Deutschland tätig waren. 1920 von Walter Gropius an das Bauhaus berufen, hat er die einflussreichste »Werkstatt« des vergangenen Jahrhunderts entscheidend geprägt und mitgestaltet, bis die Nationalsozialisten seinem (öffentlichen) Wirken ein Ende gesetzt haben. Die Deutsche Bundespost hat ihm — und nur wenigen Künstlern ist diese Ehre zuteilgeworden — 1975 eine Briefmarke gewidmet. Seine Arbeiten erzielen im Kunsthandel und auf Auktionen hohe und höchste Preise. Sein Ruhm ist in den vergangenen Jahrzehnten nicht verblasst, sondern gestiegen.

Und doch: Kaum taucht ein »Schlemmer« — egal ob Zeichnung, Bild oder Skulptur — auf, werden Kunsthändler, Auktionatoren und Museumsdirektoren nervös: Darf ich das Bild verkaufen, ausstellen, in die Auktion nehmen, ohne mit einem gerichtlichen Verfahren rechnen zu müssen? Das sind die bangen Fragen, die bei jeder Konfrontation mit einem Schlemmer-Werk aufleuchten. Es gibt keinen anderen Künstler des vergangenen Jahrhunderts, dem die Kunstwelt mit so viel Berührungsängsten begegnet wie Oskar Schlemmer. Seit Jahrzehnten keine Aufführung des *Triadischen Balletts* keine große Retrospektive in Deutschland seit 1977, allenfalls *Oskar Schlemmer —*

Fortsetzung auf Seite 88

Schlemmer on Trial

By Peter Raue

For decades the art world has approached Oskar Schlemmer's oeuvre with trepidation, owing to the litigiousness of his heirs. At the end of this year, that will all be over. A chronicle from a legal perspective

Oskar Schlemmer is—no one would doubt or dispute this—one of the great artists to have worked in Germany. Appointed to the Bauhaus by Walter Gropius in 1920, he crucially helped create and shape the most influential »workshop« of the previous century, until the National Socialists put an end to his (public) influence. The German Post Office dedicated a stamp to him in 1975—one of the few artists to have received that honour. His works attract very high prices on the art market and at auctions. His fame has not faded but increased in recent decades.

And yet, almost as soon as a »Schlemmer« turns up—no matter whether it is a drawing, a painting, a sculpture—art dealers, auctioneers, and museum directors get nervous: Will I be allowed to sell, exhibit, or auction it, without have to reckon with a legal process? Those are the uneasy questions that come up with every confrontation with a work by Schlemmer. There is no other artist from the previous century whom the art world approaches with such great anxieties as Oskar Schlemmer. For decades there has been no performance of his *Triadisches Ballett* (Triadic ballet), no large retrospective in Germany since 1977, only *Schlemmer: Theater, Tanz, Bühne* (Schlemmer: Theater, dance stage) in 1994/95 and small exhibitions in Marseilles and Spain. Since then all attempts to organise a large retrospective in Germany have come to nothing because of the demands and threats of Jaina and Raman Schlemmer. Come to nothing because one side of Oskar Schlemmer's heirs—first his daughter Ute Jaina and for many years now, unfailingly stubborn along with her, the grandson Raman Schlemmer—who have caused uncertainty on the market with their lawsuits, threats, and demands for money. At first, the Oskar Schlemmer's estate was guarded, attended to, and fostered by his wonderful widow, Tut, in the kindest and most logical way. After she died, the deterrent machine of daughter and grand-

Der übliche Aufbewahrungsort für einen Schlemmer: das Depot. In diesem Fall handelt es sich um eine Preziose der Dessauer Sammlung, *Geteilte Halbfigur nach rechts*, 1923 / The place where a Schlemmer was usually kept: in the storage depot. Shown here is a jewel of the Dessau collection: *Geteilte Halbfigur nach rechts* [Divided torso facing right], 1923

Tanz Theater Bühne, 1994/95, und kleine Ausstellungen in Marseille und Spanien. Danach sind alle Versuche einer Retrospektive in Deutschland an den Forderungen und Drohungen der Jaina-Raman-Schlemmers gescheitert. Gescheitert daran, dass eine Seite der Erben Oskar Schlemmers — zunächst die Tochter Ute Jaina und seit vielen Jahren gemeinsam mit ihr ungebrochen hartnäckig der Enkel Raman Schlemmer — mit Prozessen, Drohungen, Geldforderungen die Verunsicherung in den Markt getragen hat. Zunächst wurde das Erbe von Oskar Schlemmer von seiner wunderbaren Witwe Tut auf das Liebenswürdigste und Konsequenteste behütet, gepflegt, betreut und gefördert. Nach deren Tod setzte die Verhinderungsmaschine von Tochter und Enkelsohn ein: In manchen Katalogen finden sich dort, wo Schlemmer-Werke abgebildet werden könnten, weiße Seiten. Niemand wagt sich an eine neue Ausgabe des Oeuvre-Katalogs. Selbst die Kunsthistorikerin Karin von Maur, die versierteste und klügste unter den Schlemmer-Kennern, die 1979 die entscheidende Monografie und einen Oeuvre-Katalog herausgegeben hat, schweigt. Sie muss schweigen zum Werk von Oskar Schlemmer, um Auseinandersetzungen mit Raman Schlemmer zu vermeiden.
Seit Jahrzehnten versucht Janine Schlemmer, Oskar Schlemmers andere Enkelin und Miterbin des Nachlasses, ihre Rechte durchzusetzen und das Werk wieder der Öffentlichkeit zugänglich zu machen. Sie muss ihre Prozesse im »Armenrecht« (also mit sogenannter Prozesskostenhilfe, die nur derjenige bekommt, der einen aussichtsreichen Prozess führen will, ihn aber nicht finanzieren kann) bestreiten. Nachdem Schlemmers Tochter Ute Jaina durch das Oberlandesgericht Stuttgart im Jahre 2002 zur Auskunft über die Bilder verpflichtet worden ist — selbst der Bundesgerichtshof wurde bemüht, hat aber die sogenannte Nichtzulassungsbeschwerde nicht angenommen —, steht die Auskunftsverpflichtung rechtskräftig fest. Seit zehn Jahren wartet Janine vergeblich auf eine Auskunft darüber, wo sich die vielen Werke ihres Großvaters befinden. Bis heute kann die — unstreitige — Miterbin Janine keine einzige Arbeit aus dem nicht auseinandergesetzten gemeinsamen Schlemmer-Nachlass besitzen und verwalten. Ihre Versuche, den ihr zustehenden Teil des Erbes zu bekommen, sind bislang gescheitert. Vor allem deshalb, weil Ute Jaina und Raman Schlemmer Leihgaben aus den Museen abgezogen und die Werke versteckt haben, um der Enkeltochter den Zugriff zu verwehren. Einige der Arbeiten sind sogar in Spanien im *Centro de Arte Reina Sofía* mit dem obskuren Hinweis »Depósito de collección privada« aufgetaucht. Und das, obwohl das Oberlandesgericht Stuttgart schon vor über zehn Jahren klar und deutlich formuliert hat: »Die Beklagte (Ute Jaina Schlemmer) wird verurteilt, der Klägerin Auskunft darüber zu erteilen, welche Kunstwerke Oskar Schlemmers ... sich an welchen Orten und aufgrund welcher Rechtsverhältnisse befinden ...«.
Zwischenzeitlich ist das Hauptverfahren in Stuttgart anhängig: Das Gericht regt im November 2012 ein Mediationsverfahren an, aber Raman Schlemmer lehnt die vom Richter vorgeschlagenen Media-

son started up: In some catalogues where works by Schlemmer should have been illustrated there are only blank pages. No one dares attempt a new edition of his catalogue raisonné. Even the art historian Karin von Maur, the best informed and most intelligent of the Schlemmer connoisseurs, who edited the crucial monograph and a catalogue raisonné in 1979, is silent. She has to be silent about Schlemmer's works to avoid conflicts with Raman Schlemmer.
For decades now Janine, Oskar Schlemmer's other grandchild and coheir to his estate, has been trying to assert the rights to which she is entitled and make the work accessible to the public again. She has to file her lawsuits based on the right to legal assistance—which is offered only to those who wish to conduct a promising lawsuit but cannot afford to pay for it. Schlemmer's daughter Ute Jaina was ordered in 2002 by the Oberlandesgericht (Higher regional court) in Stuttgart to provide information about the paintings. This obligation to provide information has been legally binding ever since the Bundesgerichtshof (Federal high court) chose not to accept the so-called complaint against denial of leave to appeal. Yet for ten years Janine has been waiting in vain for information about how many works by her grandfather exist. Even today the—undisputed—coheir Janine has been unable to take possession of and manage even a single work from the unsettled shared Schlemmer estate. Her attempts to get the part of the estate that she is owed have thus far been unsuccessful. Primarily because Ute Jaina and Raman Schlemmer have removed loans from museum and hidden the works in order to prevent his granddaughter's access to them. Several of the works have even turned up in the *Centro de Arte Reina Sofía* in Spain with the obscure indication »Depósito de collección privada«. And, even though the Oberlandesgericht in Stuttgart made it legally binding in clear German already in 2002: »The respondent [Ute Jaina Schlemmer] is ordered to provide information about which works of art by Oskar Schlemmer [...] are found at which sites and on what legal basis.« Janine is still waiting in vain for the legally stipulated information, much less for the handing over of the works.

▲ Kämpft seit Jahren um ihre Rechte: Enkelin Janine Schlemmer (Tochter von Schlemmer's Tochter Karin Schlemmer, die 1981 verstarb) / Has fought over her rights for years: granddaughter Janine Schlemmer (daughter of Schlemmer's daughter Karin Schlemmer, who died in 1981)

◄ Kämpft seit Jahren gegen die Museen und Verlage: Enkel Raman Schlemmer (Sohn von Schlemmers Tochter Ute Jaina Schlemmer, die 2010 verstarb) / Years of fighting against museums and publishers: grandson Raman Schlemmer (son of Schlemmer's daughter Ute Jaina Schlemmer, who died in 2010)

toren ab und die Sache zieht sich nun seit fast einem Jahr ohne jeden Fortschritt in die Länge. Gottes Mühlen mahlen eben sehr, sehr langsam, die der Justiz aber noch langsamer. Zwischenzeitlich hat Raman Schlemmer seinen Wohnsitz von Oggebbio in Italien nach Indien verlegt, was jedes Verfahren, jede Zustellung, jede Vollstreckung bis ins Unmögliche erschwert.
Seine Mutter, Oskar Schlemmers Tochter Ute Jaina, ist am 2. Februar 2010 gestorben. Ihr Sohn hat sie in der Todesanzeige als »Bewahrerin des Oeuvres von Oskar Schlemmer« bezeichnet. Diese »Bewahrerfunktion« wird seit nunmehr drei Jahren ausschließlich und genau im Sinne seiner Mutter von Raman Schlemmer wahrgenommen.

Nicht nur die Miterbin wird von den Schlemmers seit Jahren ausgetrickst, auch andere Sammler und Museen werden mit Verfahren überzogen, oft mit haltloser und frei erfundener Begründung.

Beispiele:

Ein bedeutendes Sammlerehepaar in Murnau besitzt eine Arbeit von Oskar Schlemmer (*Rote Mitte*, 1931), 1983 aus untadeliger Quelle erworben. Dass dieses Paar schon deshalb unstreitig Eigentümer dieses Bildes ist, weil es mehr als zehn Jahre im Eigenbesitz der Familie stand, hat Raman Schlemmer nicht daran gehindert, sich an einen renommierten Kunstverlag in Ravensburg mit der dreisten Behauptung, das Bild sei Eigentum des Nachlasses Oskar Schlemmer, zu wenden. Dabei benutzte er den Briefkopf »Oskar Schlemmer, Sekretariat und Archiv«. Eine solche Behauptung entwertet naturgemäß dieses ›unschuldige‹ Bild und diffamiert das Sammlerpaar. Raman Schlemmer weiß natürlich ganz genau, dass dieses Bild niemals der Schlemmer-Familie abhanden gekommen ist, und orakelt zur Begründung seiner Ansprüche, »dass nach unserer Sicht der Dinge das Ölgemälde *Rote Mitte* während des Zweiten Weltkrieges aus dem Eigentum meines Vaters auf rechtswidrige Weise in den Besitz Dritter gelangte und wir derzeit Nachforschungen dazu intensiv betreiben, damit wir nachvollziehen können, wie dieses Werk … in den Besitz des Kunstsammlers gelangen konnte«. Weder wird die Handlung (»auf rechtswidrige Weise«) noch der Zeitpunkt des angeblichen Besitzverlustes konkretisiert, vielmehr auf angebliche »Nachforschungen« verwiesen. Um das Bild vom Makel des rechtswidrigen Erwerbs zu befreien, ließ der Sammler Klage am Sitz des Verlags einreichen mit dem Ziel, Raman Schlemmer bei Vermeidung einer Geldstrafe in Höhe von 250.000 Euro zu verbieten, Dritten gegenüber die Behauptung aufzustellen, das Schlemmer-Werk *Rote Mitte* sei Bestandteil des Familiennachlasses. Das Oberlandesgericht in Stuttgart hat unter Berufung auf die dazu ergangene Rechtsprechung deutlich geklärt, dass die von Schlemmer aufgestellte Behauptung eine Eigentumsanmaßung sei, denn »gerade in Kunstkreisen ist eine derartige Äußerung geeignet, den Kläger in seinem Recht, mit dem Bild nach Belieben zu verfahren, nachhaltig zu schädigen«. Obwohl die Entscheidung sonnenklar war, lassen Raman Schlemmer und seine Mutter Ute Jaina gegen das Urteil Revision einlegen, die der Bundesgerichtshof im Jahre 2005 zurückweist. Der Bundesgerichtshof formuliert den Leitsatz »Berühmt sich jemand … gegenüber außenstehenden Dritten, er sei Eigentümer einer Sache, kann sich der dadurch in seinem Eigentum Betroffene mit der Unterlassungsklage … wehren«.
Drei Gerichte setzen sich mit der aus der Luft gegriffenen, offensichtlich wahrheitswidrigen Äußerung von Raman Schlemmer auseinander. Drei Jahre muss der Eigentümer dieses Bildes um seine und des Werkes Ehre kämpfen, Geld und Zeit investieren, bis er endlich sein Recht erfährt.

Und ist es auch nicht Wahnsinn, so hat es doch Methode: Christoph Müller, ein untadeliger Zeitungsverleger aus Tübingen, Kritiker, Intellektueller, hat von seinem Vater eine Arbeit von Oskar Schlemmer geerbt: *Vier-Köpfegruppe, Graublau, Folkwang-Studie III.* Er — ein leidenschaftlicher und unerhört erfolgreicher Sammler niederländischer

Meanwhile, Janine Schlemmer won a lawsuit before the Landgericht (Regional court) in Stuttgart for partial settlement of the estate that was intended to make it possible for her to auction works in the Kunsthaus Lempertz in Cologne that were affected by this decision. Shortly before the date of the auction, however, Ute Jaina successfully applied for an temporary injunction to be issued that would prevent the coheir from auctioning in the works delivered to Lempertz (value in dispute: circa 1.5 million euros).
In the meanwhile, the main proceedings in Stuttgart are pending: In November 2012 the court proposed mediation, but Raman Schlemmer rejected the mediators recommended by the judge, and the matter has since been drawn out for nearly a year without any progress. God's mill grinds very, very slow, but that of the legal system is even slower. Raman Schlemmer has since changed his residence from Oggebbio, Italy, to India, which has made every procedure, every delivery, every enforcement more difficult, even to the point of impossibility.
His Mother, Oskar Schlemmer's daughter, Ute Jaina Schlemmer, died on February 2, 2010. Her son described her in the death announcement as the »preserver of the oeuvre of Oskar Schlemmer«. For three years now, this role of »preserver« has been filled by Raman Schlemmer alone, and precisely in the spirit of his mother.

It is not just the coheir who has been tricked by the Schlemmers for years; other collectors and museums have been hit with lawsuits, often with untenable and freely invented justification.

For example:

An important husband-and-wife couple of collectors in Murnau own a work by Oskar Schlemmer (*Rote Mitte*, 1931 [Red center]), which was acquired in 1983 from an irreproachable source. The fact that they were the undisputed owners of this painting if for no other reason than they had had it in their possession for more than ten years did not prevent Raman Schlemmer from approaching a renowned art-book publisher in Ravensburg. He unceremoniously made the most brazen accusation—on the letterhead of »Oskar Schlemmer, Sekretariat und Archiv« (Oskar Schlemmer, Administration and Archives)—that this painting was the property of the »family estate of Oskar Schlemmer«. Such an assertion naturally devalues this »innocent painting«, defames the collectors, reduces the value of the work. Raman Schlemmer knows very well, of course, that this painting was never taken from the Schlemmer family and to justify his claims with the mystifying explanation »that, in our view of matters, the oil painting *Rote Mitte* was taken from my father's property during the Second World War and by illegal means came into the possession of third parties, and we are currently conducting intense research to determine how this work […] could have come into the possession of the art collector.« Neither the action (»by illegal means«) nor the date of the supposed loss of possession is specified; rather, reference is made to supposed »research«. In order to clear *Rote Mitte* of the stigma of illegal acquisition, the collector filed suit in the court of jurisdiction of the publishing housing with the goal of preventing Raman Schlemmer, in order to avoid a fine of 250,000 euros, from asserting that the Schlemmer work *Rote Mitte* was the property of the family estate. The Oberlandesgericht in Stuttgart, with great clarity and referring to the relevant judgment that had been issued, declared that »the statement Schlemmer had made amounted to usurpation of ownership, since in art circles in particular such a statement can cause lasting harm to the plaintiff's right to do with the painting as he pleases.« Although the decision was clear as daylight, Raman Schlemmer and his mother, Ute Jaina Schlemmer, filed an appeal, which the Bundesgerichtshof rejected in 2005. The Bundesgerichtshof formulated the guiding principle: »If someone asserts […] to outside third parties that he is the owner of an object, the person whose ownership is thereby affected can defend himself by obtaining an injunction.«

Seestücke — entschließt sich, die Arbeit im Jahre 1999 in das Auktionshaus Christie's nach London zu geben. Dort wird sie für 750.000 DM versteigert. Und jetzt schlagen Tochter und Enkel, Ute Jaina und Raman, wieder einmal zu. Sie behaupten wahrheitswidrig ins Blaue hinein, diese Arbeit sei von den Nationalsozialisten beschlagnahmt worden, damit verbunden ist die Forderung, den Verkaufserlös der Familie Schlemmer auszuzahlen. Die Schlemmers hat es auch in keiner Weise berührt zu erfahren, dass Oskar Schlemmer diese Arbeit Ernst Müller geschenkt hat, weil dieser in den Dreißigerjahren in der Zeitung *Neue Tagwacht* den Mut aufgebracht hatte, eine positive Kritik über die Werke von Willi Baumeister und Oskar Schlemmer zu veröffentlichen — zu einer Zeit, da längst der Wahn von der »entarteten Kunst« die Welt vergiftet hatte.

Die Schlemmer-Erbin Ute Jaina habe verlangt — und Christie's hat dem zugestimmt —, dass der Erlös aus der Veräußerung des Werks solange einbehalten werde, bis rechtskräftig geklärt sei, dass das Bild Eigentum der Familie Müller ist und deshalb der Betrag an den Einlieferer und nicht an Schlemmers ausgezahlt werden müsse. Um an das ihm zustehende Geld zu kommen, musste Christoph Müller gegen Ute Jaina und Raman Schlemmer mit dem Ziel klagen, dass diese in die Auszahlung des bei Christie's in London liegenden Geldes einwilligen und das Auktionshaus anweisen, den Betrag an ihn zu überweisen. Das Landgericht hat die Schlemmer-Erben im Jahre 2000 dazu verurteilt, eine solche Erklärung abzugeben. Mit dieser klaren Entscheidung geben sich aber Schlemmers naturgemäß nicht zufrieden, sie gehen in die Berufung. Das Berufungsgericht — das Oberlandesgericht Stuttgart — weist die Berufung zurück. Aber kein Rechtsstreit »Schlemmer«, über den nicht auch der Bundesgerichtshof wachen soll. Dieser weist im Jahre 2005 die Nichtzulassungsbeschwerde als unzulässig zurück. Fünf lange Jahre musste der Kläger und Eigentümer dieses Werks nicht nur auf das ihm zustehende Geld warten, sondern in diesen Jahren hohe Gerichts- und Anwaltskosten investieren, um zu erreichen, was offensichtlich war: dass die Behauptung von Ute Jaina und Raman Schlemmer, das Bild sei von den Nationalsozialisten beschlagnahmt worden, eine freie Erfindung ist, der jeder Gehalt fehlt. Die Kunstwelt aber sollte es lehren: Rühre keinen Schlemmer an!

Den dreistesten Coup — er ist die schwarze Perle in dieser erstaunlichen Kette — versuchen die beiden Schlemmers in Berlin zu landen: Im Jahre 2000 konnte die Neue Nationalgalerie die *Bauhaustreppe* (1932) zeigen, ein Gemälde — eine der bedeutendsten Arbeiten Oskar Schlemmers —, das sich seit 1933 in New York und spätestens seit 1942 im Besitz des *Museums of Modern Art* (*MoMA*) befindet. Erst wenige Tage vor Ende der viele Wochen dauernden Ausstellung beantragt Ute Jaina Schlemmer den Erlass einer einstweiligen Verfügung beim Landgericht Berlin mit dem Ziel, dass dieses Werk nicht in die Vereinigten Staaten zurückkehren dürfe, bis die Eigentumsfrage geklärt sei. Wohlgemerkt: Schlemmers haben nicht behauptet, dass sie Eigentümer der *Bauhaustreppe* seien, sondern vorgetragen, es bestünde eine Wahrscheinlichkeit, dass dem so sei, und diese Frage geklärt werden müsse. Und bis diese angeblich offene Frage geklärt ist, solle das Bild nach Schlemmers Dichten und Trachten in Berlin bleiben: Da lässt sich besser prozessieren und mit dem Pfand in der Hand um finanziellen Ausgleich streiten. Diese einstweilige Verfügung wird nicht am ersten, sondern am quasi letzten Tag der Ausstellung beantragt und hat: Erfolg! Glücklicherweise war die Schlemmer-Tochter allzu pfiffig vorgegangen, indem sie den Antrag so knapp vor Ende der Ausstellung bei Gericht gestellt hat: denn bevor diese einstweilige Verfügung wirksam der Nationalgalerie zugestellt werden konnte, war das Gemälde — einen anderen (Aus-)Weg suchend und findend, als es nach Deutschland eingeführt worden war — bereits unterwegs nach New York. Den Skandal, den ein Zurückbehalten dieses Bildes nicht nur in New York ausgelöst hätte, mag man sich nicht ausmalen. Er hätte sicher auch das Ausstellungsereignis *MoMA*

Three courts addressed Raman Schlemmer's statement, which was plucked out of thin air and patently false. For three years the owner of the painting had to fight for his honour and that of the work, investing time and money until he finally received his due.

And even if it is not madness, it has its method: Christoph Müller, an irreproachable newspaper publisher from Tübingen, a collector, critic, and intellectual, inherited a work by Oskar Schlemmer from his father: *Vier-Köpfegruppe, Graublau, Folkwang-Studie III* (Group of four heads, grayish blue, Folkwang study III). As a passionate and tremendously successful collector of Dutch seascapes, he decided to give the work to Christie's auction house in London. The work was auctioned for 750,000 Deutsche Mark. And then Schlemmer's daughter and grandson, Ute Jaina and Raman, struck once again: They falsely asserted out of the blue that the work had been confiscated by the National Socialists, and hence Christoph Müller's father Ernst Müller could never have acquired this work in good faith. The conclusion: The proceeds of the sale should be paid to the Schlemmer family. It did not affect Ute Jaina Schlemmer in the least to learn that Oskar Schlemmer had given this work to Ernst Müller for having shown the courage to publish a positive review of the works of Willi Baumeister and Schlemmer in the newspaper *Neue Tagwacht* in the 1930s—at a time when the madness of »degenerate art« had long since poisoned the world.

The Schlemmer heir Ute Jaina demanded, and Christie's assented, that the proceeds from the sale of the work should be held until it could be legally settled that the painting was the property of the Müller family and the sum thus had to be paid out to the person who had submitted it. In order to get the money owed to him, Christoph Müller had to file suit against Ute Jaina and Raman Schlemmer to get them to consent to Christie's paying out and to transfer the money to him. In 2000 the Landgericht ordered the Schlemmer heirs to submit such a declaration. But the Schlemmers were, of course, not content with this clear decision; they appealed. The appellate court—the Oberlandesgericht in Stuttgart—dismissed the appeal. So the obligation to provide information remained. But the Schlemmers have never had a legal battle that the Bundesgerichtshof should not watch over. In 2005 the court dismissed as inadmissible their complaint against denial of leave to appeal. For five years the plaintiff and owner of this work not only had to wait for the money due to him but also invest in years of expensive court costs and legal fees to establish the obvious: That the assertion by Ute Jaina and Raman Schlemmer that the painting had been confiscated by the National Socialists was a free invention that lacked any foundation but was intended to teach the art world: Don't touch a Schlemmer!

The most brazen coup—the black pearl in this astonishing necklace—the two Schlemmers attempted was in Berlin: In 2000 the *Neue Nationalgalerie* was able to exhibit *Bauhaustreppe* (Bauhaus staircase)—one of Oskar Schlemmer's most important works and a painting that has been in New York since 1933 and at least since 1942 in the possession of the *Museum of Modern Art* (*MoMA*). Just a few days before the exhibition, which had been open for many weeks, was scheduled to close, Ute Jaina Schlemmer asked the Landgericht in Berlin to issue an temporary injunction to prevent this work from returning to the United States before the issue of ownership could be clarified. Mind you, the Schlemmers did not claim to be the owners of *Bauhaustreppe* but rather stated that there was a probability that was the case and the issue had to be clarified. And until this supposedly open question was cleared up, the painting should, in the mind of the Schlemmers, remain in Berlin. There it would be easier to bring legal action and, with the security in hand, to fight over financial compensation. She did not apply for this temporary injunction on the first day of the exhibition but more or less on the last one, and: Success! Fortunately, Schlemmer's daughter had not

in Berlin verhindert. Auf den Widerspruch der Nationalgalerie — juristisch: der Stiftung Preußischer Kulturbesitz — hin wird die einstweilige Verfügung aufgehoben. Auch damit geben sich Schlemmers naturgemäß nicht zufrieden, sondern rufen das Kammergericht an, das die Beschwerde zurückweist. Dort wird ausgeführt: »Die von den Verfügungsklägerinnen beantragte einstweilige Verfügung hat letztlich nur den Zweck, den eigentlichen Prozessgegner, das *Museum of Modern Art*, durch Verhinderung der Rückgabe des Bildes in die Rolle des Klägers zu drängen und damit eine Austragung des Rechtsstreits in Deutschland zu erzwingen. Dieses prozesstaktische Interesse rechtfertigt nicht den Erlass einer einstweiligen Verfügung gegen einen an der eigentlichen Streitfrage unbeteiligten Dritten.« Diesen tolldreisten Coup haben Mutter und Sohn unternommen, obwohl ihnen bekannt war (was aber gegenüber dem Gericht bei Antragstellung verschwiegen wurde), dass Oskar Schlemmer das Bild im Frühjahr 1933 an den weltberühmten Architekten Philip Johnson veräußert, ihm das Bild zugeschickt und übereignet hat. Eine kleine Diskussion zwischen Schlemmer und Johnson um die Höhe des Kaufpreises, auf den sich die beiden dann auch geeinigt haben, war der »Hintergrund« für die angebliche Hoffnung der Schlemmers, eines der berühmtesten Bilder des *MoMA* kapern zu können.
Dabei ist es nur noch eine Petitesse, dass das wunderschöne Schlemmer-Haus in Badenweiler allmählich verkommt, weil die Erben es verfallen lassen. Eine von ihnen betriebene Zwangsvollstreckung scheiterte im Jahre 2010. Wie die Zukunft dieses Hauses aussieht, ist dem Verfasser dieser Zeilen unbekannt, aber es steht eben schlecht ums Schlemmer-Gebäude. Es zerfällt und verschwindet. Für immer.

Nach diesem Trauerspiel, das Jahrzehnte währt, gibt es eine frohe Botschaft, die alle, die das Werk Schlemmers lieben und fassungslos vor der durch die Erben angekurbelten und am Laufen gehaltenen Verhinderungsmaschine stehen, in Jubel ausbrechen lässt: Ende 2013 laufen die Urheberrechte am Schlemmer-Werk ab (70 Jahre *post mortem auctoris*). Dann kann auch Raman nicht mehr verhindern, dass Bücher über Schlemmer geschrieben, Bilder von ihm ausgestellt, Auktionen durchgeführt werden. Und so freut sich die Kunstwelt, dass Karin von Maur endlich wieder in ihr Recht gesetzt wird: Sie bereitet in der Staatsgalerie Stuttgart für 2014 eine große Schlemmer-Retrospektive mit vor. Das wird Raman Schlemmer nicht davon abhalten, weiterhin Eigentumsrechte geltend zu machen, aber Urheberrechte sind ihm aus der Hand geschlagen. Auch das Bauhaus in Dessau kann nun Schlemmer-Werke zeigen und hat freien, ungehinderten Zugriff auf Arbeiten eines seiner größten Lehrer und Meister.

Peter Raue, geboren 1941, arbeitet seit 1971 als Rechtsanwalt in Berlin und ist u.a. auf Kunstrecht spezialisiert. Von 1977 bis 2008 war er Vorsitzender des Vereins der Freunde der Nationalgalerie in Berlin und holte in dieser Funktion 2002 die große *MoMA*-Ausstellung in die deutsche Hauptstadt, die 1,2 Millionen Besucher sahen. Seit 2010 führt er die Kanzlei Raue LLP mit Sitz am Potsdamer Platz, in deren Räumen der leidenschaftliche Kunstsammler etwa 600 Arbeiten zeigt.

been too clever in her plan, since before this temporary injunction could be served on the *Nationalgalerie*, the painting was already on its way to New York—a way out having been sought and found, other than the way it entered Germany. It is impossible to imagine the scandal that withholding this painting would have caused, not only in New York. It would certainly have prevented the blockbuster exhibition *MoMA in Berlin*. When the *Nationalgalerie*—or its legal entity, the *Stiftung Preussischer Kulturbesitz*—protested, the temporary injunction was rescinded. The Schlemmers, of course, were not satisfied with that, so they called the Kammergericht (Court of appeal), but their complaint was dismissed. It argued: »The temporary injunction applied for by the plaintiff ultimately serves only the purpose of forcing—by preventing the return of the painting—the actual opposing party, the *Museum of Modern Art*, into the role of the plaintiff and hence compelling the resolution of the litigation in Germany. This tactical interest does not justify a temporary injunction against a third party that is not a party to the true issue under dispute.« Mother and son undertook this most brazen coup even though they were aware (though they did not mention this in their application to the court) that Oskar Schlemmer had sold the painting to the world-famous architect Philip Johnson in the spring of 1933, sent it to him, and signed it over. A minor discussion between Oskar Schlemmer and the museum about the sale price, on which the two then agreed, was the »background« for the Schlemmers' hope they could seize one of *MoMA*'s most famous paintings.
It is due only to pettiness that the beautiful Schlemmer House in Badenweiler is gradually going to ruin, and repeated attempts have been made to foreclose on it. One of the attempts of the Schlemmer heirs to initiate foreclosure failed in 2010. The future prospects of the house are not known to the present author, but everything about the entire Schlemmer House is askew. It is falling apart and disappearing. Forever.

After this tragedy, which has been going on for decades, there is a cheerful message that will trigger jubilation in anyone who loves Schlemmer's oeuvre and has stood speechless before the deterrent machine that was set in motion and kept running by the Schlemmer heirs: At the end of 2013 the copyrights on Schlemmer's oeuvre run out (70 years *post mortem auctoris*). Then even Raman will not be able to prevent books on Schlemmer from being written, paintings by him being exhibited, and auctions taking place. And so the art world is glad that Karin von Maur finally gets what she deserves again: She is helping to organise a large Schlemmer retrospective at the *Staatsgalerie Stuttgart* for 2014. That will not keep Raman Schlemmer from trying to assert property rights, but the copyrights will have been knocked out of his hands. The Dessau Bauhaus, too, will be able to show works by Schlemmer and have free, unhampered access to one of its greatest teachers and masters.

Peter Raue (born in 1941) has been working as a lawyer in Berlin since 1971 and is specialised in art law, among other things. From 1977 to 2008 he was chairman of the *Verein der Freunde der Nationalgalerie* in Berlin and in that function brought the great *MoMA* exhibition to the German capital in 2002, which saw 1.2 million visitors. Since 2010 he has headed the firm Raue LLP, with headquarters on Potsdamer Platz, on whose premises this passionate art collector exhibits some six hundred works.

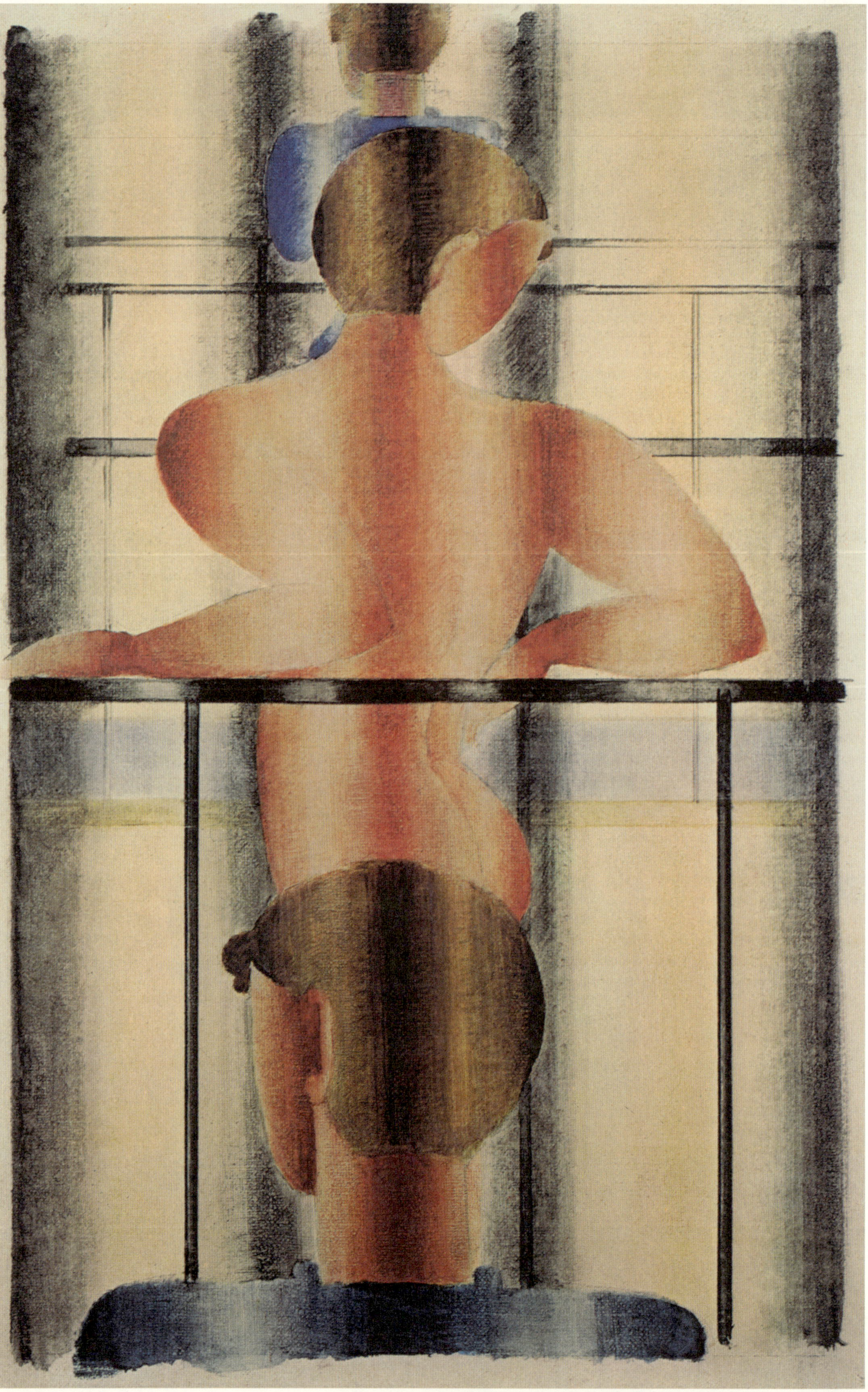

Kunstfiguren steigen in Räume der Zukunft

Oskar Schlemmers wohl berühmtestes Gemälde ist die Bauhaustreppe von 1932. Aber wie kam es dazu und worauf begründet sich der Ruhm? Zur Karriere eines Bildes

Von Karin von Maur

[1] Ganz so resigniert war man freilich nicht, denn es erschienen seit Mitte Juli 1932 in namhaften Zeitungen Proteste gegen die Schließung und Stellungnahmen für das Bauhaus (vgl. *Bauhaus Berlin*, hg. von Peter Hahn, Bauhaus-Archiv Berlin, Weingarten 1985, S. 70—90).

Schlemmer am Bauhaus — eine Karriere beginnt

Das Bauhaus war der Ort, an dem Oskar Schlemmer seinen Ruf als ideenreicher und vor allem vielseitiger Künstler festigte. 1921 als neuer »Meister« nach Weimar berufen, übernahm der 32-jährige Schwabe sowohl die Leitung der Steinbildhauerei und der Wandmalerei als auch einen Unterricht im Aktzeichnen und später dann interimsweise die Metallwerkstatt-Leitung. Für den Neuankömmling war das Bauhaus mit seinen verschiedenen Werkstätten und seiner Verbindung von Theorie, Pädagogik und Praxis die ideale Hochschule. Hier konnte er seine zahlreichen Talente einbringen, beispielsweise mit seiner malerisch-plastischen Wandgestaltung im Weimarer Werkstattgebäude, die er mit seiner Klasse anlässlich der ersten Bauhaus-Ausstellung 1923 ausführte. Auch war er der ständige Spiritus Rector bei den zahlreichen Bauhaus-Festen, die meist unter seiner Regie und einem von ihm erdachten Motto für Kostüme und Dekorierung standen. Vor allem aber war er in seiner Malerei und Skulptur einer der wenigen Bauhäusler, die nicht ungegenständlich arbeiteten, sondern den Menschen ins Zentrum ihres Schaffens stellten.

Und als es ab 1926 in Dessau die mit dem Bauhausgebäude neu eingerichtete Bauhausbühne zu bespielen galt, übernahm Schlemmer auch hier die Regie und studierte mit seiner Klasse sowohl humorige Sketches als auch experimentelle Tanzvorführungen ein, mit denen er dann erfolgreich auf Tournee ging. Viel Zeit nahm der Lehrgang *Der Mensch* in Anspruch, der mit dem Aktzeichnen einherging, sich aber längst nicht darauf beschränkte. Schließlich bündelte Schlemmer hier Erkenntnisse zahlreicher Wissensgebiete wie beispielsweise Biologie, Physiologie, Psychologie, Ethik und Philosophie oder Geschichte und Kunst, die sich mit dem Wesen und Sein des Menschen beschäftigen. Entsprechend hatte er bereits in seiner Malerei eine ebenmäßige Modellfigur mit schlanken Umrissen und oft als Akt in Profilstellung entwickelt, die an den archaischen Typus des antiken Kouros ebenso wie an Dürers Kanonfigur erinnert. Mit dieser — von ihm sogenannten — »Kunstfigur«, die er gerne in durchsichtige »Räume der Zukunft« versetzte, schuf Schlemmer eine einzigartige Wiederkehr des Klassischen in modernem Gewand, mit der es ihm gelang, eine dem Bauhaus und seiner Programmatik entsprechende Bildwelt zu gestalten.

Ein Bild als Veto

1932, drei Jahre nach seinem Abschied vom Bauhaus Dessau, nahm Schlemmer in Breslau, wohin er 1929 von Oskar Moll an die *Staatliche Akademie für Kunst und Kunstgewerbe* berufen worden war, ein Ölgemälde in Angriff, das er lapidar *Bauhaustreppe* nannte. Im Gegensatz zu seiner sonstigen Gepflogenheit, die Bildtitel möglichst neutral und anonym zu halten, wie *Fünf Figuren im Raum* oder *Tischgesellschaft*, war dies (mit Ausnahme einiger früher Landschaften) erstmals ein Titel mit einer bestimmten Ortsangabe — der wie ein Fanal wirkte, das aufhorchen ließ. Unmittelbarer Anlass war die von der nationalsozialistischen Mehrheit im Dessauer Stadtrat angekündigte Auflösung des Bauhauses, eine niederschmetternde Nachricht, die sich schon im Juli 1932, einige Wochen vor dem endgültigen Beschluss, verbreitet hatte.

Auch Schlemmer war von dem befreundeten Bauhäusler Christof Hertel informiert worden und antwortete am 28. Juli höchst erregt: »Bleibt's bei der Schließung? Eine Schande! Eine Schande auch, dass sich die Kulturwelt nicht erhebt und ein Veto einlegt. Aber wir sind anscheinend so mürbe und resigniert, dass alles geschehen kann.«[1] Damals reifte sein Wille, etwas gegen die Auflösung zu unternehmen. Unterdessen nahm das Schicksal unerbittlich seinen Lauf: Am 24. Au-

Fortsetzung auf Seite 98

◄ Oskar Schlemmer: *Geländerszene*, 1932, Öl auf grober Leinwand, 105,5×70,5 cm / Oskar Schlemmer: *Geländerszene* [Scene at a balustrade], 1932, oil on a coarse canvas, 105.5×70.5 cm

Art Figures Rise into Spaces of the Future

Oskar Schlemmer's most famous painting is probably Bauhaus Staircase of 1932. But how did that come to be, and on what is its fame based? On the career of a painting

By Karin von Maur

Schlemmer at the Bauhaus: a career begins

The Bauhaus was the place where Oskar Schlemmer consolidated his reputation as an inventive and especially versatile artist. Called to Weimar in 1921 as a new »master«, the 32-year-old Swabian took over not only as head of the sculpture workshop and of the wall painting workshop but also as instructor for nude drawing and later served as acting head of the metal workshop. The Bauhaus, with its various workshops and its combination of theory, teaching, and practice, was the ideal university for this new arrival. He could bring to it his numerous talents, for example, with his painted reliefs decorating the walls of the workshop building in Weimar, which he executed together with his class on the occasion of the first Bauhaus exhibition in 1923. The constant spiritus rector was also present at numerous Bauhaus parties, most of which he organised and were celebrated with costumes and decorations based on a motto he proposed. Above all, however, he was one of the few artists at the Bauhaus whose painting and sculpture were not nonrepresentational but rather placed the human being at the center of their work.

And when the time came to perform on the Bauhaus stage of the newly constructed Bauhaus building in Dessau from 1926 onward, Schlemmer took over as director and rehearsed with his class both humorous sketches and experimental dance performances, which he then took on tour successfully. He devoted a great deal of time to his course *Der Mensch* (The human being), which went hand in hand with life drawing but was by no means limited to that. After all, Schlemmer brought together insights from a number of areas of knowledge, such as biology, physiology, psychology, ethics, and philosophy as well as history and art that were concerned with human essence and existence. Correspondingly, in his painting he had already devel-

Continued on page 98

Oskar Schlemmer: *Bauhaustreppe*, 1932, Öl auf Leinwand, 160×114 cm / Oskar Schlemmer: *Bauhaustreppe* [Bauhaus Staircase], 1932, oil on canvas, 160 x 114 cm

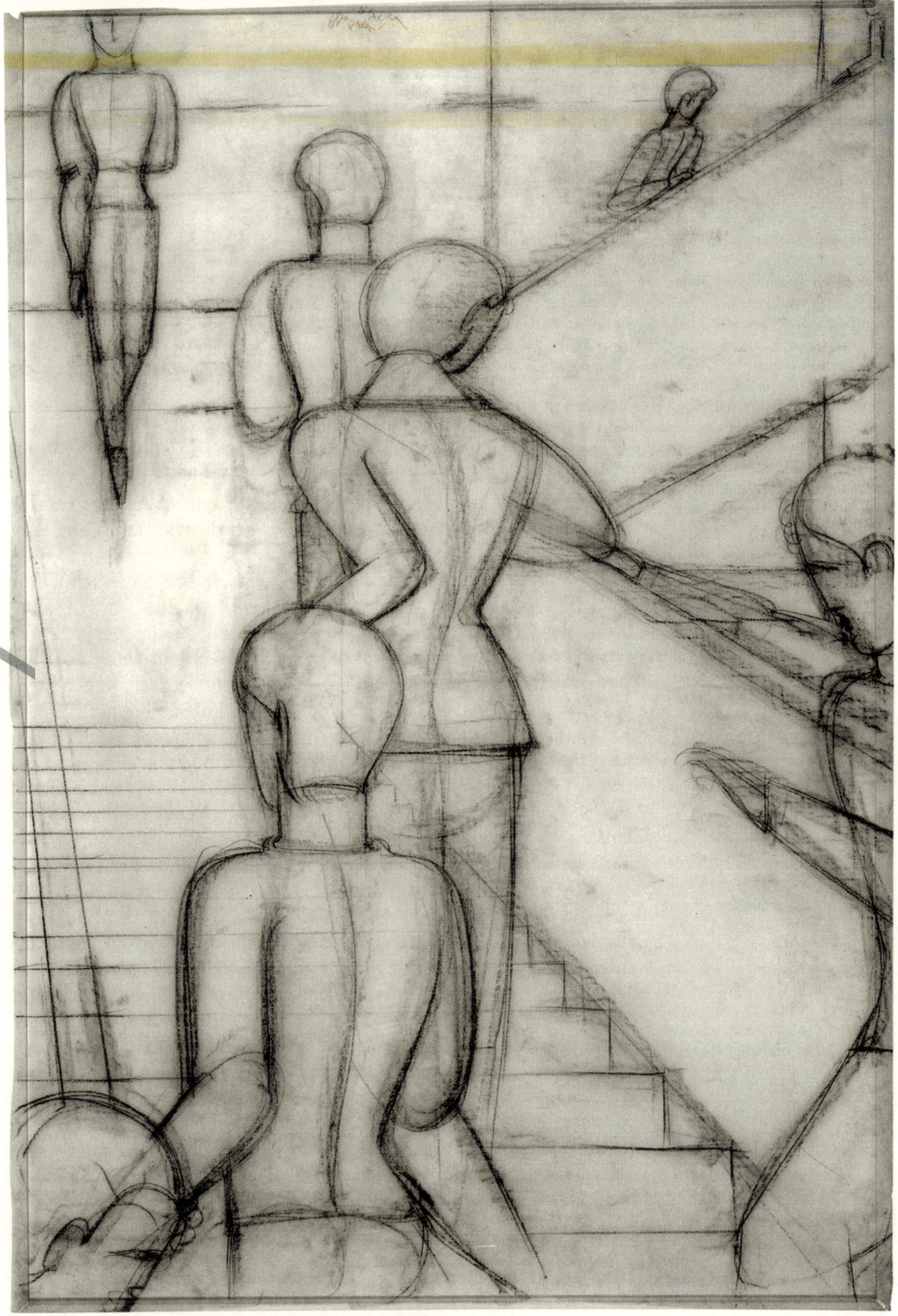

▼ ◀ Oskar Schlemmer, *Bauhaustreppe*, 1928, Bleistiftzeichnung auf chamoisfarbenem, rückseitig schwarz bedrucktem dünnen Papier ›935‹, Nachlass Schlemmer / Oskar Schlemmer, *Bauhaustreppe* [Bauhaus Staircase], 1928, pencil drawing on buff, thin paper ›935‹, printed black on the reverse, Schlemmer estate

▼ T. Lux Feininger, *Bauhäuslerinnen auf der Treppe*, um 1927, Bauhaus-Archiv / T. Lux Feininger, *female Bauhaus students on the stairs*, circa 1927, Bauhaus Archive

◀ Für manche ist es nur eine Treppe im Bauhaus, für andere ist es die Bauhaustreppe / For some, it is just a staircase in the Bauhaus; for others, it is the Bauhaus staircase

▲ Oskar Schlemmer: *Bauhaustreppe*, 1932, Vorskizze, Bauhaus-Archiv / Oskar Schlemmer: *Bauhaustreppe* [Bauhaus Staircase], 1932, preliminary sketch, Bauhaus Archive

gust 1932 setzte der amtierende Direktor Mies van der Rohe die Lehrkräfte und Studierenden des Dessauer Bauhauses lapidar auf einer Karte davon in Kenntnis: »in der gemeinderatsitzung vom 22.8. 1932 ist beschlossen worden, das bauhaus zum 30.9.1932 zu schließen.« Angesichts der verheerenden Vorgänge fühlte sich Schlemmer darin bestärkt, auf seine Weise ein Veto einzulegen und dem Bauhaus ein bildnerisches Memorial zu widmen. Sogleich machte er sich an die Arbeit: Dabei konnte er auf seine früheren Studien zu diesem Thema zurückgreifen, wie beispielsweise eine spontane Bleistiftskizze von 1928 oder eine Detailstudie der mittleren Dreiergruppe und ein weiter ausgeführtes Aquarell in sonnigen Farben von 1931. Vermutlich war auch eine 1927 fotografierte Schwarz-Weiß-Aufnahme von Lux Feininger mit Weberinnen auf der Treppe des Gropiusbaus eine ausschlaggebende Inspirationsquelle. Auf dem Foto sind über ein Dutzend Studentinnen der Weberei um die Leiterin der Werkstatt, Gunta Stölzl (im Vordergrund links), in gedrängter Anordnung auf der recht dunkel wirkenden Treppe versammelt. Es scheint, als wären sie durch Zuruf in der Bewegung angehalten, um sich der Kamera zuzuwenden. Foto und Bild differieren trotz einiger Ähnlichkeiten, wie zum Beispiel dem Detail des abgewinkelten Arms, der im Gemälde in veränderter Form wiederkehrt, während die helle Fensterwand im Hintergrund des Gemäldes auf dem Foto nicht vorkommt, obwohl sie realiter in dem Treppenhaus des Gropiusbaus durchaus vorhanden ist; bei Schlemmer wirkt die Halle jedoch wesentlich höher und heller als bei Lux Feininger.

Ein ›Bildplan‹ zur *Bauhaustreppe* trägt auf der Rückseite die eigenhändige Inschrift »Bhs. Treppe 4. Sept. 32«. Mit dieser Vorzeichnung hat Schlemmer die Konturen der vergrößerten Komposition mit Kohle und Kreide auf Transparentpapier festgehalten, um sie nach dem rückseitigen Einschwärzen der Linien auf die Leinwand übertragen zu können. Aufgrund der Datierung ist anzunehmen, dass auch die malerische Ausführung des Bildes im Monat September 1932 stattgefunden hat. Im Anschluss daran hat Schlemmer, wie er schreibt, als »letztes Breslauer Bild« die motivisch verwandte *Geländerszene* gemalt. Nach nur drei für den ehemaligen Bauhäusler sehr produktiven Jahren in der schlesischen Metropole wurde kurz darauf auch die dortige Akademie geschlossen, diesmal aufgrund der gravierenden Finanzkrise. Obwohl Schlemmer als Vorsitzender des Schlesischen Künstlerbundes durch Reden und Ausstellungen versuchte, die preußischen Ministerialbeamten noch umzustimmen, kämpfte er auch hier auf verlorenem Posten. Glücklicherweise erhielt er aber einen weiteren Lehrauftrag an den *Vereinigten Staatschulen für Kunst und Kunstgewerbe* in Berlin, den er am 8. November 1932 mit dem aufsehenerregenden Vortrag *Perspektiven* antrat. Doch schon im März des folgenden Jahres diffamieren NS-Studenten den frischgebackenen Professor und einige seiner Kollegen als »marxistisch-jüdische Elemente« und fordern mit der Losung »Meidet diese Lehrer!« einen Boykott. An Unterricht war nicht mehr zu denken, sodass die Betroffenen erst beurlaubt und dann entlassen wurden. Damit war Schlemmer und seiner Familie mit drei schulpflichtigen Kindern die Existenzgrundlage entzogen.

Die Bauhausidee, verdichtet in einem Gemälde

Im Laufe der mehrjährigen Beschäftigung Schlemmers mit dem Thema *Bauhaustreppe* hat ein tiefgreifender Konzentrationsprozess stattgefunden, der zeigt, wie sich die erste flüchtige Bildidee angesichts der Angriffe gegen das Bauhaus zunehmend verdichtete und gleichzeitig verklärte.

Aus den Bausteinen der Erinnerung an die klare, kühne Treppenführung im Werkstattflügel des Dessauer Bauhauses entwirft Schlemmer eine Bildarchitektur, in der die Dominanten seiner Malerei der Zwanzigerjahre unisono angeschlagen werden. In dem weiß-rot-schwarzen Akkord des zentralen Rückenfigur-Trios inmitten einer blau gestimm-

oped regular model figures with slender outlines, often nudes in profile, which recalled the ancient type of the antique kouros as well as Albrecht Dürer's canonical figure. With this »art figure«, as he called it, which he liked to paint into transparent »spaces of the future«, Schlemmer produced a unique return to the classical in modern guise, which enabled him to create a visual world that suited the Bauhaus and its programme.

A painting as veto

In 1932, three years after he left the Dessau Bauhaus, Schlemmer took up in Breslau, where he had been appointed to the *Schlesische Kunstakademie* by Oskar Moll in 1929, an oil painting that he succinctly titled *Bauhaustreppe* (Bauhaus staircase). In contrast to his usual custom of keeping titles as neutral and anonymous as possible, such as *Fünf Figuren im Raum* (Five figures in space) or *Tischgesellschaft* (Gathering at a table), this was his first title—apart from a few early landscapes—to identify a specific place. It functioned like a signal, causing one to sit up and take notice. The immediate occasion was the announcement that the Bauhaus was being closed by the National Socialist majority on the Dessau city council—a devastating piece of news that was already being disseminated in July 1932, several weeks before the final decision.

Schlemmer too had been informed, by Christof Hertel, a friend at the Bauhaus, and replied with great agitation on July 28: »Is it still going to be closed? A disgrace! It is also a disgrace that the world of culture did not rise up and veto it. But we are apparently so worn-out and resigned that anything can happen.«[1] His will to do something about the closing was growing.

Meanwhile, fate took its inexorable course: On August 24, the acting director, Mies van der Rohe, succinctly informed the teaching staff and students of the Dessau Bauhaus of this with a card: »it was decided in the meeting of the local council on august 22, 1932, to close the bauhaus on september 30, 1932.«

Faced with these devastating events, Schlemmer was all the more determined to register his veto in his fashion and dedicate an artistic memorial to the Bauhaus. He set work immediately: He was able to go back to earlier studies on this theme, such as a spontaneous pencil sketch from 1928, a detail study for the middle group of three figures, and a more finished watercolor in sunny colors from 1931. A black-and-white photograph Lux Feininger took in 1927 of women weaving on the steps of the Gropius-designed building was presumably a crucial source of inspiration as well. The photograph shows more than a dozen women students from the weaving workshop crowded around its head, Gunta Stölzl (on the left in the foreground), on a rather dark-looking stairway. It looks as if they have stopped moving in respond to a call to face the camera. The photograph and painting differ despite several similarities such as the detail of the bent arm, which recurs in a different form in the painting, whereas the bright wall with windows in the background of the painting is not in the photograph, even though it was certainly there in the stairwell of the Gropius building. In Schlemmer's painting, the hall seems much taller and brighter than in Lux Feininger's photograph.

A »painting plan« for *Bauhaustreppe* has an inscription in the artist's own hand on the verso: »Bhs.Treppe 4. Sept. 32«. In this sketch, Schlemmer recorded the contours of the enlarged composition with charcoal and chalk on tracing paper in order to transfer it direction to the canvas by blacking the lines on the back. Based on

[1] Apparently they were not quite so resigned, since protests of the closing of the Bauhaus and statements supporting it were being published in renowned newspapers from mid-July onward. See *Bauhaus Berlin: Auflösung Dessau 1932, Schliessung Berlin 1933, Bauhäusler und Drittes Reich; Eine Dokumentation*, ed. Peter Hahn and Bauhaus-Archiv Berlin 1985, pp. 70—90.

that date, it is reasonable to assume that the work was painted in September 1932. After doing so Schlemmer painted a work with a related motif, Geländerszene (Banister scene), which he wrote was his »last painting in Breslau«.

After just three very productive years for the former Bauhaus master in the Silesian metropolis, the academy there was closed, this time because of the grave financial crisis. Although Schlemmer, as the chairman of the *Schlesischer Künstlerbund* (Silesian artists' association), attempted by means of speeches and exhibitions to change the minds of the civil servants of the Prussian ministry, he was fighting a losing battle. Fortunately, however, he got another teaching position at the *Vereinigte Staatschulen für Kunst und Kunstgewerbe* (United state schools for the fine and applied arts) in Berlin, which he began on November 8, 1932, with a lecture titled »Perspektiven« (Perspectives) that attracted attention. But already in March of the following year Nazi students were defaming the new professor and several of his colleagues as »Marxist-Jewish elements« and demanding a boycott under the slogan »Avoid these teachers!« Teaching was no longer feasible, so those affected were first placed on leave and then dismissed. Schlemmer and his family, including three school-age children, were thus deprived of their means of support.

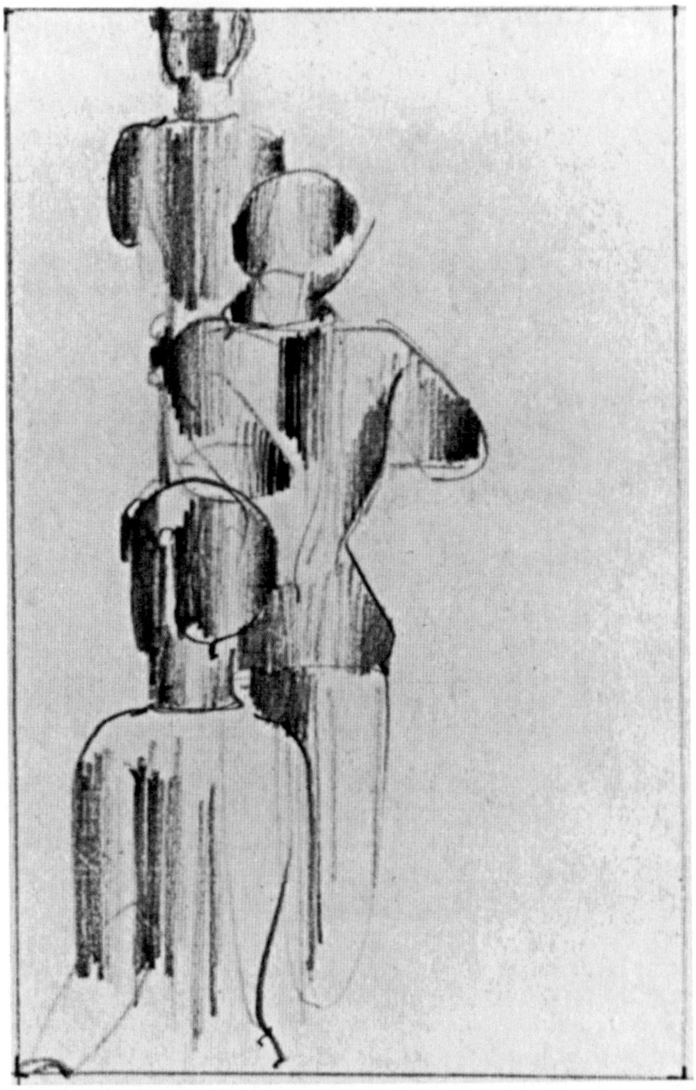

ten, weit aufgefensterten Treppenhalle wird das Thema »der Mensch als Maß und Mitte« — verbunden mit dem »Bau der Zukunft« — geradezu fanfarenhaft zur Wirkung gebracht.

Zu dieser im Aufsteigen begriffenen Dreiergruppe gesellen sich zwei angeschnittene Profilgestalten, die im Vordergrund von beiden Seiten in den Bildraum treten und eine dynamische Bewegungsvorstellung auslösen. Das Hinaufstreben der Treppensteigenden, das sich mit der kleinen Figur rechts oben zu beschleunigen scheint, wird begleitet von dem markanten Dreieckskeil des nach rechts oben abgewinkelten Geländers, dem die gestaffelte Mittelgruppe in leichter Kontrapostik antwortet. Während sich auf der Treppe insgesamt sechs Figuren nach oben begeben, wirken zwei weitere Gestalten fast unmerklich dem Aufwärtstrend entgegen: einmal die kleinste, rechts oben am Bildrand nur halb sichtbare Randfigur im Profil, die sich anschickt, hinunterzugehen, sodann vor allem die frontale Jünglingsgestalt links am Fenster, von der man rätseln kann, wo sie herkommt und wo sie auftreten wird, weil ihre Position tänzerisch in der Schwebe gehalten ist. Solche erscheinungshaften Jünglinge hat Schlemmer des Öfteren in seine Interieurs eingeschleust.

Schließlich wird noch eine neunte Figur herangeführt, die schattenhaft mit geneigtem Profil hinter dem unteren Fenster des Treppenhauses auftaucht. Zu ihr nimmt die mittlere Rückengestalt in roter Bluse durch ihre Blickrichtung Kontakt auf. Mit dieser kaum sichtbaren Silhouette hinter dem Fenster erweitert Schlemmer optisch die Treppenhalle in einen imaginären Außenraum, ebenso wie er den gemalten Innenraum selbst als imaginäre Fortsetzung des Realraums konzipiert. Die klar gegliederte, dreifache Tiefenerkundung von der Realität (Betrachterraum) über die Fiktion (Bildraum) zur Transzendenz (unbestimmtes Dahinter, heller Freiraum, der die Neugier weckt) prägt vor allem Schlemmers Malerei der Bauhaus-Zeit. Schon in dem bereits erwähnten letzten Breslauer Bild, *Geländerszene*, verliert

The Bauhaus idea, condensed in a painting

Over the years of Schlemmer's work on the theme of the »Bauhaus stairway«, a profound process of concentration took place that reveals how the first fleeting pictorial idea gradually became condensed and at the same time idealized in light of attacks on the Bauhaus. From the building blocks of memories of the clear, bold course of the stairway leading into the workshop wing of the Dessau Bauhaus, Schlemmer developed a pictorial architecture in which the dominant elements of his painting of the 1920s were sounded in unison. The white-red-black chord of the central three figures seen from behind in the middle of a blue stairwell with large windows brings out the theme of »the human being as measure and middle«—associated with the »building of the future«—almost like a fanfare.

This group of three figures ascending is joined by two cut-off figures in profile entering the pictorial space from both sides in the foreground and triggering a dynamic sense of movement. The upward striving of those climbing the stairs, which seems to accelerate with the small figure at top right, is accompanied by the striking triangular wedge of the banister, which turns to the top right, to which the staggered central group responds with slight contrapposto. Whereas the six figures on the stairway are moving up, two other figures counter this upward almost imperceptibly: First, the tiny, only half visible figure in profile at the top right edge who is starting to go down, second, and above all, the frontal figure of a youth on the left by the window, about whom one can only speculate where he is coming from and where he will appear, because his pose is floats in the air as if dancing. Schlemmer often slipped such apparitional youths into his interiors.

Finally, a ninth figure is introduced, emerging shadowlike with bowed profile beneath the lower window of the staircase. The middle figure in the red blouse of the trio seen from behind establishes visual contact with this figure. Schlemmer employs this silhouette barely visible behind the window to expand the stairway visually into an imaginary outdoors, just as the painted interior itself is conceived as an imaginary continuation of real space. The clearly articulated, tripartite exploration of depth from reality (the viewer's space) by way of fiction (the pictorial space) to transcendence (the undefined beyond, a bright free space that arouses curiosity) is particularly characteristic of Schlemmer's painting from his Bauhaus period. Already in the above-mentioned final painting in Breslau, *Geländerszene*, this exploration of depth gives way to a relaxed, painterly

▲ Oskar Schlemmer: *Studie zur Mittelgruppe des Gemäldes ›Bauhaustreppe‹*, 1932, Privatbesitz / Oskar Schlemmer: Study for the central group of the painting *Bauhaustreppe* [Bauhaus staircase], 1932, privately owned

sich diese Tiefenauslotung zugunsten eines malerisch gelockerten Wechsels von Licht und Schatten, bei dem die Konturen der figürlichen und räumlichen Begrenzungen sich in eine diffuse Helligkeit auflösen und quasi röntgenhaft entmaterialisieren. Da die *Bauhaustreppe* ja auch als eine Hommage an den Gründer Walter Gropius und seine Architektur gedacht war, ist hier die tektonische Präzision noch sehr präsent, während die Lichtführung eine belebende Rolle spielt: Sie reicht von dem bandartigen Lichtstreifen auf dem unteren Geländer über die graduelle Aufhellung der Stufen zu den quadrierten Fensterreflexen, die sich auf der schräg nach oben geführten Treppenbrüstung abzeichnen und die wohl von den Fenstern gegenüber herrühren.

Mit der *Bauhaustreppe* hat der Künstler der Alltagswirklichkeit, nämlich dem real existierenden Treppenhaus im Dessauer Werkstattflügel, eine geläuterte Kunstwirklichkeit entgegengehalten, in der die Figuren und Flächen, Farben und Körper, Räume und Architekturmotive sich gegenseitig ergänzen und in jenen ausgewogenen Zusammenklang münden, der sie zu einem einprägsamen Symbol des Aufstrebens der Jugend in eine lichtere Zukunft steigert. Mit diesem Werk hat Oskar Schlemmer der Grundidee und den Bestrebungen des Bauhauses ihre utopische Fortdauer in der ›Welt der Anschauung‹ verliehen.

Zu Weltruhm in New York

Im Frühjahr 1933 reisten zwei Amerikaner auf ›Einkaufstour‹ durch Europa, auf der Suche nach Werken von Bauhaus-Künstlern für ein neues Projekt — die Gründung des *Museum of Modern Art* (*MoMA*) in New York: der junge Kunsthistoriker und spätere Direktor des Museums, Alfred H. Barr, Jr., und der Architekt Philip Johnson. Da Johnson Oskar Schlemmer besonders schätzte, kam er mit Barr nach Stuttgart, wo im *Württembergischen Kunstverein* gerade eine große Retrospektive stattfand. Allerdings war diese Ausstellung, die am 1. September 1932 eröffnet wurde, nach einem üblen Schmähartikel des *Nationalsozialistischen Kuriers* bereits am 12. März 1933 durch den Vereinsvorstand vorsorglich geschlossen worden. Die Exponate waren in einen oberen Saal des Kunstgebäudes verbannt worden, wo sie nur nach Voranmeldung von Freunden des Künstlers und ernsthaften Interessenten wie Barr und Johnson besichtigt werden konnten. Da Schlemmer in Berlin nicht abkömmlich war, besuchten die Gäste aus New York ohne ihn die Exponate, einigten sich dabei sofort auf das Hauptwerk *Bauhaustreppe* und wickelten den Ankauf dann telegrafisch mit dem Künstler ab. Obwohl Schlemmer dabei nicht den erwünschten Preis für sein »vielleicht [...] bestes Bild« erhielt, willigte er freudig ein, da er sofort die Tragweite dieses Kunsthandels erkannt hatte. Am 4. April 1933 antwortete er Johnson: »Es [das Bild] hat allgemein Aufsehen erregt, besonders in Berlin bei Cassirer und Flechtheim [Ausstellung *Lebendige Deutsche Kunst*]. Es wurde [danach] nur hier in Stuttgart gezeigt. Ich bin sehr erfreut, dass es in ein würdiges bedeutendes Museum kommt.«

Tatsächlich hat dieser erste Verkauf an ein ausländisches Museum — der gleichzeitig sein letzter Museumskauf zu Lebzeiten bleiben sollte — Schlemmer mit diesem Meisterwerk international bekannt gemacht. Nach seinem Ankauf von Philip Johnson wurde es in den USA erstmals 1938/9 auf der von Gropius und Bayer organisierten Ausstellung *Bauhaus 1919–1928* im Rockefeller Center, wo das *MoMA* vorübergehend einquartiert war, gezeigt. Später hing das monumentale Gemälde an exponierter Stelle im Treppenhaus des *MoMA* in New York, das zu den meistbesuchten Museen der Welt gehört.

Anmerkungen zur Rezeptionsgeschichte

Dass Schlemmer schon eine besondere Fähigkeit hatte, höchst einprägsame Bildformulierungen zu finden, dokumentiert auch das

alternation of light and shadow in which the contours of the figures and spaces dissolve into a diffuse brightness and dematerialize as if in an X-ray. Because *Bauhaustreppe* was conceived in part as an homage to the school's founder, Walter Gropius, and his architecture, the tectonic precision is still very present here, whereas the lighting places an invigorating role: It ranges from ribbon-like strips of light on the lower banister by way of the brightening of the steps as one moves toward the square reflections of the windows found on the upward slanting railing, which are probably from the windows opposite.

With *Bauhaustreppe*, held up to everyday reality—that is, the actually existing staircase in the workshop wing in Dessau—a purified reality of art in which the figures and planes, colors and volumes, spaces and architectural motifs supplement each other and led into the balanced harmony that intensifies it into a memorable symbol of young people striving for a bright future. In this work Oskar Schlemmer illustrated the basic idea and the efforts of the Bauhaus to anchor its utopian survival in the world.

Achieving world fame in New York

In the spring of 1933 two Americans traveled through Europe on a ›shopping tour‹, searching for works by Bauhaus artists for a new project, the founding of the *Museum of Modern Art* (*MoMA*) in New York: Alfred H. Barr, Jr., a young art historian and the first director of the museum, and the architect Philip Johnson. Because Johnson admired Oskar Schlemmer in particular, he went with Barr to Stuttgart, where in 1932 a large Schlemmer retrospective was being held at the *Württembergischer Kunstverein*. However, this exhibition, which had opened on September 1, had been closed by the art society's board on the March 12, 1933, as a precautionary measure after a nasty, disparaging article was published in the *Nationalsozialistischer Kurier*. The exhibits had been moved to an upper room in the Kunstverein, where they could be viewed, by appointment only, by friends of the artist and serious interested parties such as Barr and Johnson. Because Schlemmer was in Berlin and could not get away, the guests from New York saw the exhibits without him, immediately agreeing to by the magnum opus *Bauhaustreppe* and negotiated the purchase with the artist via telegraph. Although Schlemmer did not receive the price he desired for his »perhaps [...] best painting«, he happily agreed, since he had recognized the significance of this deal. On April 4, 1933, he replied to Johnson: »It [the painting] has caused a great stir, especially in Berlin at Cassirer and Flechtheim [*Lebendige Deutsche Kunst* exhibition]. It was [subsequently] shown only here in Stuttgart. I am very pleased that it will be going to a worthy, important museum.«

This first sale to a museum abroad—which would also be his last sale to a museum during his lifetime—did indeed make Schlemmer famous internationally for this masterpiece. For decades this monumental painting was hung in a prominent place in the stairwell of *MoMA* in New York, which is one of the best attended museums in the world.

Notes on the history of reception

The fact that Schlemmer had already developed a particular talent for finding highly memorable pictorial formulations was documented by the signet he designed for the Bauhaus in 1922, which is still valid and frequently employed today, thanks to its timeless formal aesthetic and symbolic effect. The famous profile inside two circles —derived typologically in part from Roman medallion portraits— is a refinement of a poster he had designed in 1913 for the gallery Kunstsalon am Neckar that he and his brother founded in Stuttgart,

1922 von ihm entworfene und noch heute gültige, vielfach eingesetzte Bauhaussignet, das sich durch seine zeitlose Formenästhetik und Symbolwirkung auszeichnet. Das bekannte Profil im Doppelkreis (das sich typologisch auch von römischen Medaillen-Porträts herleitet), ist eine Weiterentwicklung seines bereits 1913 entworfenen Plakats für die von ihm und seinem Bruder gegründete Stuttgarter Galerie *Kunstsalon am Neckartor*, die mit dem Berliner *Sturm* kooperierte und erstmals in der schwäbischen Metropole Künstler der französischen und deutschen Avantgarde ausstellte, bis sie im folgenden Kriegsjahr aufgegeben werden musste.

Zehn Jahre nach dem Bauhaussignet hat Schlemmer mit dem Gemälde *Bauhaustreppe* eine weitere, noch eindrucksvollere Ikone der Klassischen Moderne geschaffen, die aus der Rezeptionsgeschichte des Bauhauses nicht mehr wegzudenken ist. Das dokumentieren nicht nur die zahllosen Abbildungen in diversen Publikationen, Zeitschriften und Kunstbüchern bis hin zu Lexika und Medien, sondern auch ihre Nachwirkung bei heutigen Künstlern.

Schon sein älterer Bruder Carl, der ihn um Jahre überlebte, hat nach dem Zweiten Weltkrieg außer einer kleinen Kopie für seine nach Amerika ausgewanderte Schwester auch eine fast originalgroße Kopie gemalt, die sich bei einer Münchner Verwandten befindet.

Die Kunstsammlung der Deutschen Bank besitzt eine großformatige Fotoreproduktion auf Aluminium mit dem Titel *Die Bauhaustreppe* (ohne Hinweise auf Schlemmer), die 2000 von der Künstlerin Delia Keller ausgeführt wurde.

Während diese Arbeiten im Wesentlichen als gemalte oder fotografierte Reproduktionen anzusehen sind, hat der Amerikaner Roy Lichtenstein 1988 die Ikone des *MoMA* einer malerischen Umsetzung in seine von der Pop-Art geprägte Bildsprache unterzogen und damit zugleich in die amerikanische Zivilisation eingebunden.

Aber auch bei dem jungen Deutschen Tim Eitel kann man zum Beispiel bei seinem Gemälde *Der Aufstieg* von 2010 trotz der gänzlich anderen Szenerie im Bildaufbau eine Nachwirkung von Schlemmers *Bauhaustreppe* entdecken.

Enorme Breitenwirkung hatte die westdeutsche Europa-Briefmarke mit dem Motiv der *Bauhaustreppe*, die als auflagenstärkste Sondermarke des Jahres 1975 in 69 Millionen Exemplaren gedruckt und abgesetzt wurde.

Walter Gropius bedankte sich indirekt viele Jahre später anlässlich Schlemmers erster Einzelausstellung in Amerika mit folgendem Geleitwort: »In Oskar Schlemmers Malerei lebt eine neuartige Raumenergie, die mich immer magisch angezogen hat […]. Sie weckt im Betrachter eine Vorahnung von einer künftigen Kultur der Ganzheit, welche die Künste wieder vereinen wird. Für mich offenbart sein Oeuvre die Vision eines großen Künstlers, die über den Tod ihres Schöpfers fortlebt.«[2]

Karin von Maur, geboren 1938 in Stuttgart, wurde nach dem Studium der Kunstgeschichte, Romanistik und Germanistik in Heidelberg, Paris und Tübingen 1968 stellvertretende Ausstellungsleiterin der Kunsthalle Nürnberg, 1969 kam sie als Referentin für Kunst des 20. Jahrhunderts und Leiterin des Oskar-Schlemmer-Archivs an die *Staatsgalerie Stuttgart*, wo sie 1994 bis 2003 auch Stellvertreterin des Direktors war. 1979 erschien ihr zweibändiges Standardwerk: *Oskar Schlemmer. Monographie* (Bd. I) und *Œuvrekatalog der Gemälde, Aquarelle, Pastelle und Plastiken* (Bd. II).

[2] Walter Gropius, in: *Oskar Schlemmer*, Ausst.-Kat. New York 1969, S. 8. (übers. von Karin von Maur)

which cooperated with the Sturm gallery in Berlin and was the first gallery in the Swabian metropolis to exhibit artists of the French and German avant-gardes, before it was forced to close the following year when the war began.

Ten years after designing the Bauhaus signet, Schlemmer created another, even more impressive icon of High Modernism with the painting *Bauhaustreppe*, and the history of the reception of the Bauhaus is no longer conceivable without it. That is documented not only by countless illustrations in diverse publications, journals, and art books as well as encyclopedias and media but also by its lasting influence on artists today.

After the Second World War his older brother Carl, who outlived him by years, painted a small copy for their sister, who had immigrated to the United States, as well as a copy in near original size in the possession of one of their relatives in Munich.

The art collection of the Deutsche Bank has a large-format photographic reproduction on aluminum titled *Die Bauhaustreppe* (with no reference to Schlemmer), produced in 2000 by Delia Keller.

Whereas those works are essential painted or photographed reproductions, respectively, the American artist Roy Lichtenstein subjected *MoMA*'s icon to an artistic transformation into one of his visual language, influenced by Pop art, and hence at the same time integrated it into American civilization.

But one can also find the influence of Schlemmer's *Bauhaustreppe* in the work of the young German artist Tim Eitel, for example, in the structure of his painting *Der Aufstieg* (The ascent) of 2010, despite completely different scenery.

The West German postage stamp for inter-European mail that featured *Bauhaustreppe* was very popular; it had the largest print run of any special issue in 1975, with 69 million stamps printed and sold.

Walter Gropius expressed his thanks indirectly many years later on the occasion of Schlemmer's first solo exhibition in America with these words in the preface: »In Oskar Schlemmer's painting lives a new spatial energy that has always magically attracted me […]. It awakes in the viewer a premonition of a future culture of totality that will reunite the arts. For him his oeuvre reveals the vision of a great artist, which outlives the death of its creator.«[2]

Karin von Maur, born in Stuttgart in 1938, studied art history and Romance and Germanic languages and literature in Heidelberg, Paris, and Tübingen. In 1968 she was appointed acting director of exhibitions at the *Kunsthalle Nürnberg* and in 1969 adviser on twentieth-century art and director of the Oskar-Schlemmer-Archiv at the *Staatsgalerie Stuttgart*, where she then served as deputy director from 1994 to 2003. In 1979 she published the two-volume standard work *Oskar Schlemmer: Monographie und Oeuvrekatalog der Gemälde, Aquarelle, Pastelle und Plastiken*.

[2] Walter Gropius, in *Oskar Schlemmer: Exhibition at Spencer A. Samuels & Company* (New York: S. A. Samuels, 1969, p. 8.

►
Briefmarke der Deutschen Bundespost: *Bauhaustreppe — Gemälde von Oskar Schlemmer*, 1975 / Postage stamp issued by the Deutsche Bundespost: *Bauhaus staircase-painting by Oskar Schlemmer*, 1975

◄ Roy Lichtenstein: *Bauhaus Stairway*, 1988, Öl und synthetische Farbe (magna) auf Leinwand, 238,8×167,7 cm, The Museum of Modern Art (MoMA), New York / Roy Lichtenstein: *Bauhaus Stairway*, 1988, oils and synthetic paints (magna) on canvas, 238.8×167.7 cm, The Museum of Modern Art (MoMA), New York

▲ Tim Eitel: *Aufstieg*, 2010, Öl auf Leinwand, 250×210 cm, Courtesy Galerie EIGEN+ART Leipzig/Berlin und Pace Gallery / Tim Eitel: *Aufstieg* [Ascent], 2010, oil on canvas, 250×210 cm, courtesy of Galerie EIGEN+ART Leipzig/Berlin and Pace Gallery

Tobias Zielony: *Treppe*, 2013 / Tobias Zielony: *Treppe* [Bauhaus staircase], 2013, Ronaldo Youth Rehabilitation Center, Al-Bireh, Palästina ►

UNFPA

Die Schlemmer-Schnitte, Gunta Stölzls Ovomaltine, Hammelfleisch beim Bauhaussommer und viele weitere Nachrichten aus der Bauhauswelt.

Die Truppe der Bauhausbühne auf dem Dach des Prellerhauses, fotografiert von Irene Bayer 1927, Foto: Bauhaus-Archiv Berlin

Wunderbaum ›Figurine‹ Der neue Einweg-Lufterfrischer verhindert, dass der Mittelklassewagen nach Dessauer Gymnastikraum riecht. Johannes Bissinger und Christian Lange Grafikdesigner, München

Neu im Sortiment: Schlemmer total

Stiftung Bauhaus-Test sucht Merchandise-Ideen für ein besonderes Jahr

Wenn am 1. Januar 2014 das Werk Oskar Schlemmers gemeinfrei wird, eröffnen sich für die Museumsshops in Kulturdeutschland und in der Bauhaus-Welt ungeahnte Möglichkeiten. Der Handel mit Merchandise-Artikeln verspricht satte Gewinne. Die Stiftung Bauhaus-Test hat Gestalter verschiedener Disziplinen nach ihren Ideen für das ultimative Schlemmer-Produkt gefragt .

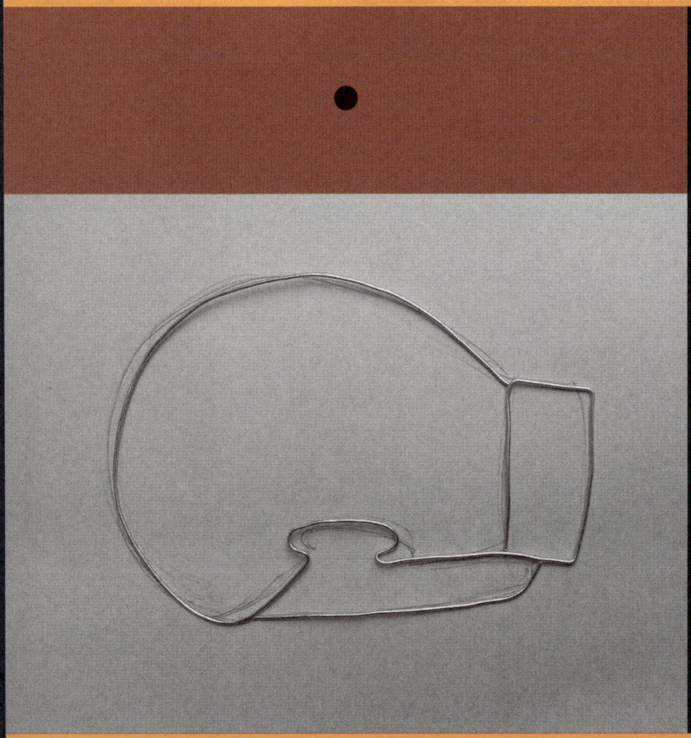

Der Halsreif In Schlemmers Kopfformen sah ich sofort einen Halsreif. Um den grafischen Charakter zu erhalten, werden mittels Runddraht die Linien der Kopfform nachempfunden und zusammengelötet. Mareen Alburg Duncker Schmuckdesignerin, Halle (Saale)

Die Marzipan-Figurine Zur Salzburger Mozartkugel gesellt sich im kommenden Jahr der Dessauer Taucher — Fantasie vorausgesetzt. Bei reichlichem Verzehr lässt sich damit auch die von Schlemmer geforderte Bewegungseinschränkung erzielen, um im *Triadischen Ballett* mitwirken zu können. Johannes Bissinger und Christian Lange Grafikdesigner, München

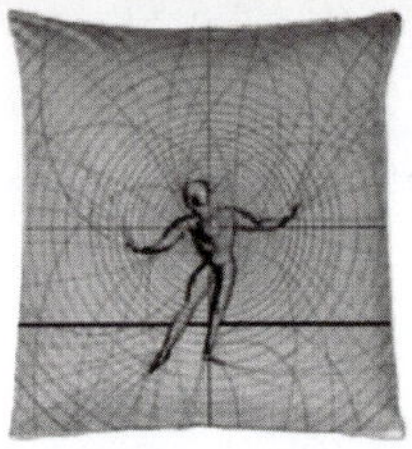

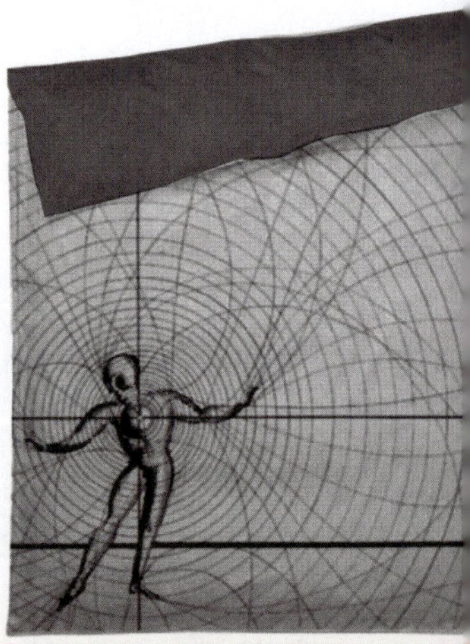

Die Bettwäsche Im Schlaf ein Neuer Mensch werden! Theres Weishappel Typoly, Berlin

Die Radkappe Der Autofahrer von heute genießt die zentrifugalen Kräfte von Technik und Wissenschaft fast unbekümmert. Zeit, zu den Ursprüngen zurückzukehren. Machen Sie aus Ihrem Wagen ein Schlemmermobil. Johannes Bissinger und Christian Lange Grafikdesigner, München

Die ›Schlemmer-Schnitte‹ Erst jetzt, 70 Jahre nach Schlemmers Ableben, kommt ans Tageslicht, dass Schlemmer in seiner Zeit als Bauhauslehrer intensiv an der Idee der *Schlemmer-Schnitte* gearbeitet hat: ein Tortenkubus, der mit Schokolade überzogen und mit einem Motiv aus dem *Triadischen Ballett* versehen werden sollte. In unserer Versuchsküche arbeiten wir im Kollektiv und somit streng dem Bauhausgedanken verpflichtet bereits an der pikanten Version der *Schlemmer-Schnitte*. Diese wird im Wesentlichen aus Pumpernickel bestehen.
Wir sagen: *Tut* Schlemmer nichts Schlechtes mehr und Euch etwas Gutes: Esst die *Schlemmer-Schnitte*! Hergestellt in der Konditorei des *Salon Neucologne e.V.*, Berlin. Peter Schiering Journalist und Vorsitzender des Kunstvereins *Salon Neucologne e.V.*, Berlin

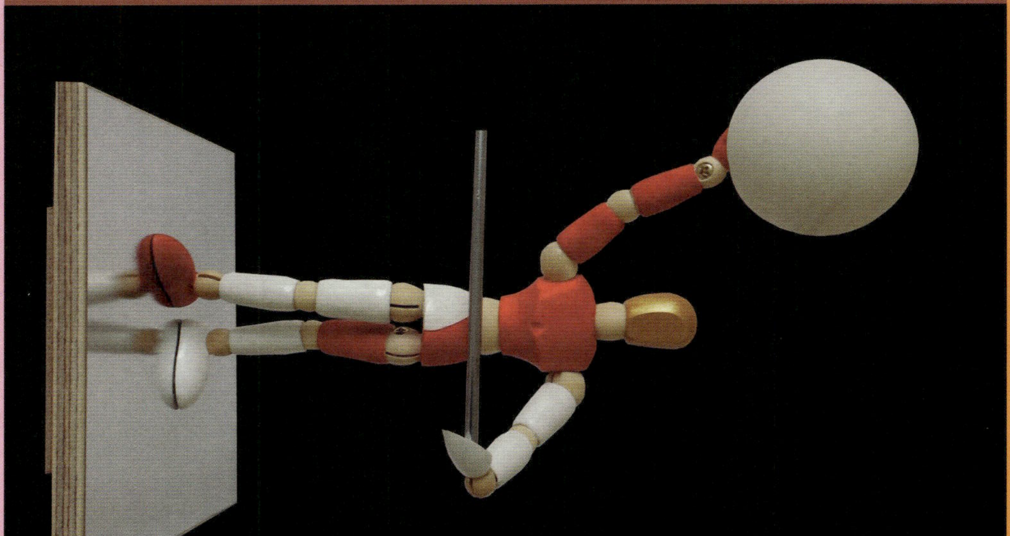

Die Kunstfigur Mit dieser handgefertigten Gliederpuppe lässt sich Schlemmers *Formentanz* nachstellen. Passend dazu werden eine Bauhausbühne (10,5×10,5 cm) sowie eine choreografische Videoanleitung mitgeliefert. formfalt Kunstprodukte, Berlin

Der Zuckerhut Mein Respekt vor Oskar Schlemmer ist wirklich groß, daher ist meine Fantasie gehemmt, wenn es darum geht, seine Arbeiten für Merchandising-Dinge zu ›verwursten‹. Aber ich habe mal meinen Zuckerhut aus der Five-Senses-Serie in Schlemmer-Farben getaucht. Barbara Schmidt Chefdesignerin von KAHLA Porzellan, Kahla/Thüringen

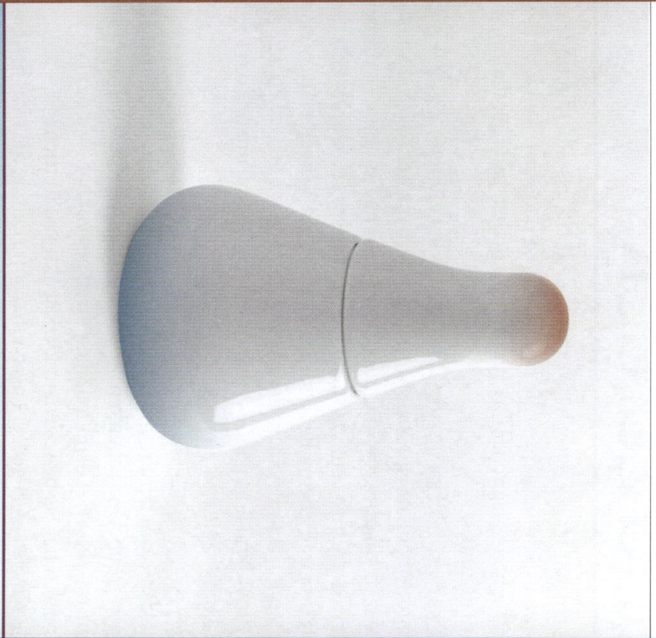

Einmal Dessau und zurück

Christoph Stölzl, der neue Vorsitzende des Kreises der Freunde des Bauhauses, über seine stille Bonner Diplomatie zur Wendezeit, das Bauhaus als magischer Ort für junge Gestalter und Ovomaltine bei Tante Gunta.

Es war ein Glücksfall, als Christoph Stölzl zusagte, den Kreis der Freunde des Bauhauses zu führen. Seit Juni hat der 69 Jahre alte Neffe der Bauhausmeisterin Gunta Stölzl das Amt nun inne — und viel vor. Der frühere Generaldirektor des *Deutschen Historischen Museums* (DHM) und ehemalige Berliner Kultur- und Wissenschaftssenator ist seit Juli 2010 Präsident der *Hochschule für Musik FRANZ LISZT* in Weimar. Von dort pendelte er jüngst nach Dessau, um uns das folgende Interview zu geben.

Für den Kreis der Freunde des Bauhauses legen Sie schon mal Ihre Krawatte ab. Und schenken Sie der Stiftung, weil Sie von Ihrer Tante stammt, die sie in den Dreißigerjahren gewebt hat. Wir danken sehr. Aber was hat Sie bewogen, in Dessau aktiv zu werden?

Die Krawatte war gedacht als bauhausrote Fahne, die man hisst, um Optimismus zu demonstrieren. Als mich Philipp Oswalt vor ein paar Monaten regelrecht einbestellte, ahnte ich nicht, worum es gehen würde. Ich hatte an Postillon-d'amour-Dienste zwischen Dessau und Weimar gedacht. Aber er hat mich am Portepee gefasst. Und da das Bauhaus Familien- und damit Ehrensache ist, habe ich zugesagt.

Sie bringen ein dickes Telefonbuch mit, aber auch ein Gefühl für den Bauhausverbund: Sie haben viele Jahre Ihres beruflichen Lebens in Berlin verbracht, arbeiten jetzt in Weimar und engagieren sich für Dessau. Wie sehen Sie die bauhäuslerische Dreieinigkeit?

Im Winter 1989/90 war ich zum ersten Mal am Bauhaus und sehr angerührt von dem authentischen Ort, den ich bis dahin ja nur aus vielen Familienpapieren und Büchern gekannt hatte. Dann, im Frühjahr 1990, erzählte mir bei einem weiteren Besuch der damalige Direktor Rolf Kuhn, dass es im Durcheinander der untergehenden DDR Anzeichen dafür gäbe, dass das legendäre Haus an einen westdeutschen Konzern veräussert werden könne, der sich die Ikone der Moderne zur Imagepflege zulegen wolle. Das Bauhaus hatte gewaltige Finanzierungsprobleme, seine Zukunft war ungewiss. Damals schwirrten ja viele Gerüchte durch die Luft und die erstaunlichsten Sachen passierten. Man konnte durchaus alarmiert sein. Nachher fuhr ich nach Bonn und habe das Problem in der Kulturabteilung des Bundesinnenministeriums besprochen: Dieser Leuchtturm der deutschen Avantgarde musste in öffentlichem Besitz bleiben. Das Innenministerium engagierte sich über die noch bestehende Staatsgrenze hinweg (damals war alles möglich). Geholfen hat wohl auch der kulturell hoch engagierte ehemalige Bundesbauminister Oscar Schneider. Aus der Bauhaus-Einheit ist aus kulturföderalem Eigensinn (der ja überwiegend Gutes hat!) nichts geworden. Wichtig ist heute, dass das Bauhaus in Deutschland gemeinsam auftritt, denn dem Rest der Welt ist es völlig gleichgültig, ob das Bauhauserbe von einem oder von drei verschiedenen Trägern in Berlin, Dessau und Weimar betreut wird. Für die Welt ist ›Bauhaus‹ ein Symbol für das ›gute‹, das ›andere‹ Deutschland des 20. Jahrhunderts. Alle, der Bund und die drei Länder, tun gut daran, das Bauhauserbe als gemeinsamen Schatz zu betrachten und solidarisch zusammenzuwirken. Ich sehe auch keine Gefahr der zersplitternden Konkurrenz, weil eben jeder Ort seine eigene Aura hat: In Weimar hat alles angefangen, in Dessau hat das Bauhaus Weltbedeutung erlangt und in Berlin war nicht nur das traurige Ende, sondern hier lagen die Wurzeln der Reformbewegung, aus der das Bauhaus hervorgegangen ist.

Wie sehen Sie die Rolle Dessaus in diesem Zusammenhang?

Wenn das Endziel aller bildnerischen Ziele der Bau ist, wie es Walter Gropius 1919 als Aufgabe formulierte, dann ist Dessau das Ergebnis davon. Hier wurde eben am meisten nach den neuen Erkenntnissen gebaut. Und vor allem hier lässt sich überprüfen, ob denn die Realität des neuen Bauens wirklich so wunderbar überzeugend ausfiel, wie es in den Manifesten und Plänen prophezeit wurde. Dessau ist ein anschaulicher Ort für den Glanz und das Großartige, aber auch das Problematische der Bauhausidee. Dessau ist auch ein guter Platz, um etwas zu sehen, was in der Weltwahrnehmung ›Bauhaus gleich Design-Revolution‹ meistens zu kurz kommt: die Verbindung zu den sozialreformerischen Kommunalpolitikern, die die Bauhausidee zu ihrer Sache gemacht hatten.

Das ist alles fast 90 Jahre her. Heute ist Dessau eine schrumpfende Stadt mit Weltbedeutung. Was kann die Stiftung für die Stadt, in der sie angesiedelt ist, tun?

Das, was ihr Beruf ist: wissenschaftliche Arbeit leisten, faszinierende Ausstellungsthemen präsentieren. Mir imponiert, wie vorbildlich die Stiftung Bauhaus Dessau historiografisch, kunsthistorisch und architekturgeschichtlich arbeitet. Das sieht man besonders dann, wenn sie Neuland in der Forschung betritt. Was an Quellenerschließung beispielsweise in der ›Migrationsgeschichte‹ der Bauhausidee herausgekommen ist, etwa für Israel, ist großartig! Die Ausstellungen und Publikationen haben eine überzeugende Genauigkeit auch für die Ausleuchtung des politischen Hintergrunds, das ist ein Riesenfortschritt. Die Dessauer Situation zwingt zur Konzentration. Als alter Ausstellungsmacher weiß ich, dass ein Projekt ehrgeizig und großartig und magnetisch sein muss, um Besucher auch in Orte jenseits der Metropolen zu locken.

Was ließe sich in der Stadt, die zur Konzentration zwingt, in Ihren Augen bewegen?

Es gibt nicht viele Orte auf der Welt, wo man Gestaltung lernen kann in der direkten Traditionslinie zu einer weltberühmten Vorgeschichte. So wie Musiker jeden Sommer zu Meisterkursen in die Mozart-

▲ Zweimal Stölzl in Dessau: Tante Gunta im Prellerhaus und Neffe ◀ Christoph im Freundeskreis städte Salzburg und Wien ausschwärmen, könnten doch Architekten, Designer, Grafiker und Filmemacher nach Dessau kommen. Das Bauhaus-Gebäude ist ein magischer Ort, ein ›Tempel der Moderne‹, ein Platz, an dem man einmal gewesen sein muss, wenn man zur kreativen Elite gehört. Warum? Weil es der Geburtsort einer folgenreichen, die Welt verändernden Stilbewegung ist. Um einen Vergleich zu ziehen: Auch zu den Palladio-Villen in Oberitalien wird jeder wallfahrten, der sich für die ›Familiengeschichte‹ der Architektur interessiert. Wer sie einmal gesehen hat, versteht den Siegeszug des Klassizismus oder besser: des Palladianismus nach Nordeuropa, nach Skandinavien, nach Russland, nach Amerika. Ich könnte mir schon vor-

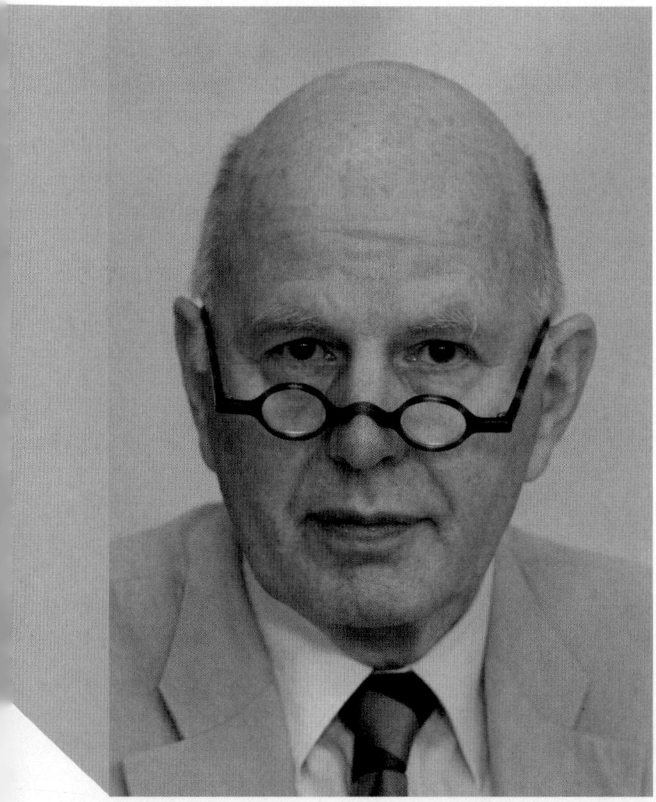

stellen, dass ›einmal Dessau und zurück‹ im Leben eines Gestalters weltweit ein *must* werden könnte. Gerade auf diesem Feld sollten die Bundesregierung und die anderen Finanziers ehrgeizig sein. Und noch etwas ist wichtig: Die Attraktivität von Bildungsbotschaften steht und fällt mit der Festlichkeit, die sie ausstrahlen. Warum nicht ›Bauhauswochen‹, in denen es um alle Sinne geht.

Woran denken Sie dabei?

Es geht bei der Frage nach dem richtigen, dem ›guten‹ Leben nicht nur um moralische Fragen, um Gut und Böse, sondern auch um Schön und Hässlich. Die Gestaltung ist eine zentrale Lust, aber auch eine immerwährende Herausforderung für den Menschen. Das Wohnen ist immer noch eine wahnsinnig wichtige Frage. Wenn Heinrich Zille davon spricht, dass man einen Menschen mit einer Wohnung wie mit einer Axt erschlagen kann, so muss es im Umkehrschluss heißen: Nichts kann einen Menschen so glücklich machen wie das Wohnen als Bühne des Lebens.

Die Frage nach Ihrer Tante, der Bauhausmeisterin Gunta Stölzl, wird Sie nicht überraschen. Wie haben Sie sie erlebt?

Meinen Vater und seine Schwester verband eine tiefe, geistig sehr bewusst gelebte Geschwisterliebe. Sie haben beginnend mit der Zeit des Ersten Weltkriegs unendlich viele Briefe gewechselt, in denen es oft um die Frage ging: Wie soll man leben in dieser Zeit? Als mein Vater 1947 starb, war ich drei Jahre alt. Meine Tante Gunta verkörperte dann den Geist der Familie Stölzl und half uns von Küsnacht aus in dieser bedrängten Nachkriegszeit über viele Entbehrungen hinweg. Wir sind als Kinder oft zu ihr an den Zürichsee geschickt worden. An den positiven Schock dieser Fahrten erinnere ich mich noch heute. Aus dem zerbombten München kamen wir in die idyllische Schweiz, wo uns dünnen Nachkriegskindern stärkende Ovomaltine verabreicht wurde. Wir gingen in Zürich ins *Kunsthaus*, dort habe ich moderne Kunst zum ersten Mal bewusst gesehen. Hinterher musste man ordentlich darüber Auskunft geben. Die Tante war freundlich, aber auch sehr streng, ein Pflicht- und Arbeitsmensch. Mit 14 Jahren verstand ich zum ersten Mal, was das Bauhaus gewesen war, und verfiel prompt — dem Buch von Werner Haftmann aus Guntas Bücherschrank folgend! — in eine fast religiöse Schwärmerei für Paul Klee. Natürlich kaufte ich einen Aquarellfarbenkasten und versuchte, hinter Klees Geheimnisse zu kommen. Der Bücherschrank der Tante in Küsnacht wurde sehr wichtig für mich. Sie hat aber ihre eigene Bauhausvergangenheit eher wortkarg und ironisch abwinkend kommentiert. Bei ihren Besuchen in München pflegte sie die alten Kontakte, fuhr etwa zu Fritz Winter an den Ammersee oder traf sich mit der Familie von Ludwig Grote. Vor dem Hintergrund der Jugendkultur-Aufbruchsstimmung in den Sechzigerjahren erschien mir damals die Bauhaus-Tante als sehr konservativ. Als ich nach dem Tod meiner Mutter auf dem Speicher die Briefe zwischen meinem Vater und meiner Tante fand, entdeckte ich eine ganz andere Gestalt: die revolutionär Gesinnte von 1919, die am russischen Sozialismus Interessierte, die freimütig Liebende am Bauhaus, die unkonventionelle junge Mutter, die ihr Baby in die Werkstatt mitbrachte.

Eine letzte Frage, diesmal an den erfahrenen Ausstellungsmacher gerichtet. Was würden Sie im Jubiläumsjahr 2019 zeigen?

Träumen wir einmal, ohne vorauseilende Resignation wegen der Kosten: Nehmen wir uns 5.000 Quadratmeter Ausstellungsfläche in einem sechs Meter hohen White Cube. Und dann gehen wir mal davon aus, dass jede Kunst ein Kind ihrer Zeit ist, auch wenn sie ihr widerspricht, sie revolutionieren will. Und diese ›Zeit des Bauhauses‹ wollen wir als Panorama-Hintergrund ausmalen. Beispiel: In jeder Anthologie über die Zwanzigerjahre sind Mädchen mit Bubiköpfen und kurzen Röcken abgebildet. In den Wochenschauen entdeckt man: Die Mehrzahl der Frauen trägt noch lange Kleider, die Kaiserzeit war noch nicht wirklich vorüber. Und in dieses Umfeld platzten diese ›verrückten Radikalen‹ mit ihrer Revolution der Formen. Auch die fatale politische Situation müsste dargestellt werden: Man steht in den Bauhauswerkstätten, sieht eine neue Welt entstehen und hört gleichzeitig die Maschinengewehre der verschiedenen europäischen Bürgerkriege Anfang der Zwanzigerjahre. In einer Bauhaus-Jubiläumsausstellung die ›Gleichzeitigkeit des Ungleichzeitigen‹ darzustellen, das wäre eine enorme Leistung. Ich denke also eher an eine Bauhaus-Symphonie und nicht so sehr daran, abermals die Ikonen abzustauben. Das Bauhaus ist eine der möglichen Reaktionen auf den chaotischen Beginn des 20. Jahrhunderts. Diese jungen Künstler, die sich zuerst in Weimar, dann in Dessau sammelten, waren heimgekommen aus dem Ersten Weltkrieg, der in seiner Grauenhaftigkeit und Menschenverachtung dem Zweiten nicht nachsteht. Es war alles zerstört, was den europäischen Menschen angeblich heilig gewesen war: der Wert des Individuums, die Brüderlichkeit, die Humanität. Die jungen Bauhäusler kamen aus der Kriegshölle, wo sie jeden Tag das Massensterben erlebt hatten, und sagten: *Wir wollen eine ganz andere Welt!* Fazit: Bauhaus-Ausstellung 2019:

Ich wünsche mir für Dessau ein ›Ausstellungswunder‹, ein großes Zeittheater, ein multimediales Ereignis, in dem das Erschreckende wie das Überraschende, das Deprimierende wie das Hoffnungsstiftende jener Zeit (Sozialstaat, Völkerbund, Pazifismus, Internationalismus, Lebensreform etc.) panoramatisch im Raum steht. Dann wird man die ›Realien‹ des Bauhauses, die Wagenfeld-Lampe wie die Breuer-Stühle, die Fotos der Stahl-Glas-Konstruktionen wie Guntas Stoffe als Zeugnis einer ganzheitlichen Utopie erkennen und nicht nur als inzwischen fast niedliche ›Design-Klassiker‹. Das Bauhaus in seiner Zeit zu orten und auch zu entidealisieren, die einzigartige ›Denkfabrik Humanität‹ zu zeigen und nicht beim ›Greatest Hits‹-Leihgaben-Fetischismus zu verharren: Das würde ich mir für 2019 wünschen.

Das Gespräch führten Gesine Bahr und Ingolf Kern.

»Es gibt mehr Maler am Bauhaus, als man glauben würde«

Schon die Bauhauszeitschrift machte 1929 auf die jungen Künstler der Schule aufmerksam. Die Stiftung Bauhaus Dessau tut es nun mit Arbeiten aus eigenem Bestand, und zwar in Remscheid

Das Bauhaus hatte zur bildenden Kunst ein widersprüchliches Verhältnis. Einerseits war dem ersten Direktor Walter Gropius die Anregung der »Problematiker unter den Malern«, wie er sie nannte, unentbehrlich, anderseits wollten er und viele andere eine ›Hochschule für Gestaltung‹ entwickeln, die Entwerfer für die Dinge des Alltags hervorbringen sollte. Und wenn es dann künftig noch Künstler geben sollte, so der Bauhausmeister László Moholy-Nagy, dann als ›Gestalter von Lichtrelationen‹ bzw. von ›Volumen- und Bewegungsbeziehungen‹. Experimente in diese Richtung gab es, doch schufen Lehrkräfte wie Schüler auch weiterhin mit traditionellen Mitteln und Techniken Gemälde, Grafiken und Plastiken. Der Schriftleiter der Bauhauszeitschrift Ernst Kállai stellte dazu mit feiner Ironie fest: »Es gibt mehr Maler am Bauhaus, als man glauben würde. Sie sind zwar ein wenig an die Wand gedrückt, besonders bei der Wandmalerei, aber solcher Druck erzeugt bei denen, die etwas taugen, einen gesunden Gegendruck und zwingt zur dauernden Selbstkontrolle.«

Das Bauhaus ist ohne die dort entstandene bildende Kunst nicht denkbar, auch wenn es um ihre Rolle heftige Debatten gab. Die geschaffenen Werke der Malerei, Grafik und Plastik können nicht unter dem Begriff ›Bauhauskunst‹ subsummiert werden: Die konzeptuelle und stilistische Spannweite reicht vom Spätexpressionismus über die Abstraktion bis hin zu figürlichen, teils sozialkritisch-konkreten und ab den späten Zwanzigerjahren auch surrealistischen Arbeiten. Und das betrifft nicht nur die Lehrergeneration mit den berühmten Namen von Paul Klee bis Wassily Kandinsky, sondern auch die letztlich zwei Generationen von Schülern, die dort wirkten. Die erste Schülergeneration war jene, aus der ab Mitte der Zwanzigerjahre selbst Lehrer am Bauhaus hervorgingen, wie beispielsweise Josef Albers, Joost Schmidt oder Hinnerk Scheper. Zu ihrem Werk gab es bereits viele Ausstellungen. Die zweite jedoch ist bislang weniger mit Aufmerksamkeit bedacht worden. So entstand als Gemeinschaftsprojekt der *Galerie der Stadt Remscheid*, des *Pro Arte Remscheid e.V.* und der Stiftung Bauhaus Dessau eine Ausstellung, die sich fast ausschließlich auf diese zweite Schülergeneration konzentriert, und das in bislang noch nie gezeigter Breite der künstlerischen Konzeptionen und Handschriften. Bis Ende Januar werden in Remscheid ausschließlich Werke aus der Sammlung der Stiftung Bauhaus Dessau präsentiert. Zahlreiche dieser Arbeiten waren in vergangenen Jahren durchaus schon zu sehen, aber fast immer in einem anderen Kontext und nicht in einer nur der bildenden Kunst gewidmeten Ausstellung.

Gezeigt werden nun Werke der Malerei, Grafik und Plastik von 59 Künstlern. Bei der Auswahl wurde darauf geachtet, möglichst von jedem Künstler, sofern verfügbar, sowohl Arbeiten aus dessen Frühwerk als auch aus späteren Lebensphasen vorzustellen. Darunter sind bekannte Künstler wie Max Bill, Xanti Schawinsky, Kurt Kranz oder Fritz Winter, aber auch weniger bekannte wie Heinz Loew, Friedl Dicker, Paul Reichle oder Roman Clemens. Viele der Arbeiten gelangten durch Schenkungen oder Dauerleihgaben in die Sammlung der Stiftung Bauhaus Dessau, einige erst in den vergangenen Monaten. Auf einige sei deshalb hier mit Dank an die Geber verwiesen. Von Mordecai Ardon wird ein Blatt aus der frühen Zeit des Bauhauses gezeigt. Ardon emigrierte 1933 nach Jerusalem, war ab 1935 unter anderem Professor an der *Hebrew University* und an der *Bezalel School for Arts & Crafts* (heute *Bezalel Academy of Arts and Design*) in Jerusalem und wurde zu einem der wichtigsten Vertreter der modernen israelischen Malerei. Der Fotograf, Experimentalfilmer und Maler Heinrich Brocksieper ist mit Arbeiten aus den Fünfziger- und Sechzigerjahren vertreten. Claire Wagner Kosterlitz hingegen wirkte vor allem in den Vereinigten Staaten: Ihre poetischen Bildschöpfungen spiegeln die Urbanität von New York und ihrer zeitweisen Schweizer Heimat gleichermaßen wider. Wilhelm Imkamps Werk kann mit Beispielen aus den Jahren von 1926 bis 1962 in seiner Entwicklung verfolgt werden. Der Maler Fritz Kuhr ist mit fantastischen Arbeiten aus der Zeit am Bauhaus, wo er seine ersten Ausstellungserfolge feiern konnte, sogar zu unterrichten begann, und mit einem Bild aus dem Jahre 1948 vertreten, als er eine Professur an der *Hochschule für bildende Künste* in Berlin bekam. Weitere ›Neuzugänge‹ der vergangenen Jahre waren Arbeiten von Petra Petitpierre, Paul Reichle, Leo Grewenig, Irmgard Sörensen-Popitz und Xanti Schawinsky.

Das Konzept der Ausstellung sowie der begleitenden Publikation wurde von Lutz Schöbe, Wolfgang Thöner und Oliver Zybok gemeinsam erarbeitet. Der 192 Seiten umfassende Katalog, der in Deutsch und Englisch im Verlag Hatje Cantz erschienen ist, bildet alle Arbeiten ab und bietet die Kurzbiografien der Künstler. Lutz Schöbe beleuchtet in seinem Essay die Rolle der bildenden Kunst am Bauhaus und insbesondere das Wirken in den Malklassen bei Kandinsky und Klee. Ein weiterer Text zeigt die widersprüchliche Geschichte des bildkünstlerischen Schaffens von Bauhausschülern in der DDR auf und Oliver Zybok schlägt dann in seinen Beiträgen den Bogen von der Lehre der Künstler am Bauhaus zu heutigen Lehrkonzepten und fragt nach der Rezeption der Bauhauskunst in der zeitgenössischen Kunstszene. Wolfgang Thöner

Bis 26. Januar 2014, Galerie der Stadt Remscheid, Scharffstraße 7—9; Führungen: So, 12. Januar und 26. Januar, jeweils um 15 Uhr, sowie Do, 9. Januar und 23. Januar, jeweils um 17.30 Uhr. Bei Hatje Cantz ist der Katalog zur Ausstellung erschienen. Er kostet 32 Euro.

Künstlerliste August Agatz, Walter Allner, Mordecai Ardon, Theo Balden, Eugen Batz, Johannes Berthold, Max Bill, Erich Borchert, Marianne Brandt, Heinrich Brocksieper, Roman Clemens, Erich Comeriner, Friedl Dicker, Werner Drewes, Franz Ehrlich, Max Enderlin, Martha Erps, Werner Gilles, Werner Graeff, Leo Grewenig, Karl Herrmann Haupt, Albert Hennig, Johann Karl Herrmann, Ludwig Hirschfeld-Mack, Otto Hofmann, Wilhelm Imkamp, Peter Keler, Ida Kerkovius, Walter Köppe, Kurt Kranz, Erich Krause, Hermann Werner Kubsch, Fritz Kuhr, Margarete Leiteritz, Jean Leppien, Fritz Levedag, Wilhelm Löber, Heinz Loew, Rudolf Lutz, Carl Marx, Erich Mende, Heinrich Neuy, Gyula Pap, Rudolf Paris, Petra Petitpierre, Henri Pfeiffer, Grete Reichardt, Paul Reichle, Karl Peter Röhl, Hajo Rose, Reinhold Rossig, Xanti Schawinsky, Oskar Schepp, Fritz Schleifer, Kurt Schmidt, Irmgard Sörensen-Popitz, Claire Wagner Kosterlitz, Franz Wildenhain, Fritz Winter

Das Bauhaus. Die Kunst der Schüler. Werke aus der Sammlung der Stiftung Bauhaus Dessau
Bei der Ausstellung handelt es sich um eine Kooperation der Galerie der Stadt Remscheid, von Pro Arte e.V. Remscheid und der Stiftung Bauhaus Dessau. Kuratoren: Lutz Schöbe, Wolfgang Thöner und Oliver Zybok

Hajo Rose: *Gestaltungsübung* (selbstgestellt), 1931,
Aquarell über Bleistift auf Karton, 51×36,5 cm

Die Docking Station

Jörg Klambt betreibt den neuen designshop bauhaus dessau mit Produkten, aber vor allem mit frischen Ideen

Der Gast des Dessauer Bauhaus wird seit Anfang Oktober auf vornehm moderne Weise begrüßt. In der ehemaligen Tischlerei im vollverglasten Werkstattflügel der Gropius-Ikone wurde eine großzügige Empfangsebene eingerichtet, die schon vom Vestibül aus zu erkennen ist. Großzügig und lichtdurchflutet ist dieser Raum, in dem nun der Ticket- und Informationstresen steht und wo im hinteren Bereich Bücher und Designobjekte den leidenschaftlichen Bauhaus-Fan zum Kauf animieren wollen.

Im ersten Moment erscheinen die präsentierten Stühle, Sessel und Tische, die Stoffe, Lampen, Kerzenständer und Aschenbecher wie eine wohlinszenierte Ausstellung. Doch dann begreift man, dass dies Bauhaus zum Mitnehmen ist. Zusammengestellt wurden diese Kollektionen von Jörg Klambt, dem neuen Betreiber des *designshop bauhaus dessau*. Seine Firma *muse store* ist bekannt für individuelle Museumsshops, bei der die Konzepte für jeden Standort maßgeschneidert werden.

Für den neuen Shop im Bauhaus Dessau hat er die zeitlosen Möbelklassiker berühmter Bauhäusler wie Marcel Breuer oder Mies van der Rohe ins Sortiment genommen. Sie stehen direkt neben den edlen Teeservices von Marianne Brandt und Teppichen nach Originalentwürfen von Gunta Stölzl und Anni Albers. Nur hier im Bauhausgebäude kann man eine Auswahl der unter Fair-Trade-Bedingungen produzierten Textilien des britischen Herstellers Christopher Farr in Deutschland direkt erwerben.

Doch Klambt ist kein Retro-Fetischist, sondern recherchiert ständig und eifrig nach zeitgenössischen Produkten, die die Formgebungen des Bauhauses adaptieren oder reflektieren. So hat er jungen Designern der *Hochschule Anhalt* eine Plattform gegeben. Das durch Studierende und Lehrende in Dessau initiierte VorOrt-Haus wird nun im Bauhaus auf seine Marktfähigkeit überprüft.

Großen Raum nimmt das Spielzeug ein, was natürlich gerade in der ehemaligen Tischlerwerkstatt besonders passend ist, werden die Spielsachen doch meist von ambitionierten Holzmanufakturen aus aller Welt hergestellt.

Speziell für den Einsatz im Bauhaus wurde das zurückhaltend filigrane Stahlmobiliar des Shops entworfen und umgesetzt. Das Kölner Büro Meyer Voggenreiter Projekte entwickelte die Elemente in Anlehnung an Arbeits- und Zeichentische, die auf historischen Fotos der Werkstätten und Vorkursräume des Bauhauses zu sehen sind. ›Systemisch‹ nennt das Büro sein Gestaltungsprinzip und bezeichnet damit das Serienprinzip und die unterschiedliche Addierbarkeit der Teile. Der Tresen wurde in monolithisch anmutender, kubischer Ausführung als Einzelobjekt deutlich davon abgesetzt.

›Shop‹ meint im Englischen nicht nur Verkaufsstellen, sondern eben auch Werkhallen. Genauso versteht Jörg Klambt sein Geschäft: als ein Labor für Experimente, als eine *Docking Station* für Ideen. Wie nah ist dieser Ansatz doch dem Bauhaus in der aktiven Zeit! Auch damals wurden Prototypen zur Serienreife gebracht und hier im Haus interessierten Produzenten und Käufern vorgeführt, es wurden Testobjekte präsentiert und erst durch Überprüfung durch potenzielle Kunden optimiert und vertrieben. In der ersten Woche nach der Eröffnung richtete Jörg Klambt eine temporäre ›Bauarena‹ ein, in der ein Tischler ganz praktisch hochwertige Gestaltung für geringes Geld demonstrierte. Er fertigte aus Kiefernholz ›Hartz IV‹-Stühle des jungen Architekten Van Bo Le-Mentzel, *Latte*, ein Bücherregal von Alex Valder, und einen Schreibtisch des italienischen Design-Altvaters Enzo Mari. Gleichermaßen ist der Laden selbst als Versuchsort konzipiert, er wird sich immer wieder verändern und erweitern. Aktuell ist das Buchsortiment eng mit der zeitgenössischen Arbeit der Stiftung verknüpft, es werden Werke zum Umgang mit schrumpfenden Regionen und zu aktuellen Gestaltungstheorien angeboten, daneben natürlich zahlreiche Literatur und Bildbände zu den Persönlichkeiten und der Geschichte des Bauhauses. Wenn jetzt die große Ausstellung *Mensch-Raum-Maschine* zur Geschichte der Bauhausbühne läuft, wird sich Jörg Klambt des Schlemmer'schen Formenfundus bedienen. Er lächelt verschmitzt auf die Frage nach weiteren Ideen zu zukünftigen Sortimenten und sagt, dass er sich derzeit intensiv damit beschäftigt, wie die Bauhäusler wohl Weihnachten gefeiert haben. Lassen wir uns überraschen! Christine Rüb

Neues Besucherzentrum: Mehr Erlebnis, mehr Service

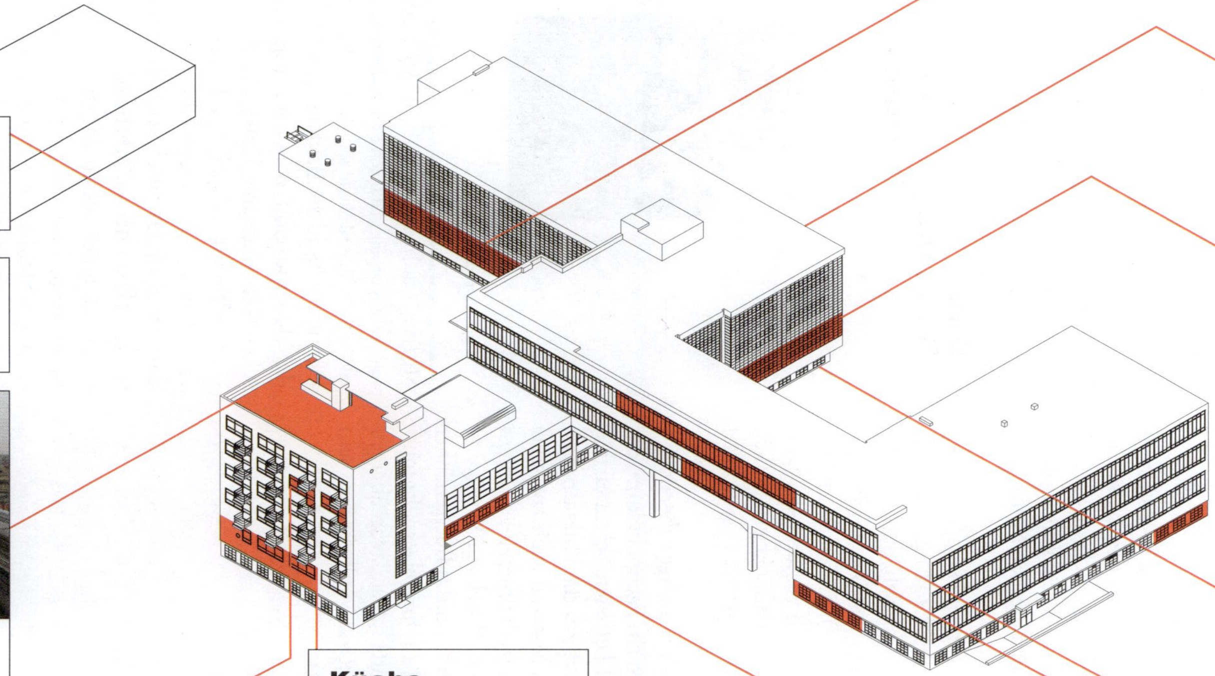

Garderobe Toiletten
Fertigstellung Mai 2014

Radwandererbereich „bauhausstation“
Fertigstellung Mai 2014

Öffentliche Dachterrasse
Fertigstellung Mai 2014

Küche
Fertigstellung Mai 2014

Besucherempfang mit Designshop
Fertigstellung Oktober 2013

Erstinformation Bauhausstadt
Fertigstellung September 2014

Einführung Bauhausgebäude
Fertigstellung Anfang 2014

Bauhauslounge
Fertigstellung Mai 2014

Personalisierte Atelierzimmer
Fertigstellung Ende 2013

Reinszenierte Atelierzimmer
Fertigstellung Oktober 2013

Gymnastikraum
Fertigstellung Anfang 2014

Vorzimmer und Gropiuszimmer
Fertigstellung Mai 2014

Gegenwartslabor
Fertigstellung Mai 2014

◄ In der ehemaligen Bauhaus-Tischlerei kann der geneigte Besucher nun stylish shoppen

Buchtipps

Wilfried Wang, Dan Sylvester (Hg.): *Hans Scharoun. Philharmonie Berlin 1950—1963.* 256 Seiten mit 100 Schwarz-Weiß- oder farbigen Abbildungen und 170 Zeichnungen und Plänen. Tübingen, Ernst Wasmuth Verlag, 2013, 39,80 Euro

Die Berliner Philharmonie ist in vielerlei Hinsicht ein Meisterwerk der Architektur und als solches weltberühmt (übrigens, ohne dass die Berliner dies je wirklich begriffen hätten). Daher scheint es kaum verwunderlich, wenn eine international aufgestellte Publikationsreihe dieses *chef d'œuvre* Hans Scharouns in einer eigenen Monografie ausführlich würdigt.

Vier Aufsätze nähern sich dem Thema: der Person Hans Scharouns, der Bauaufgabe Konzerthaus, der Ausführung der Philharmonie sowie ihrer viel gerühmten Akustik. Hunderte von Abbildungen dokumentieren den komplexen Entstehungsprozess: erste Planungen (teils noch für den alten Standort an der Bundesallee), Entwurfs- und Detailzeichnungen, Baustellenfotos und schließlich vierfarbige Ansichten des heutigen Zustandes. Sie zeigen einen Bau, der erstaunlich frisch und jugendlich erscheint, obwohl er doch bereits 1963 eröffnet wurde, also vor 50 Jahren!

Das Buch im markanten Querformat mit dem orangefarbenen Cover wendet sich zweifellos in erster Linie an ein Fachpublikum, das an planerischen Informationen, Grund- und Aufrissen, Schnitten und einer Fülle von historischem Material rund um die Philharmonie nicht allein interessiert ist, sondern dieses Material auch zu ›lesen‹ versteht. Die Berliner *Akademie der Künste* stellte hierzu aus ihrem Scharoun-Archiv wertvolle Bestände zum Abdruck zur Verfügung. Einen Besuch in der Philharmonie freilich kann das Buch nicht ersetzen. Wer Scharoun begreifen will, muss zu ihm pilgern. Er muss sich in dieser spätexpressionistischen Urhütte selbst davon überzeugen, dass Architektur — tatsächlich — so etwas Merkwürdiges sein kann wie: gefrorene Musik. Christian Welzbacher

Anke Blümm: *»Entartete Baukunst«? Zum Umgang mit dem Neuen Bauen 1933—1945.* 448 Seiten mit 172 Schwarz-Weiß-Abbildungen. Paderborn, Wilhelm Fink Verlag, 2013, 49,90 Euro

Hass auf die Moderne war seit den Zwanzigerjahren das Programm des rechtsradikalen ›Kampfbundes für die deutsche Kultur‹, der nicht allein gegen Kunst, sondern auch gegen die Architektur wetterte. Das Verunglimpfen der Stuttgarter Weißenhofsiedlung als ›Araberdorf‹ (siehe *Bauhaus 5*), der Zehlendorfer Dächerkrieg, der Flach- und Steildächer zu Ausdrucksformen ideologischer Gesinnung stilisierte, die Polemiken der Zeitschrift *Deutsche Bauhütte* gegen die einstürzenden Neubauten des Neuen Bauens — all dies waren nur Indizien für eine Entwicklung, die 1933 richtig Fahrt aufnehmen sollte. Allerdings blieb diese Entwicklung widersprüchlich. Denn während nationalsozialistische Industrie- und Verwaltungsbauten die klassische Moderne weiterführten (verwiesen sei auf die noch immer lesbare Publikation *Bauhaus-Moderne im Nationalsozialismus* von 1993), wurden etwa im Wohnungsbau Flachdächer baurechtlich verboten. Gleichzeitig versuchten die Machthaber, Bauten der Moderne zu zerstören oder zu überformen — in einer Weise, die an die Radikalität der Aktion ›Entartete Kunst‹ erinnert und daher den Titel des vorliegenden Buches rechtfertigt. Allein das Fallbeispiel Dessau zeigt die ganze Tragweite: Das Bauhausgebäude erhielt ein flaches Satteldach, die großen Atelierfenster der Meisterhäuser verschwanden zugunsten einer Reihe kleiner Öffnungen, das Arbeitsamt stand vor dem Abriss, die Siedlung Törten wurde gnadenlos überformt. Anke Blümms Doktorarbeit blättert ein wichtiges Kapitel im Umgang mit der Moderne auf. Ein gründliches, auf schreckliche Weise spannendes — vor allem: ein überfälliges Buch. Christian Welzbacher

Stiftung Bauhaus Dessau (Hg.): *Das Bauhausgebäude in Dessau.* Mit Texten von Christin Irrgang und Ingolf Kern und einem Bildessay von Nikolaus Brade. 160 Seiten inkl. 26 Seiten Bildteil plus historische Aufnahmen. Leipzig, Spector Books, 2013, 9,90 Euro.

Der fünfte Band der Bauhaus-Taschenbücher widmet sich der Ikone der Moderne selbst: dem Bauhausgebäude. Im Stil einer architektonischen Gebrauchsanweisung wird der Leser durchs Gebäude geführt — vom Werkstattflügel über die Festebene bis zum Atelierhaus. Aber er soll nicht nur sprachlos begeistert sein, sondern auch erfahren, dass das Bauhaus durchaus architektonische Vorbilder besitzt und im Zweckbau des 19. Jahrhunderts seine Wurzeln hat. Eisen-Glas-Konstruktionen waren damals en vogue und hatten sich bereits in Bahnhöfen, Fabriken und Weltausstellungspalästen durchgesetzt. Auch der Stahlbeton war seit 1900 ein gängiges Baumaterial. Walter Gropius entwickelte also in Dessau architektonische Ideen weiter, die er vor dem Ersten Weltkrieg beim Bau der Fagus-Werke in Alfeld an der Leine erstmals erprobt hatte. Wie in Niedersachsen bestimmt auch in Dessau die Glasfassade das Äußere des Werkstattflügels. Spürbar ist die Faszination für die neuen Materialien, die eine durch und durch transparente Fabrik entstehen lassen. Das Buch untersucht die Prinzipien von Transparenz, Leichtigkeit und Sinnlichkeit, die den Entwurf von Gropius kennzeichnen. Und es zeigt, wie das »Raumschiff« städtebaulich verortet wurde. Verweise auf die Rezeption des Gebäudes und auf die vielschichtige Nutzungsgeschichte runden den Band ab. Bauhaus für die Hosentasche. Fehlt nur noch das Ticket. bhd

Stefan Rettich (Hg.): *Magazin theorie + entwerfen*, Nr. 3/4. School of Architecture Bremen, 2013. 14 Euro

Ausgangspunkt des Magazins der *School of Architecture Bremen* sind 14.000 Wohnungen, die in diesem Bundesland fehlen. Der erste Teil des Hefts beschreibt die qualitativen Dimensionen des Problems. Die Ausdifferenzierung der sozialen Gruppen in Milieus und Lebensstilgruppen, die Wohnung als Ware, das Recht auf Wohnen und die regionale Polarisierung (je urbaner die städtische Situation, desto mehr Singles) führen zur Frage: »Für wen und in welchen Lagen sollen die fehlenden Wohnungen heute errichtet werden?« (Stefan Rettich)

Der zweite Teil ist anwendungsorientiert und zeigt konkrete Quartierskonzepte für den strukturschwachen Bremer Stadtteil Gröpelingen: »Könnte der Wohnungsmangel nicht in ein Instrument der Stadtentwicklung umgemünzt werden und dazu dienen, marginalisierte Gebiete aufzuwerten?« In den städtebaulichen Untersuchungen und architektonischen Ideen der Studierenden wird die ganze Vielfalt der ›neuen‹ Wohnungsfrage aufgefächert. Integration marginalisierter sozialer Gruppen; Nutzung von Brachflächen und neue Landschaft; Mischung von Arbeiten und Wohnen, Jung und Alt, Arm und Reich; Wohnen in unterschiedlichen Geschwindigkeiten; städtebauliche Akupunktur und unterschiedliche Wohnkarrieren — so lauten die Stichworte für die architektonischen Projekte.

Den Studierenden gelingt es, Forschen und Entwerfen zu verbinden und realisierbare städtebauliche Perspektiven für den Bremer Stadtteil Gröpelingen aufzuzeigen. Darüber hinaus werden die theoretischen Zusammenhänge von sozialräumlichen Problemstellungen und architektonischen Konzepten neu gedacht. wp

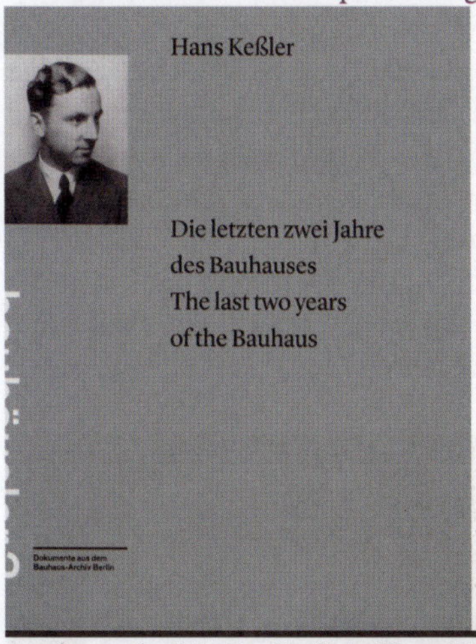

Bauhaus-Archiv Berlin (Hg.): *Hans Keßler. Die letzten zwei Jahre des Bauhauses. Briefe eines Bauhäuslers an seine Mutter / The last two years of the Bauhaus. Letters of a Bauhäusler to his mother.* Aus der Serie: *Bauhäusler. Dokumente aus dem Bauhaus-Archiv Berlin.* Band 2. 167 Seiten, zahlreiche Abbildungen. Berlin 2013, erhältlich im Bauhaus-Archiv / Museum für Gestaltung Berlin für 14,90 Euro, bei Versand über den bauhaus-shop 19,90 Euro

Im Herbst 1931 begann Hans Keßler sein Studium am Bauhaus in Dessau. Ein Jahr später wurde die Hochschule unter politischem Druck der Nationalsozialisten geschlossen, es folgte die Übersiedlung nach Berlin. Keßler war bis zur endgültigen Auflösung im Sommer 1933 am Bauhaus eingeschrieben und verfasste in dieser für ihn sehr prägenden Zeit knapp einhundert Briefe und Postkarten an seine Mutter. Die Schriftstücke zählen zu den wenigen erhaltenen Quellen aus den letzten zwei Jahren des Bauhauses. Sie wurden nun im zweiten Band der Reihe *Bauhäusler. Dokumente aus dem Bauhaus-Archiv Berlin* vollständig herausgegeben.

Begeistert berichtet Hans Keßler vom Unterricht und den ungewöhnlichen Lehrmethoden. Er zeichnet ein subjektives, aber auch detailliertes Bild der damaligen Situation. Die politischen Ereignisse und ihre Auswirkungen auf die Schule kommentiert der Student zumeist nüchtern und treffend. Hans Keßler beschreibt die vergeblichen Bemühungen um eine Wiedereröffnung nach Durchsuchung und Versiegelung des Bauhauses im April 1933. Zu dieser Zeit steht er kurz vor Abschluss seines Studiums. Im Sommer ist das Bauhaus Geschichte, ein Diplom erhält er nicht mehr.

Lebendig schildert er in seinen Briefen auch private und alltägliche Begebenheiten, wodurch man einen tiefen Einblick in die Stimmungslage und das Miteinander der Bauhäusler in diesen Jahren erhält.

Zahlreiche Fotografien sowie Arbeiten Hans Keßlers aus dem Unterricht illustrieren die zweisprachig erschienene Publikation. Ein Anhang mit Biografie und Chronik rundet das sehr lesenswerte Buch ab. sts

Kerstin Plüm (Hg.): *Mies van der Rohe im Diskurs. Innovationen — Haltungen — Werke — Aktuelle Positionen.* 228 Seiten, zahlreiche Abbildungen. Bielefeld, transcript Verlag, 2013, 24,80 Euro.

Mies van der Rohe kommt einem manchmal vor wie die Eiche, an der sich jede kleine Sau einmal schubbern möchte. So nimmt es nicht wunder, dass sich wieder einmal die deutsche Drittmittelgelehrsamkeit dem Thema ›Mies‹ angenommen hat und es diesmal ›im Diskurs‹ nach Herzenslust kannibalisiert. Der vorliegende Band ging aus einem Krefelder Symposium zu Mies' 125. Geburtstag hervor und versammelt die dort zum Besten gegebenen Beiträge in Form von acht, thematisch leider völlig beliebigen Aufsätzen. Vier Texte beziehen sich auf Mies' Schaffen der Zwanzigerjahre und verhandeln Spezialfragen, darunter, welchen Bezug der dritte Bauhaus-Direktor zum Film hatte und wie sich dies in seinen Arbeiten niedergeschlagen haben könnte. Mittendrin steht ein Beitrag, der das Phänomen ›Glashaus‹ erörtert und dabei bis in die Gegenwart blickt. Dann folgt ein alleinstehender Aufsatz, der Mies' Wirkung auf die (mittlerweile einfach unvermeidliche) Nachkriegsmoderne in Deutschland untersucht. Zuletzt geht es um den rekonstruierten Barcelona-Pavillon und Jeff Walls Fotoarbeit *Morning Cleaning*, also: die Reaktion der Kunst auf eine Ikone der Moderne.

Man mag den einen oder anderen hier verhandelten Aspekt für halbwegs interessant, unter Umständen sogar für relevant halten. Die Mies-Forschung revolutionieren, die ewig-gleiche Affirmation dieses Superhelden der Moderne endlich einmal brechen, wird dieses Buch nicht. Ohnehin wollen Sammelbände dieser Art, wie sie die deutschen Hochschulen täglich zu Tausenden ausstoßen, nicht gelesen werden. Sie dienen dazu, die Publikationslisten der Beteiligten zu verlängern.

Das zeigt sich bereits beim Blick in die aufgeblähten Fußnotenapparate, in denen sich die hier versammelten Mies-Exegeten in Selbstzitaten regelrecht suhlen. In diesem Sinne: Bitte entweder Naturschutz für die Eiche Mies und die Sauen in den Kofen. Oder besser: Heraus mit den grundsätzlichen Revisionen des Mythos Mies. Christian Welzbacher

Anonym: *Die rote Köchin. Geschichte und Kochrezepte einer spartakistischen Zelle am Bauhaus in Weimar.* 213 Seiten, Mainz, Ventil Verlag, 2012, 15,90 Euro.

Ein Stapel handgeschriebener Blätter ist alles, was von Hannah geblieben ist. Jener jungen Frau, die am Bauhaus in Weimar studiert, Mitglied einer spartakistischen Zelle unter den Studenten ist und im Restaurant nicht unweit vom Bauhaus kocht. Sie ist *Die rote Köchin*, die mit ihren Gerichten die Arbeiter für die Revolution zu gewinnen versucht. In diesem autobiografischen Roman sind die Erinnerungen von Hannah zu Beginn der Zwanzigerjahre niedergeschrieben. Unter ihren Kampf um ein besseres Leben, das mit Waffen und Sprengstoff nicht immer unblutig bleibt, mischen sich Kochrezepte, von der Vorspeise bis zum Nachtisch. Darunter auch Rezepte, die der ›Chef‹ besonders gern aß. Der ›Chef‹ ist der Bauhausgründer Walter Gropius. Nicht nur er taucht in Hannahs Erinnerungen auf, sondern auch andere Meister der berühmten Hochschule für Gestaltung wie Klee oder Kandinsky. Auf diese bedeutenden Lehrmeister trifft sie vor allem im Unterricht, aber auch außerhalb der Schule.

Dabei lässt der anonyme Autor offen, ob es sich um wahre Geschichten oder reine Fiktion handelt. Dieses Buch schlägt ein Kapitel in der Geschichte auf, in dem das Leben erschreckend brutal erscheint. Die vielen beschriebenen passionierten Diskussionen mit Freunden und Lehrern, an denen Hannah teilnimmt, geben ungeahnte und verblüffende Einblicke in die Zeit am Weimarer Bauhaus — wenn denn die Geschichte um die rote Köchin stimmt. Nicht immer sind die in Tagebuchform niedergeschriebenen Erlebnisse und Erinnerungen der Bauhausstudentin leichte Kost. Dennoch ist dieses Buch, das sich zwischen Doku-Fiction und Kochbuch bewegt, erstaunlich vielfältig und spannend. ma

Jenseits des rechten Winkels

Zerstörte Vielfalt und ihre Folgen — Daniel Libeskind zeigte bei seiner Rede am Bauhaus Dessau, wie er die Ideen der Gestaltungshochschule in seiner Arbeit weiterentwickelte

»Es passieren Sachen, die zuerst unmöglich scheinen — Bauhaus ist eine davon.« Keine Scheu vor großen Worten zeigte der US-amerikanische Architekt Daniel Libeskind, der im Rahmen der Eröffnungsveranstaltung des *Triennale der Moderne*-Wochenendes am 11. Oktober 2013 im Bauhaus Dessau einen Vortrag hielt. Libeskind, der polnische Wurzeln hat und einen Teil seines Lebens in Israel verbrachte, ist in Deutschland vor allem bekannt für seine Entwürfe für das *Militärhistorische Museum* in Dresden und das *Jüdische Museum* in Berlin — Gebäude, die sich mit den Traumata des letzten Jahrhunderts architektonisch auseinandersetzen. Im Bauhaus sprach er unter dem Thema *The Meaning of Bauhaus Today* über seine Arbeit als Architekt und präsentierte sein umfangreiches Oeuvre, welches Arbeiten als Innenarchitekt, Stadtplaner, Industriedesigner, Bühnen- und Kostümbildner einschließt. So übernahm er — ähnlich wie beispielsweise Mies van der Rohe bei seinen Villen und Bungalows — für das 18.36.54-Haus in Connecticut nicht nur den Entwurf, sondern auch die gesamte Inneneinrichtung. Damit hat es sich aber schon mit den Analogien, erinnert doch besagtes Haus mit der von Holz dominierten Ausstattung eher an eine Höhle mit allerlei Winkeln, von denen aber keiner 90 Grad zu haben scheint, als an einen raumoffenen Wohnkubus à la Mies. Wie viele Entwürfe von Libeskind sieht besagtes Gebäude nicht so aus wie ein prototypisches Wohnhaus im *common sense* — das ist gewollt, tritt doch Libeskind auch an, um die Mittelmäßigkeit zu überwinden, die mit ihrer glatten Schönheit und Angepasstheit zwar auf breite Zustimmung stoße, dafür aber Authentizität und Charakter vermissen lasse. Das sei immer auch ein Marathon — wie ihn auch das Bauhaus mit dem hehren Ziel ›Ewigkeit‹ angetreten habe.

Geprägt von seinen aus Deutschland emigrierten Dozenten, die die Lehre des Bauhauses in die USA brachten, sei das Bauhaus für ihn nicht nur eine ›abstrakte Idee‹, sondern eminent wichtig für sein Leben und seine Arbeit. In Letzterer strebt Libeskind an, die Ideen des Bauhauses für die heutige Zeit weiterzudenken. Manches greift er dennoch auf, beispielsweise die Tradition des Bauhauses, lebens- und preiswerten Lebensraum für Arbeiter zu entwickeln — etwa in einer Arbeitersiedlung in Sri Lanka. Im anschließenden Gespräch gab sich Libeskind betont optimistisch und forderte auf, sich auch im Bereich der Architektur für Utopien zu begeistern und dabei niemals aufzugeben. Er erinnerte daran, dass auch das Dessauer Bauhausgebäude »ein Schock war, und jetzt nehmen wir es als selbstverständlich an«. Nina Sieverding

Der amerikanische Architekt Daniel Libeskind gab sich im Oktober ► 2013 im Bauhaus Dessau die Ehre

Paul Klee: *Gestirne über bösen Häusern*, 1916, Aquarell auf Gipsgrund ►► mit Gouache, auf Karton, © Merzbacher Kunststiftung

Ich Kristall

Die Jahre vor dem Bauhaus: Paul Klee und der Erste Weltkrieg

Die Bonner Bundeskunsthalle zeigt noch bis zum 23. Februar 2014 in der Ausstellung *1914. Die Avantgarde im Kampf*, wie die europäischen Künstlerbewegungen auf den Ersten Weltkrieg reagierten. Im fulminanten Katalog (Snoeck) schreibt Christine Hopfengart über die ›schöpferische Bereicherung‹, die Paul Klee aus der Urkatastrophe zog. Wir zitieren Auszüge:

Als der Krieg in den ersten Augusttagen 1914 begann, war Klee im Sommerurlaub in seiner Heimatstadt Bern. Die politischen Ereignisse nahm er nur am Rande wahr, und erst ein Brief von Wassily Kandinsky, der Deutschland als ›feindlicher Ausländer‹ verlassen musste, schreckte ihn auf[1]. Anders als Kandinsky reagierte Klee jedoch nicht mit Angst und Abscheu, sondern dachte vor allem an die Auswirkungen auf die Kunst und erhoffte sich eine Verbesserung seiner wirtschaftlichen Situation. »[W]er weiss«, antwortete er, »ob der nationale Aufschwung Deutschlands uns nicht auch wieder Mittel bringt (Mut und Geld vonseiten der Förderer und Verleger), zu denen unter dem Druck der letzten Jahre der Mut gefehlt hat.«[2]

Erst bei seiner Rückkehr nach München nahm er auch andere Aspekte des Krieges wahr. Er sah die Aufmärsche der Soldaten und die Verstümmelten, die nur noch über ein einzelnes »bayerischblaue[s] Bein« verfügten oder deren Ärmel bereits am Ellenbogen umgeschlagen waren. In kleinen Zeichnungen wie *D Krieg welcher das Land verwüstet*, 1914, oder *tod auf d. Schlachtfeld*, 1914, reagierte er darauf. Mit mitleidendem Entsetzen haben diese nervösen Miniaturen allerdings ebenso wenig zu tun wie mit nationaler Selbstgewissheit. Vielmehr ist ein boshafter Unterton zu spüren, der Täter wie Opfer gleichermaßen trifft. […]

Schon in seinem Briefwechsel mit Kandinsky hatte Klee sein Desinteresse gegenüber Krieg und nationalen Fragen formuliert. »Für die nicht-künstlerischen Kulturbestrebungen bin ich nicht zuständig«, ließ er ihn wissen, »und kann auch nichts Genaues mir unter ihrer nächsten Zukunft vorstellen. Es ist eben zweierlei, in der Stille das Unmögliche zu vollbringen, und gegen die Traditionen der mächtigen Realitäten ankämpfen.«[3] […]

Wenig später wurde er herausgefordert, seine Haltung zu präzisieren. Denn sein Freund Franz Marc zwang ihn in eine Diskussion über den Sinn des Krieges, die ihn zu einer Stellungnahme veranlasste. […] Aus freundschaftlicher Sympathie wollte Klee eine direkte Konfrontation mit dem Freund vermeiden, für sich selbst stellte er sich jedoch der Herausforderung, seine Position präzise zu definieren. In aphoristisch formulierten Tagebucheinträgen umriss er seine unpolitische und weltferne Haltung. Er kleidete sie in die Chiffre eines Kristalls und schrieb. »Kann ich denn sterben, ich Kristall? […] Ich habe diesen Krieg längst in mir gehabt. Daher geht er mich innerlich nichts an. […] In dieser Welt weile ich nur noch in der Erinnerung, wie man zuweilen zurückdenkt.«[4]

[1] Brief von Wassily Kandinsky an Paul Klee, 15.8.1914, Zentrum Paul Klee, Bern, Schenkung Familie Klee.

[2] Brief von Paul Klee an Wassily Kandinsky, 18.8.1914, Gabriele Münter- u. Johannes Eichner-Stiftung, München; zit. nach *Paul Klee. Leben und Werk*, hg. vom Zentrum Paul Klee, Ostfildern 2012, S. 89.

[3] Ebd.

[4] Paul Klee, Tagebücher Nr. 951, 952, in: *Paul Klee. Tagebücher 1898–1918*, hg. von der Paul-Klee-Stiftung, Kunstmuseum Bern, bearb. von Wolfgang Kersten, Stuttgart/Teufen 1988, S. 366.

Architektur im Licht der Landschaft

Le Corbusier setzte einen baulichen Meilenstein nach dem anderen — in die Landschaft und in die Architekturgeschichte der Moderne. Dafür wurde er gehasst und geliebt. Ob zu Recht, damit haben sich eine Ausstellung im *Museum of Modern Art* (*MoMA*) in New York und Regina Bittner beschäftigt

An einem Hang in Poissy, wo die betuchte Pariser Bourgeosie schon zu Beginn des vergangenen Jahrhunderts Zuflucht vor den Anstrengungen der Metropole suchte, schwebt mit der Villa Savoye ein Meilenstein der Architekturgeschichte des 20. Jahrhunderts. Erdacht hat diese auf Stützen (Pilotis) stehende Box Le Corbusier. Sie kann inzwischen als paradigmatisch für seine *Fünf Punkte zu einer neuen Architektur* gelten. Während die Öffnungen und Symmetrien der Fassaden jegliche Vorstellungen von vorn und hinten aufhoben, erschließt sich das differenzierte Raumprogramm erst durch den ›Architektonischen Spaziergang‹: von der Eingangshalle im Erdgeschoss über die Rampe zu den Terrassen bis zum Solarium auf dem Dach. An diese innere Infrastruktur sind die Dienst- und Wohnbereiche angegliedert. Der Grundriss ist frei gestaltet, da das Haus durch Verwendung von Stahlbeton keine tragenden Mauern mehr benötigt. Dasselbe gilt für die Fenster: Entlastet von der tragenden Funktion, wird ihre Anlage von den Aussichten bestimmt, die man von innen hat. Dieser ›schwebende Kasten‹, wie ihn der Architekt selbst beschrieb, wies allerdings erhebliche bauliche Mängel auf: Der Briefwechsel mit der Hausherrin Eugénie Savoye gibt Auskunft über die Nässeschäden auf den Terrassen, Risse in der Rampe, Schäden an den Wänden. Der Architekt schien wenig Interesse an diesen Details zu zeigen — schließlich feierte die Villa bereits internationale Erfolge.

Le Corbusier schlug 1929 in einem Vortrag in Buenos Aires eine Siedlung vor, die aus 20 Repliken der Villa Savoye bestehen sollte.[1] Drei Jahre später wird sie in der Ausstellung *The International Style* im *MoMA*, New York, präsentiert. Die hier gezeigten Bauten sollten für einen neuen Stil stehen, der sich an drei Prinzipien ausrichtet: einer Architektur als umschlossenem Raum, die von modularer Regelmäßigkeit sowie der Vermeidung von aufgesetzter Dekoration bestimmt wird. Eine universelle, an formalen Kriterien orientierte Ästhetik wurde propagiert, die die lokalen Kontexte der Bauten vollkommen ausblendete. Schon bald erfuhr diese Reduktion einer — in der Realität äußerst heterogenen — modernen Architekturkultur auf wenige formale Merkmale eines *International Style* heftige Kritik. Lediglich bei der Einordnung des Oeuvres von Le Corbusier in eine solche Lesart regte sich lange Zeit wenig Widerstand. Schließlich hat er wie kaum ein anderer nach radikalen Formulierungen für Bauten und Städte im Maschinenzeitalter gestrebt. Für seine technokratischen Stadtvisionen wurde er gehasst, sein Name steht bis heute als Apotheose für die Verfehlungen des modernen Urbanismus. Er zählt zu den Ausnahmefiguren des 20. Jahrhunderts, die bereits rund um den Globus unterwegs waren, als der ›globale Stararchitekt‹ noch nicht einmal geboren war. Bei dieser — dank Innovationen in Transport und Verkehr möglich gewordenen — Neuvermessung der Welt schienen dann auch Fragen von lokalem Kontext und Ortsspezifik den Architekten nur noch wenig zu kümmern.

Im vergangenen Sommer hat das *MoMA* in New York nun eine Ausstellung initiiert, die eine Revision des Werks des ersten *global architect* versucht. *Le Corbusier: An Atlas of Modern Landscapes* (15. Juni bis 23. September 2013) trat den Nachweis an, dass im Werk des Architekten das Konzept der Landschaft eine herausragende Rolle gespielt hat. Im Dialog der Architekturen, Zeichnungen, Skizzen und Gemälde Le Corbusiers wurde aufgezeigt, wie zentral das Motiv der *landscape* seine kompositorischen Strategien beeinflusst hat.

Galt der Architekt lange Zeit als Vorreiter globaler Architekturproduktion, so wollten die Kuratoren Jean Louis Cohen und Barry Bergdoll mit diesem Zugang einen Le Corbusier vorstellen, der in seinen Bauten das Besondere und Distinkte in Auseinandersetzung mit universellen Modernisierungen herauszuarbeiten sucht. Mediterrane Landschaften, vernakuläre Architekturen, Fundstücke, Postkarten, Luftaufnahmen bilden einen visuellen Baukasten, die die Bauten Le Corbusiers in einem anderen Licht erscheinen lassen.

Wenn sich *landscape* in Poissy aus der Überlagerung von Schichten — dem umgebenden Park und durch horizontale Fensterbänder gerahmte Sichten auf das Seinetal — zusammensetzt, so trifft dieses Konzept auf die Kapelle in Ronchamp in wesentlich komplexerem Sinne zu. Das nachts illuminierte Gebäude samt wundersamer Marienstatue erhebt sich über einem Tal, das den Architekturtourismus gerade erst entdeckt. Trotz mehrfacher Zerstörung der früheren Kapelle auf dem Berg — die letzte fiel ins Jahr 1944 — konnte die Statue gerettet werden. Bei den Debatten um den Wiederaufbau in den Fünfzigerjahren fiel der Name Le Corbusier — trotz heftiger Kritik an seiner *Unité d'Habitation* in Marseille. Zudem antwortete der Architekt mehrfach auf Anfragen der Kirche, er sei nicht daran interessiert, für eine ›tote Institution‹ zu arbeiten. In Ronchamp schien alles anders. Ein Genius Loci war allgegenwärtig, den der Architekt selbst zur Eröffnung der Kapelle beschwor: »There are places that are sacred and we don't know why: because of the site, the landscape, the geographic situation, the political tension which surround them …«[2] Inspiriert von der Form einer Muschel, die am Ostportal zitiert wird, breitet sich eine Betonschale über das Gebäude.[3] In Ronchamp vermischen sich die imaginären *landscapes* des Architekten mit den geografischen Gegebenheiten des Ortes und den spirituellen Räumen des Glaubens — und manifestieren sich in einer kompositorischen Strategie der radikalen Abschaffung räumlicher Hierarchien. Wesentlich konsequenter als noch in Poissy hat Le Corbusier in Ronchamp die Erosion der gewohnten Unterscheidungen zwischen Vorder- und Rückseite, Innen und Außen vorangetrieben. Am sichtbarsten wird dies wohl am Chor: Hier übernimmt die in eine Glasvitrine gefasste und für den Genius Loci so zentrale Marienstatue eine Mittlerinnen-Rolle zwischen Innenchor und Außenchor, Kirchenraum, Wallfahrtsort und Naturraum.

So mag die Entdeckung der Landschaft im Werk Le Corbusiers einen Beitrag zur einer Architekturtheorie leisten, die sich mit den Besonderheiten des Architektonischen befasst, mit dem Unterschied vom gewöhnlich Gebauten. Die *MoMA*-Ausstellung reiht sich in die gegenwärtigen Bemühungen ein, dem Eigensinn und der Materialität der

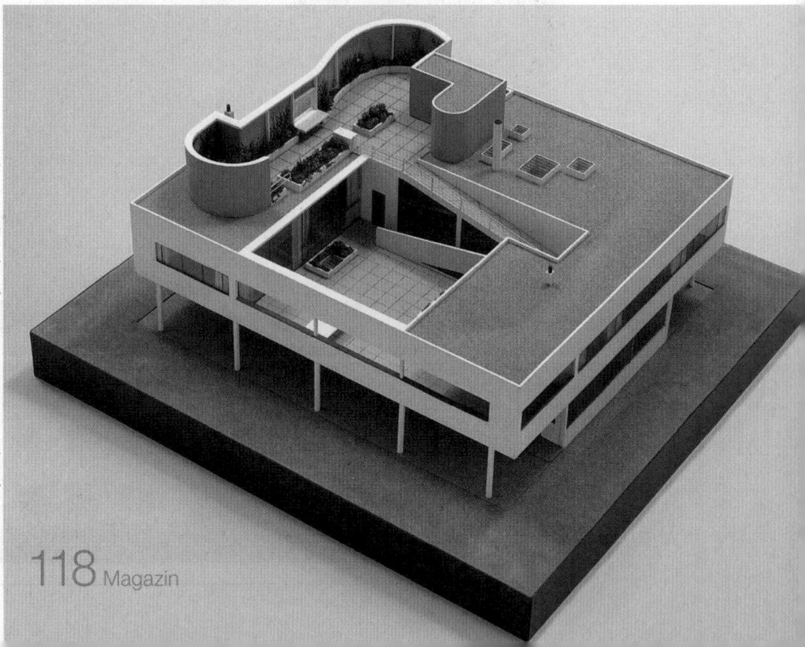

Die Villa Savoye aus Holz, Aluminium und Plastik in einem Modell von 1932 ►

Architektur gegenüber einer nur am Symbolischen bzw. Programmatischen orientierten Architekturtheorie mehr Anerkennung zu verschaffen. Dabei bleibt allerdings die Frage offen, ob Le Corbusier ein geeigneter Kandidat für diesen Perspektivwechsel ist.
Schließlich handelt es sich um einen Architekten, der sich selbst als Gesellschaftsgestalter in einer Zeit entwarf, in der viele Architekten ihre Bauten als Instrumente der gesellschaftlichen Transformation verstanden und dafür alle Register zogen. Lange Zeit wurde Le Corbusier an diesem Anspruch gemessen und die dahinter liegenden kolonialen Fantasien, autoritären Ordnungsvorstellungen oder mediengesteuerten Entwurfsstrategien reflektiert. Hatte eine solche Architekturgeschichte die Moderne fortgeschrieben, in dem sie ihre Protagonisten nicht aus dem selbst gesetzten Anspruch entließ? Die *MoMA*-Schau jedenfalls scheint sich für einen Le Corbusier zu interessieren, der vor allem ein großartiger Baumeister war. Ob das genug ist in einer Zeit, in der ebenso die Unter- und Oberseiten des Gebauten, die Materialflüsse und Geldströme, die Erdbewegungen und Leibeskräfte, die Infrastrukturen und Gebrauchsweisen, die Deutungsdebatten und Medienfeldzüge zum Verständnis des Architektonischen herangezogen werden? Die Karriere der Villa Savoye als Wohnhaus war nur von kurzer Dauer. Als Demonstrationsbau architektonischer Prinzipien war sie zum Wohnen ungeeignet, fand aber als *iconic house* Beachtung. So hätte — bei allem Respekt für die Wiederentdeckung der Gravitationskräfte in den Bauten Le Corbusiers — auch deren mediale Bewegung herangezogen werden müssen, um zum Wesen der modernen Architektur und eines ihrer herausragendsten Vertreter vorzudringen.

[1] Beatriz Colomina, *Le Corbusier and Photography*, in: *Assemblage*, Nr. 4, Oktober 1987, S. 12.
[2] Zit. nach Jean Louis Cohen, *In the Cause of Landscape*, in: ders., *Le Corbusier. An Atlas of Modern Landscapes*, New York 2013, S. 40.
[3] Siehe dazu Niklas Maak, *Der Architekt am Strand*, München 2010.

▲ Die Muschel stand Pate für die modernste Kirche Frankreichs in Ronchamp
▼ Das differenzierte Raumprogramm der Villa Savoye erschließt sich erst beim Beschreiten

Hier stand doch mal ein Haus

In Berlin macht der Denkmalschutz den Abriss interessant: Diesmal soll es die Kant-Garage von Richard Paulick treffen. Dabei könnte es einen dritten Weg geben

Es dauerte einige Sekunden. Erst dann konnte ich das Bild einer riesigen Brache, die sich beim Blick aus dem Fenster des fahrenden Busses auftat, mit dem Bild in meinem Kopf abgleichen … da stand doch bis vor Kurzem — ein Gebäude!

Nun ist es also weg: Oswalt Mathias Ungers' nüchtern-konzeptuelles Wohnhaus am Berliner Lützowplatz, errichtet im Rahmen der Internationalen Bauausstellung (IBA) 1984/87. Und auch dieses: Im Monbijoupark in Berlin-Mitte schlug das Stündlein für ein Ateliergebäude, das Hans Scharoun, Architekt der Philharmonie, in den ersten Nachkriegsjahren entworfen hatte. Vor wenigen Tagen dann die nächste Meldung: Die Kant-Garage wird abgerissen.

In Berlin geht es wieder zur Sache. Denkmalschutz hilft da wenig. Eher bekommt man das Gefühl, er mache Abriss erst interessant. Wo Bauten zerstört werden, kollidieren oft öffentliches und privates Interesse. Hier offenbaren sich politischer Wille und stadtplanerische Gestaltungsabsichten. In Berlin bedeutet das seit langen lähmenden Jahren: Konzeptionslosigkeit und *laissez faire*. Das hat zuletzt der erbitterte Streit um die East-Side-Gallery gezeigt. Und er wird bald die Amerika-Gedenkbibliothek treffen.

Nicht zum ersten Mal ist davon die Rede, dass es der Kant-Garage, einem Meisterwerk großstädtisch-mondäner Verkehrsarchitektur, an den Kragen gehen soll (auch bei Ungers gab es mehrere Ankündigungen). Diesmal aber scheint es ernst. Der Eigentümer gibt auf. Die Immobilie ist unrentabel. 2010 waren nur noch 80 der 300 Stellplätze dauerhaft vermietet. Ungepflegt ist das Parkhaus in jedem Fall.

Allerdings kann noch der heutige Besucher Erstaunliches entdecken. Schleicht man durch die niedrigen, zugigen Räume des Stahlskelettbaus, wird man in eine andere Welt entführt. In ihr strahlten Automobile noch Charme und Klasse aus. Manch alte Aufschrift, in großen Lettern auf die Wände gemalt, verrät das. Man entdeckt merkwürdige Einbauten: geschlossene Parkboxen, hinter deren Metalltüren man die herrlichsten Oldtimer vermutet. Und schließlich die berühmten Betonspiralen, auf denen sich Automobile gegenläufig auf- und abwärts wanden: ein Prototyp für sämtliche Parkhäuser, die seither gebaut worden sind.

Eleganz und Service sind dem Pragmatismus gewichen. Wie das Auto selbst, so sind auch das Fahren und das Parken auf den Hund gekommen. Man braucht Fantasie, um sich vorzustellen, dass die Kant-Garage einmal Ausdruck eines dynamischen Lebensgefühls war, das die Menschen ›Moderne‹ nannten. Der Drang zu Schnelligkeit, Hektik, in die ungewisse Zukunft war ein märchenhaftes Versprechen. Darum hieß das Haus auch ursprünglich Kant-Garagen-Palast. Diesen Glanz strahlte seine haushohe Glasfront in die Nacht der deutschen Hauptstadt.

Fünf Architekten werden im Zusammenhang mit dem 1929/30 vollendeten Bau genannt. Meist firmiert Hermann Zweigenthal als Entwurfsverfasser. Hinzu kommt das Trio Lohmüller, Korschelt, Renker. Und dann taucht in den Akten Richard Paulick auf — und sorgt für die Verbindung des Parkpalasts zum Bauhaus. Paulick hatte 1926/27 gemeinsam mit Georg Muche das Dessauer Stahlhaus errichtet, war dann Angestellter in Walter Gropius' Büro und 1929 Bauleiter für den Neubau des Dessauer Arbeitsamtes. Die Beteiligung am Parkhaus in der Berliner Kantstraße war der erste Markstein seiner eigenständigen Karriere. Allerdings sah sich Paulick nach der »Machtergreifung« gezwungen, Deutschland zu verlassen. Erst Ende der Vierzigerjahre kam er aus dem Exil in Schanghai zurück, wurde einer der führenden Planer des Wiederaufbaus in der DDR. Der Block C der Stalinallee (heute: Karl-Marx-Allee), auf dessen Dach das von ihm selbst bezogene, mittlerweile von baulichen Veränderungen bedrohte Penthouse entstand, zeigt, dass der Bauhaus-Schüler die Adaption an die Gestaltungsvorgaben des Sozialistischen Realismus mühelos beherrschte — um wenige Jahre später wieder zur Formensprache der Moderne zurückzukehren.

Paulicks künstlerische und kulturpolitische Schlüsselstellung in der DDR machen sein Werk über die Grenzen von Berlin hinaus bedeutend. Das gilt besonders für das frühe Zeugnis seiner Meisterschaft, die Kant-Garage. Daher regt sich im September 2013 Widerstand gegen die Abrisspläne in Form einer Petition. Unterschrieben haben auch manche Langschläfer, darunter Denkmalpfleger, die viele Abrisse der letzten Jahre mitverantworten. Statt Zerstörung fordern sie nun das andere Extrem: Rekonstruktion mithilfe öffentlicher Gelder. So soll, wie oft, der Teufel also mit dem Beelzebub ausgetrieben werden. Und am Ende steht es dann da: das Museum seiner selbst, am Tropf des Steuerzahlers. Deshalb an dieser Stelle der Ruf nach dem ›dritten Weg‹. Instandsetzen: ja — aber zur Neu- und vielleicht auch teilweisen Umnutzung. Nicht verharren im ›Bild‹ der untergegangenen Moderne. Sondern weiterplanen, vorandenken in alle Richtungen, unter der Voraussetzung, dass sich Investoren, Politiker, Nutzer, Bürger auf einen solch kreativen Prozess einlassen. Wie wäre zunächst ein Workshop mit einigen scharfen Denkern aus sämtlichen Lagern, sekundiert von ein paar munteren Architekturstudenten, die die Ideen zeichnerisch umsetzen? Ein Brainstorming, das ventiliert, was gut wäre für die Stadt, die Lage, das Haus, den Eigentümer? Da drängt sich das Bild der getrennten Auf- und Abfahrtsrampen auf: Auch für die Zukunft des gesamten Bauwerks gilt es zunächst, die Interessen zu entflechten, damit sie nicht kollidieren. Es gilt, die Widersprüche zu beseitigen, die beim Aufprall der Extrempositionen Abriss bzw. Rekonstruktion unvermeidlich sind. Eines ist sicher: Die Diskussion muss zügig beginnen. Sonst gehen demnächst irritierte Passanten durch die Kantstraße und stellen fest: »Hier stand doch mal — ein Gebäude!«

Christian Welzbacher

Der Kant-Garagenpalast war 1930 das schönste Parkhaus Berlins ▲

Der Toaster im Systemwettstreit

Vor 30 Jahren gastierte der Rat für Formgebung mit der Ausstellung *Design — Vorausdenken für den Menschen* in der DDR. Fragen an Prof. Dr. Ulrich Kern von der Fachhochschule Südwestfalen, der damals dabei war

Im Dezember 1984 wurde in Ost-Berlin und im Frühjahr 1985 dann auch in Leipzig westdeutsches Design in allen Facetten gezeigt. Und das in einem Land, in dem oft genug der Mangel die Form bestimmte. Wie kam es zu dieser Schau?

Die Vorgeschichte kann ich nicht mehr genau rekonstruieren. Wir vom *Rat für Formgebung* hatten den Auftrag vom damaligen Bundesministerium für innerdeutsche Beziehungen bekommen und versuchten, das bundesdeutsche Design so gut wie möglich darzustellen. Als Designer sahen wir das damals gar nicht so politisch, sondern eher sachlich und freuten uns über das Interesse an unserer Leistung. Dadurch, dass der *Rat für Formgebung* auch noch unter dem Protektorat des Bundesministeriums für Wirtschaft stand, war die politische Administration für uns schon kompliziert genug. So wurde das Konzept der Ausstellung mit Katalog auch nicht unter dem Blickwinkel ›Mangelgesellschaft vs. Überflussgesellschaft‹ erstellt, sondern mit dem Fokus, das Beste zu zeigen, was unsere Design-Kolleginnen und -kollegen seinerzeit kreierten.

Die Ausstellung entstand in Zusammenarbeit mit dem Ost-Berliner *Amt für industrielle Formgestaltung.* Welchen Austausch gab es zwischen Ihnen und den DDR-Kollegen?

Ich kann nur sagen, dass die Zusammenarbeit einfach nur gut war! Der Austausch war konstruktiv und produktiv, nicht kritisch oder gar politisch. Es hat Spaß gemacht! Ich freue mich heute noch, dabei gewesen zu sein. Es ›menschelte‹ im positiven Sinn!

Viele Ost-Berliner drückten sich im Internationalen Handelszentrum am Bahnhof Friedrichstraße seinerzeit die Nasen platt und staunten über all das, was zum Beispiel unter Überschriften wie ›Von der Bühne für Repräsentation zum Lebensraum‹ gezeigt wurde: Küchenmaschinen, Toaster, Staubsauger, Hi-Fi-Anlagen. Hat das nicht zu viel Unmut geführt und eine Ausstellungsidee konterkariert, die doch eigentlich die Designentwicklung von den Systemgegebenheiten trennen wollte?

Das kann man heute so sehen. Damals war es aber so, dass das (West-)Design und seine Protagonisten hin- und hergerissen wurden zwischen den Bedeutungen sowohl für das Marketing als auch für die Medien. Sicherlich hätten wir heute dazu eine andere Position, wären kritischer und reflektierter. Aber damals war es für uns als Macher schon besonders, als Designer politische Bedeutung zu bekommen. Was für ein Irrtum im Nachhinein! Und das auf der Ebene der Institution, des *Rats für Formgebung*, und auf der Ebene der Funktion, des Designs als solchem.

Erinnern Sie sich an Reaktionen?

Wir freuten uns über die unerwartet große Resonanz und spürten den Respekt, den die Besucher der Gestaltungsleistung entgegenbrachten. Aber natürlich spürten wir auch, dass die ›Errungenschaften des Kapitalismus‹ einen starken Eindruck bei den Besuchern hinterließen. Allerdings hatten wir als ›Offizielle‹ kaum Kontakt zu den Besuchern.

Gab es eine vergleichbare Ausstellung von DDR-Designern auch im Westen?

Ich glaube, zwei oder drei Jahre später im *Design Center Stuttgart*. Es war eine interessante Leistungsschau des DDR-Designs. Und ich erinnere mich, dass ein Begriff wie ›Materialökonomie‹, der in der DDR üblich war, spannende Diskussionen hervorrief. Auch wenn die Studie des Club of Rome, *Die Grenzen des Wachstums*, damals schon über zehn Jahre alt war, war das Thema im westdeutschen Design überhaupt nicht selbstverständlich.

Die DDR wiederum war Mitte der Achtzigerjahre auf dem Weg in den Konsumsozialismus. Das betraf auch die Formgestaltung. Haben Sie davon etwas mitbekommen?

Nein, ich hatte mir zu überlegen, wie die Zukunft der bundesdeutschen Designförderung aussieht und wie sich aus der DDR-Ausstellung ›Kapital‹ für diese Zunft schlagen ließe. Es ging wirklich um die Frage, wie daraus ein Kredit für die Zukunft der Institution und der Profession entstehen kann. Daher waren diese Art Leistungsschauen, zu denen auch das Gastspiel in der DDR gehörte, durchaus ambivalent. Einerseits wurden sie retrospektiv als Spiegelung vergangener Leistungen verstanden, andererseits prospektiv als Vorahnung kommender Potenziale. Heute noch finde ich den Zukunftsaspekt eigentlich am spannendsten. Insofern hat der Titel der Ausstellung *Design — Vorausdenken für den Menschen* heute eine noch größere Aktualität und Bedeutung als damals. Vielleicht wäre es an der Zeit für eine Neuauflage. Das Gespräch führte Ingolf Kern.

▲ Der Osten hatte die Medaillen, der Westen die besseren Schuhe: Trainingslaufschuh Micro Pacer von Adidas, 1984

▲ Damals baute Siemens noch alleine Computer, z.B. den APC 97 81 von 1983

Hammelfleisch und Hausbesetzer

Die diesjährige Sommerwerkstatt ›Wohnapparate-Jetzt‹ erfüllte die Dessauer Meisterhäuser mit Geruch und Geist

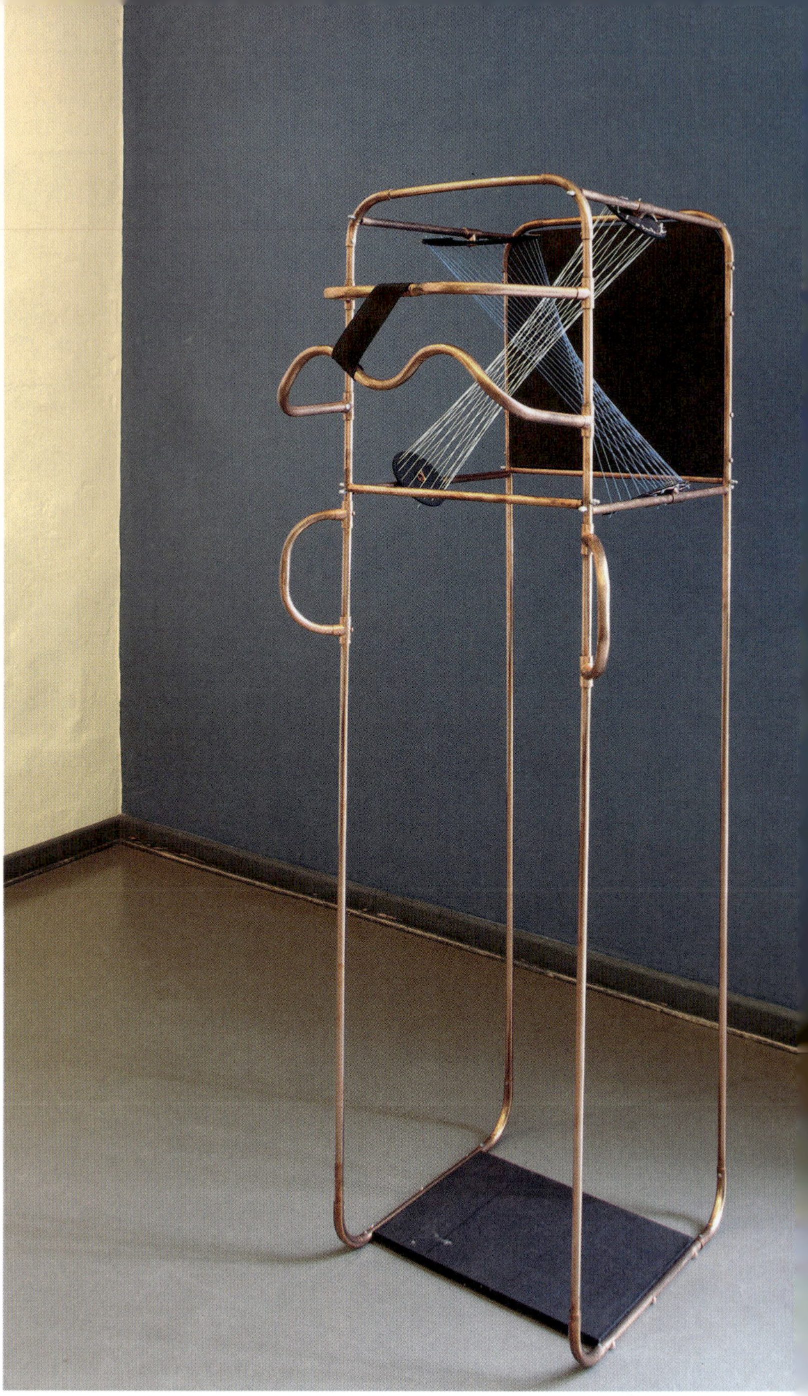

Der Meisterhäuser im Kiefernwäldchen an der Dessauer Ebertallee erscheinen als skulpturale Schönheiten, das Innere jedoch verwaltet vor allem der Schatten der Vergangenheit — unbewohnt, leer, langweilig auch. Einige fordern längst die Rekonstruktion des Interieurs, andere die Rekonstruktion des Geistes. Die diesjährige Sommerwerkstatt ›Wohnapparate-Jetzt! — Neue Ideen für die Meisterhäuser‹, welche die Stiftung Bauhaus Dessau gemeinsam mit der *IKEA Stiftung* und *The Germans* als Medienpartner von Mitte Juli bis Anfang August ausrichtete, hatte sich des heiligen Themas angenommen. Die Arbeit war Teil eines Findungsprozesses. Mit der anstehenden Überschreibung der Meisterhäuser auf die Stiftung Bauhaus Dessau und der Eröffnung der wiedererrichten Häuser Gropius und Moholy-Nagy im nächsten Frühjahr stellt sich die Frage nach der Nutzung. Aufgabe der Werkstatt war, unter Anleitung von international renommierten Gestaltern Wohnapparate für Erinnerungen zu entwickeln — für heutige Gäste und für ein künftiges, ressourcenschonendes Leben. Erstmals findet diese Arbeit nun eine Fortsetzung im Programm ›Designers in Residence‹. Johanna Dehio, Sandra Gomez und Christoph Medicus arbeiten bis Ende des Jahres über eben diese drei Themen.
Ein Blick zurück auf die Abschlusspräsentation der Sommerwerkstatt. Die Meisterhäuser Kandinsky und Klee nebst Gärten erscheinen an diesem 8. August 2013 spielerisch berümpelt: Bei den Klees schlief ein Gast auf der Matte, es roch wie in den Zwanzigern nach Hammelfleisch und vom Dach waren krähende Kinderstimmen zu hören, so als stürmten die Gören hinter einem Busch hervor: ›Attacke — Bauhaus — Spielhaus‹. Nur spielend sei der Mensch ganz Mensch, schrieb Friedrich Schiller. Und was ist Kultur anderes als ritualisiertes, zu Gewohnheit und Regel erstarrtes Spiel, fragte Johan Huizinga. Nun hat der Homo Ludens offensichtlich zugeschlagen, interdisziplinär und international.
›Gestern-Jetzt, Timemachine‹ titelte ›Studio 1‹ unter Leitung von Tino Seubert. »Schwer vorzustellen, dass hier mal jemand gewohnt hat«, sagt er. Das Leben von damals in Seitenblicken zu vergegenwärtigen, lautete sein Ansatz. Macken und Vorlieben der Bewohner befördernd, wurden Apparate gebaut. Der *Paul Klee Sehapparat* ironisiert den zwanghaft systematischen Versuch des Malers, die Freiheit des Malens zu vermitteln. Ein *Passautomat* feiert die Einbürgerung von Nina und Wassily Kandinsky. Ein *Silent Dinner Apparatus* separiert Tischgenossen, anspielend auf eine Notiz von Felix Klee über ein Abendbrot beim Nachbarn. Kandinsky habe schweigend, lesend, Bratkartoffeln mit Schinken essend, wie ein Prophet am Tisch gesessen. »Und auf jeden Happen strich Kandinsky sich eine dicke Schicht schärfsten Senfs.« Also korrespondiert ein *Duftapparat Senf* mit dem Dinner-Apparat. Der gemeinhin vernachlässigte, oft bewusst verdrängte Geruch wurde übrigens während der Sommerwerkstatt von der Geruchforscherin Sissel Tolaas in einem der begleitenden Vorträge thematisiert. Nun scheint auch diese Lücke der Sinnlichkeit gefüllt und man weiß, wie die Vergangenheit riecht.
›Jetzt-Jetzt, Livingmachine‹ war ›Studio 2‹ unter der Leitung von Boris Duijneveld überschrieben. Der Niederländer arbeitete über Recycling-Architekturen. Seine Gruppe sammelte Sperrmüll, baute Formen in verlorenen, veränderten Funktionen und lieferte ein Manifest, die Häuser neu zu beleben. Das aufgefundene, zerlegte und wieder zusammengesetzte Material steht wohl für eine Methode, den Befund spielerisch neu zu organisieren. Ganz so, als könnten die Karten neu gemischt werden und alles, was geworden ist, dazu: Häuser, Möbel, möblierte Gedanken, eingerichtete Gefühle, Formen des Zusammenlebens.
Schließlich blicken Wissenschaftler am Ende dieses Jahrhunderts zurück auf die Aktivitäten der ›Neobauhäusler‹ um 2030. Das ›Studio 3‹, ›Jetzt-Morgen, Futuremachine‹, unter Leitung von Judith Seng lieferte eine archäologische Zukunftsarbeit. Aufgemotztes Redesign? Virtuelle Supertechnik? Fehlanzeige! Allzumenschliches wird ausgegraben: Essen, Wasser, Wohnen, Beziehungen. Der ›Neobauhäusler‹ heiratete noch, aber nicht einen Partner für alles auf ewig, sondern funktionsbezogen und auf Zeit. Er hat wechselnde Beziehungen für Versorgung, Erziehung, Sexualität usw. Übrigens werden im Jahr 2030 Kühe im Kiefernwäldchen weiden. Sie grasen im Denkspiel unter Spielern jenseits des gegenwärtig dominanten Vermarktungsspiels einer vermeintlich stilbildenden Tempelfrömmigkeit. Taugen die Meisterhäuser auch zu einem neuen Spielfeld des Menschen, zum Laboratorium? Thomas Altmann

Der Paul-Klee-Sehapparat ironisiert den zwanghaft systematischen Versuch des Malers, die Freiheit des Malens zu vermitteln ◄

Dessau ist mal wieder Avantgarde: hier wird mit nachhaltigen Rasenmähern operiert ►

Maurerkellen zu Pflugscharen

Wegzug, Abriss und was dann? Die *Urbane Farm Dessau* ist ein innovatives Beispiel dafür, wie die Auswirkungen des demografischen Wandels produktiv zu nutzen sein können

Als das Bauhaus 1925 von Weimar nach Dessau umsiedelte, kam es in eine aufstrebende Industriestadt. Für die anstehenden Herausforderungen wurden von den Bauhäuslern Impulse erwartet: beim Siedlungsbau der Stadterweiterungsgebiete, mit Gestaltungsvorschlägen für das serielle Design, mit neuen Wohntypen für den sozialen Wohnungsbau.

Statt für Wachstum sind heute Lösungen für die schrumpfende Stadt gefragt: Hatte die Stiftung Bauhaus Dessau in den Neunzigerjahren bereits mit dem Projekt *Industrielles Gartenreich* den postindustriellen Wandel der Region Dessau beispielhaft vorangetrieben, ist sie seit 2002 zu einem wichtigen Impulsgeber für die Stadt Dessau-Roßlau geworden. Das Dessauer Stadtumbaukonzept ist mit seiner gesamtstädtischen Strategie für viele Städte inzwischen Vorbild. In der Stadt selbst werden die entwickelten Methoden einer Planungskultur dankend angenommen.

Was ist der Hintergrund? Infolge von Bevölkerungsschwund und Wohnungsleerstand werden seit 2002 innerstädtische Gebäude abgerissen. 6.000 Wohnungen waren es, die damals als leer stehend prognostiziert wurden. Zehn Jahre später hatte sich diese Zahl bereits verdoppelt. Auf den ehemals bebauten Flächen entsteht ein neuer Landschaftszug, der die Stadt in kleinere urbane Inseln gliedert. Praktisch bedeutet das 90 Hektar nutzbares, aber auch zu pflegendes Land.

Während in der ersten Zeit des Stadtumbaus die Frage im Mittelpunkt stand, wie man Gebautes dauerhaft in Grün verwandelt, stellt sich jetzt die Frage, was man mit all dem Grün langfristig machen will. Es verwahrlosen lassen, mit öffentlichem Geld als dauerhaften Pflegefall behandeln — oder produktiv machen: für eine nachhaltige Stadt mit gemeinschaftlich bewirtschafteten Gärten, klimaproduktiven Räumen und erneuerbarer Energiegewinnung.

Lebensmittel und erneuerbare Energien klimafreundlich dort zu produzieren, wo sie gebraucht werden — nämlich in den Städten —, ist Ziel des Bauhaus-Projekts *Urbane Farm Dessau*. Das Projekt ist ein Real-Experiment zur In-Kulturnahme von Stadtumbaubrachen. Es steht damit in der Tradition von Reformversuchen für eine neue ›Stadt-Land-Kultur‹ aus der Bauhauszeit. Das Leitprinzip der kleinen Kreisläufe ist z.B. ein Modell, das im Werk von Leberecht Migge eine zentrale Rolle einnimmt. Migge war zwar kein Bauhäusler, hat aber ebenso unter dem Einfluss der Lebensreformbewegung zu Beginn des 20. Jahrhunderts an neuen Wohn- und Stadtkonzepten gearbeitet. Parallel und sogar ein wenig in Konkurrenz zum Bauhaus entstand zeitgleich zur Gropius'schen Experimentalsiedlung in Dessau-Törten die von Migge geplante ›Knarrbergsiedlung‹ in Dessau-Ziebigk, bei der das Prinzip der Selbstversorgung einen wichtigen Teil des Konzepts ausmachte. Waren die damaligen Selbstversorgergärten an die einzelne Privatparzelle gebunden, zielt die *Urbane Farm* auf eine gemeinschaftliche Nutzbarmachung von Flächen und Ressourcen, deren Ertrag dem Gemeinwesen zugute kommt. Es geht um eine gemeinschaftsgetragene Ökonomie, in der Prinzipien des solidarischen Wirtschaftens in all seinen Facetten zum Tragen kommen. Die Quartiere werden zu Wirtschaftseinheiten, zu ›urban factories‹.

Zentrum der *Urbanen Farm* wird ein Hof sein, von dem aus die Brachflächen in Kultur genommen werden sollen. Essensreste aus dem Quartier kommen in die lokale Mini-Biogasanlage, genauso wie der Rasenschnitt von den benachbarten Flächen. Schritt für Schritt wird so auf dezentrale Ver- und Entsorgung umgestellt.

Der Quartiershof ist für alle offen, man kann sich jederzeit Rat holen, Geräte ausleihen, Kurse besuchen und mitmachen. Jugendliche erhalten hier die Möglichkeit zum praktischen Ausprobieren in Tätigkeiten, die sich an den Bedürfnissen des Quartiers und an zukunftsfähigen Berufen orientieren, wie Biogaswirt, Urbaner Gärtner, (Energie-) Kreislaufmanager. Es gibt eine Gartenbibliothek und eine Kantine, die das selbst produzierte Biogas wieder verarbeitet. Am Aufbau eines eigenen Energiekreislaufs wird gearbeitet.

Seit Beginn des Jahres 2013 ist das Vorhaben in das *Neulandgewinner*-Programm der Robert-Bosch-Stiftung aufgenommen. Ziel ist aber trotzdem, geeignete Trägermodelle und Finanzierungsstrukturen zu entwickeln, die die *Urbane Farm* langfristig eigenständig funktionieren lassen.

Die *Urbane Farm* beweist Modellcharakter: Versorgung mit Lebensmitteln vor Ort, klimaproduktive Räume zur Verbesserung des Stadtklimas, Quartiershöfe als eine Art Allmende zeigen Lösungswege für eine nachhaltige Stadt auf. Schrumpfende Mittelstädte können eine Vorreiterrolle einnehmen. Nah- und Selbstversorgungsstrategien mit Energie, Wasser, Nahrungsmitteln, Gestaltung öffentlicher Räume, Handwerker- und Bauleistungen sind auch für den ländlichen Raum und wachsende Städte relevant: durch bewusstes Schaffen von Freiräumen und Qualifizierung neuer Stadtakteure. Heike Brückner

Neu in der Sammlung 2013

Und auch wenn sich keine Architekturzeichnung, kein Möbelstück oder kein künstlerischer Nachlass aus dem Bauhaus in Ihrem Besitz befindet, können Sie die Arbeit der Stiftung Bauhaus Dessau unterstützen. Wir freuen uns über jede Art der Zuwendung. Helfen Sie mit, das Bauhauserbe zu pflegen und zu erforschen!

Was wir in diesem Jahr geschenkt bekamen — eine Seite des Dankes

Petra Petitpierre, *vegetable*, 1931, Aquatinta [Schenkung von Simone Müller-Petitpierre, Minuiso, Schweiz]

Paul Reichle, *Aktzeichnung*, Bauhaus Weimar, 1924/25, Bleistiftzeichnung [Schenkung von Margot Reichle, Mühlacker]

Fritz Kuhr, *Satte blaue Schlange*, 1929, Aquarell [Schenkung von Hermann Famulla, Berlin]

Xanti Schawinsky, *Architektur*, 1927, Tuschezeichnung [Depositum von Daniel Schawinsky, Zürich, Schweiz]

Korona Krause, *Kleid*, um 1930, Baumwolle [Depositum von Uta und Peter Gautel, Karlsruhe]

Wer heilt die Menschheit. Nur die eigene Not

Mitten in den Trümmern des Ersten Weltkriegs denkt Erich Mendelsohn über neue, gebaute Welten nach

Erich Mendelsohn (1887—1953) wächst im Deutschland der Kaiserzeit auf, studiert mit Bruno Taut, Ernst May und Dominikus Böhm und sucht wie diese nach einer neuen Formensprache in der Architektur. Seine Kontakte zur Künstlergruppe *Der Blaue Reiter* fachen seinen avantgardistischen Eifer noch zusätzlich an. Bereits 1914 unterhält er ein Architekturbüro in der Münchner Isabellastraße, bis der Erste Weltkrieg ihn jäh aus seiner beruflichen Entwicklung reißt. »Der Wahnsinn des Weltkrieges steht also bevor«, schreibt er am 1. August 1914 an seine spätere Frau Luise, die ihrerseits die Mobilmachung in Partenkirchen erlebt, und er endet mit dem Satz: »Es liegt ein unfaßbarer Ernst überall.« Er verlässt München, um ihr nahe zu sein.
Anfänglich nur für den Garnisonsdienst gemustert und zurückgestellt, ist Mendelsohn ab Herbst 1915 in der Zitadelle Berlin-Spandau stationiert. Er heiratet und erhält Urlaub, als im Mai 1916 seine Tochter Marie Luise Esther zur Welt kommt. Trotz des Militärdienstes zeichnet er weiter — es entsteht eine Serie von visionären Hallenbauentwürfen für Industrie, Luftfahrt und Kultur. Auch als er 1917 an die russische Front versetzt wird, nimmt er den Block mit. Gansau und Ilipan im heutigen Lettland sind seine ersten Stationen. In der ›Intelligenzstellung‹ bei Ilipan zeichnet er vor allem nachts. Die weißen Nächte spenden ihm Licht. Häufig träumt er von Architekturen, die er sofort nach dem Erwachen aufs Papier bannen muss.
In winzigen Formaten entstehen Entwürfe für Bahnhöfe, Luftschiffhallen, Silos und Fabrikanlagen, aber auch für Observatorien, die ihrer Zeit weit voraus sind. Seine Zeichnungen mit sehr viel geschlossenen Flächen wirken trotz der geringen Größe monumental. Sie sind geschwungen, von leichter Hand gefertigt und verraten etwas von der expressiven Formensprache, die in den Zwanzigerjahren Bauten wie das Kaufhaus Schocken in Chemnitz oder die Textilfabrik ›Rote Fahne‹ in Leningrad kennzeichnen sollten. Auf Farbakzentuierungen verzichtet Mendelsohn in der Kriegszeit gänzlich. Aus dem Briefwechsel mit seiner Frau geht hervor, dass er an der russischen Front auch kleine Bilder gemalt hat, die jedoch nicht nachweisbar sind. Zwar bedauert es Mendelsohn, dass er sich wegen des Krieges nicht an Projekten wie dem Bau großer Kalksilos beteiligen kann, doch an erster Stelle steht das Wohl seiner Familie. Er schickt seiner Frau Lebensmittel von der Front, sie versorgt ihn mit Büchern, Zeitschriften, Papier und Wäsche. Je grausamer der Krieg wird, desto mehr genießt Mendelsohn die wenigen Momente der Kampfpausen: »Atem und Leben, nach dem ich mich sehne.« Luise Mendelsohn ist in dieser Zeit mit ihrer Tochter bei einem Bauern im Oberammergau untergekommen, um Milch für das Kleinkind zu haben.
Im Mai 1917 ist der Krieg für Mendelsohn kaum noch erträglich: »... die Stückzahl der Menschenware engros zusammengescharrt wird detailliert losgeschlagen, solang bis der Vorrat reicht. Selbst die Mauschelei des Humanitätsdusels verreckt hier. Wer heilt die Menschheit. Nur die eigene Not. Die muß erst turmhoch im Kot stecken. Auf russischen Wegen.«
Er lässt sich in Libau als Vizefeldwebel des Handscheinwerfertrupps 189 zum Offiziersaspiranten ausbilden und hofft, wieder nach Spandau verlegt zu werden.

Doch der Militärdienst ist für Mendelsohn noch nicht vorbei. Mitte Juni 1918 wird er an die Westfront verlegt. Jetzt beschreibt er in seinen Briefen den ganzen Wahnsinn des Gefechts: »Diesen Abend, geliebte Frau, drückt alles Elend dieser Zeit wieder schwer auf mich. Kanonen und Bomben fordern entschlossene Beherrschung, appellieren an den Willen, den sie bereit finden. Der ist animalisch geworden. Er ist kosmisch geworden. Hier stinkt das Leid.«
Am 8. Juli 1918 heißt es: »... kleine weiße Teerosen in der blauen Vase. Ich pflückte sie gestern früh morgen aus zerschossenem Gehöft, als ich auf die Weiterfahrt warten mußte. Aus einem kleinen Dorf auf dem Rücken der Anhöhe, die zu den Blutfeldern von Neuve Chapelle heruntersieht ... Die zerstörten Kirchen haben noch gerade den Charakter ihrer Menschen bewahrt, oft nur mit einer Mauerkante, mit einer Säule Höhe und Verhältnis verratend. — Wieder durch das Trichterfeld des Neuve Chapelle Durchbruchs mit Trichtern unserer schwersten Kaliber, die jetzt kleine Teiche sind, in die man kleine Wasserburgen bauen könnte. Der Sommer überwuchert das Elend, rote Mohnflecken als Sinnbild. Land, das nicht wieder urbar zu machen ist. Kilometerweit mit verbrannten Baumstangen und zermarterten Christusbildern.« Im Brief vom 25. August 1918 ist zu lesen: »Quartier in jämmerlich zugerichtetem Dorf. Schmutz von 4 Kriegsjahren. Beschränkungen, die nur eben als tägliches Brot nicht mehr empfunden werden. Was eben nur Schutz gegen Regen und Licht gibt, wird

► Erich Mendelsohn, Waldstellung bei Ilipan, heute Lettland, Ausschnitt, 1917, Kunstbibliothek, Staatliche Museen zu Berlin

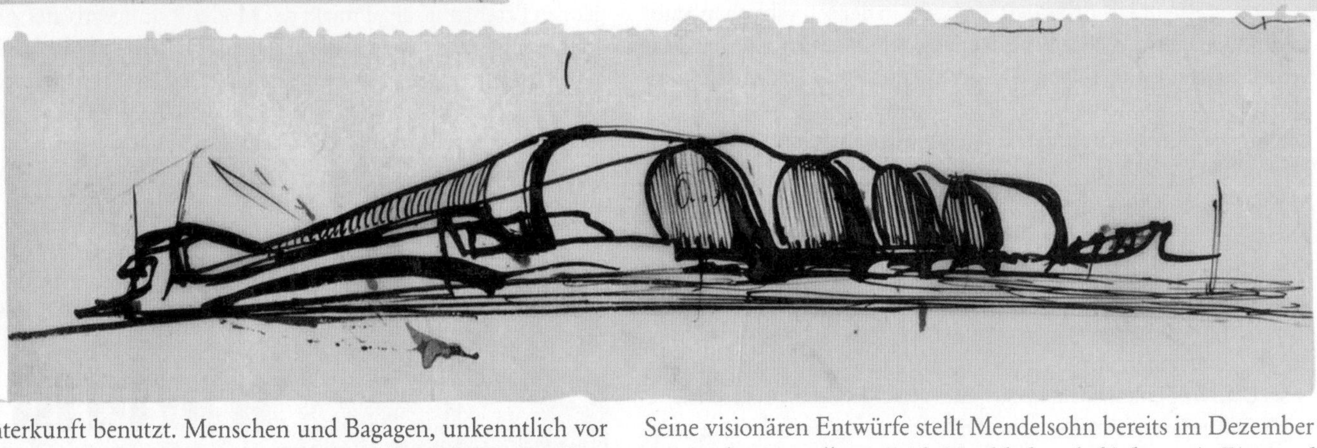

zur Unterkunft benutzt. Menschen und Bagagen, unkenntlich vor Staub, Sonne und Müdigkeit, von der Front. Gleichgültige Ergebenheit oder pflichtmäßige Entschlossenheit — Truppen, Urlauber, Reiter und Gespanne — zur Front. Kaleidoskop menschlicher Sklaverei, menschlichen Irrseins. Elend, an dem ich nicht vorüber kann, das ich mitfühle und das mich für diese Art Kraftentfaltung unempfänglich macht.«

Trotz aller seelischen Erschütterungen hat Mendelsohn immer weiter an seinen architektonischen Entwicklungen gearbeitet. Auch an die Westfront lässt er sich *Wasmuths Monatshefte für Baukunst*, Fotomaterial, Karton und Transparentpapier senden. Im September 1918 wird er wegen einer Magen-Darm-Erkrankung ins belgische Halle verlegt, später kuriert er eine sogenannte Spanische Grippe aus. Er hofft, in ein Heimatlazarett entlassen zu werden, doch der Wunsch erfüllt sich nicht. Ende Oktober berichtet er seiner Frau von einem Transport über Aachen: »Wohin von hier weiß ich noch nicht.«

Seine visionären Entwürfe stellt Mendelsohn bereits im Dezember 1919 in der Ausstellung *Erich Mendelsohn. Architekturen in Eisen und Beton* bei Paul Cassirer in Berlin aus. Damit nimmt eine beispiellose Karriere für die expressionistische Architektur ihren Anfang. Ohne seine Frau Luise wäre dies nicht möglich gewesen. Sie war ihm große Liebe, Beraterin, Kritikerin und sein »heller Spiegel«, wie er es nannte. Die rund 5.000 Briefe, die sich das Paar in 43 Jahren schrieb, sind ein einzigartiges Zeitdokument des 20. Jahrhunderts und spiegeln auch die Zeit des Ersten Weltkriegs ergreifend wider. Elke Blauert

Die Ausstellung *Drei Kontinente — Sieben Länder. Werke von Erich Mendelsohn aus der Architektursammlung der Kunstbibliothek* ist noch bis zum 26. Januar 2014 am Kulturforum, Matthäikirchplatz, in Berlin zu sehen.

▲▲ Erich Mendelsohn, Skizze von der russischen Front. Skizze für einen Industriebau — Perspektive, 1917, Feder, Tusche auf Papier, Hdz E.M. 907, Kunstbibliothek, Staatliche Museen zu Berlin

▼ Erich Mendelsohn, Skizze für einen Industriebau, 1914, Feder, Tusche, Bleistift auf Transparentpapier, Hdz E.M. 245, Kunstbibliothek, Staatliche Museen zu Berlin

▲ Erich Mendelsohn, Bahnhof, 1914, Feder, Tusche auf Papier, Hdz E.M. 292, Kunstbibliothek, Staatliche Museen zu Berlin

Das Max-Planck-Institut für Gestaltung

Die neue Dauerausstellung *Von der Stunde Null bis 1968* des Ulmer HfG-Archivs macht die nach dem Bauhaus weltweit bedeutendste Hochschule für Gestaltung neu erlebbar. Jürgen Kanold, Leiter der Kulturredaktion der *Südwestpresse*, war bei der Eröffnung dabei.

Durch die Lichtschleuse eines kleinen, gleißend weißen Raums betritt der Besucher die neue Dauerausstellung über die Geschichte der *Ulmer Hochschule für Gestaltung* (HfG). An der Wand: die Fotos der in Ulm aufgewachsenen, von den Nationalsozialisten hingerichteten Widerstandskämpfer Hans und Sophie Scholl und die Flugblätter der ›Weißen Rose‹; Neonröhren überstrahlen eine Großaufnahme der kriegszerbombten Stadt. *Von der Stunde Null bis 1968* heißt diese Schau und man spürt: Durch die dunkle Nacht waren die Gründer der HfG gegangen, um nach 1945 in einer neuen, hellen Zeit auch eine demokratische Gesellschaft mitzugestalten. ›Design‹ ist das eine große Wort der Ulmer HfG, andere aber lauten ›Freiheit‹ und ›Demokratie‹.

Am Originalschauplatz also, im ehemaligen, von Max Bill entworfenen Hochschulgebäude auf dem Hochsträß, zeigt das von Martin Mäntele geleitete HfG-Archiv jetzt eine, von dem Schweizer Designer Ruedi Baur konzipierte, ständige Ausstellung: mehr als 200 Exponate und zahlreiche Fotografien auf rund 275 Quadratmetern. Für Gabriele Holthuis, die Direktorin des zuständigen Ulmer Museums, ist diese Aufarbeitung der HfG-Geschichte »ein Quantensprung« — es war und ist ein viel debattiertes Thema in der schwäbischen Stadt an der Donau, wie sie das Erbe der nach dem Bauhaus international bedeutendsten Design-Hochschule pflegt und öffentlichkeitswirksam nutzt.

Die 1953 gegründete und bereits 1968 wieder aufgelöste HfG, getragen von der *Geschwister-Scholl-Stiftung* und mit dem berühmten Eine-Million-Mark-Scheck des alliierten Hochkommissars John McCloy finanziert, ist längst ein Mythos. Und es gibt leichtere Aufgaben, als eine Ausstellung ausgerechnet über die Hochschule für Gestaltung und das ›Ulmer Modell‹ einzurichten. Ruedi Baur hat sich ihr gestellt, einen Ideenwettbewerb gewonnen, wissend um die strengen Blicke der HfG-Veteranen, der Dozenten und Studenten. Baur sagt deshalb, er sei den Weg eines Theaterregisseurs gegangen, der ein geschriebenes Stück auf der Bühne interpretiere.

Der Blick von außen auf die international als Ausbildungsstätte hoch geschätzte, in Ulm durchaus ambivalent betrachtete HfG macht die Sache spannend. Vor allem haben Baur und sein Team von *Laboratoire IRB Paris* die zunächst praktische Aufgabe, nämlich ein Archiv zu visualisieren, gut gelöst. Aber sie tun das im Grunde unspektakulär, ohne neue Medien und Interaktion. Das ist keine populäre Inszenierung für Kulturtouristen, Baur setzt eher auf eine funktional lehrreiche Veranschaulichung. Selbstverständlich kommen sie alle vor, die HfG-Ikonen: vom *Ulmer Hocker* bis zum Stapelgeschirr *TC 100*, vom ›Schneewittchensarg‹ (die Radio-Phono-Kombination *SK 4*) bis zu den *Sinus*-Aschenbechern. Diese Preziosen werden allerdings nicht zelebriert.

Die Basis dieser — natürlich raumgreifend in Schwarz-Weiß gehaltenen — Dauerausstellung bilden zwei langgezogene Regal-Komplexe. Einmal wird die HfG-Geschichte chronologisch erzählt: Ereignisse und Ergebnisse (Entwürfe, Modelle, Projekte). Das zweite Regal bietet ein ABC der HfG, beleuchtet ausgewählte Begriffe und Themen. Das beginnt bei A wie Aufnahmeformular: Zu den Stichworten ›sprachkenntnisse‹, ›praktische ausbildung‹ und ›finanzierung‹ mussten die Bewerber damals Angaben machen, und weil diese Hochschule ganzheitlich ausbildete, gehörte auch die Frage »treiben sie sport, welchen?« dazu. Dieser Themenbereich endet bei Z wie Zeitmesser, und zwar dem ›etuilosen Reisewecker‹.

Viel Lesestoff (nicht in HfG-typischer Kleinschreibung, nicht in der HfG-Type), viele Exponate, Informationen, Details. Der Clou: Baur hat diese Geschichte gewissermaßen mit Pappkartons aufgeräumt —. oder eigentlich erst ausgepackt, ausgebreitet, was für ein Archiv, das zum Museum avanciert, eine schöne Metapher ist. Die Kartons dienen gleichermaßen als Text- und Bildtafel wie als Podest oder Vitrinenersatz und ergeben insgesamt, in unterschiedlichster Größe und Aufstellung, eine regelrechte Skulptur. Eine Überfülle an Geschichtsstoff, keine rein puristische Darstellung — auch das gehört zu Ruedi Baurs Interpretation der Geschichte der Ulmer HfG.

Zu dieser rund 360.000 Euro teuren, neuen Dauerausstellung gehören auch zwei große Tische mit Presseartikeln über die HfG, ein meterhohes Riesenbuch, das über die verschiedenen Fachbereiche informiert, sowie ein Kapitel über die HfG-Gründer Inge Aicher-Scholl, Otl Aicher und Max Bill. Am Ende aber steht unter der Schlagzeile »Die Schließung« ein Zitat des Designers Gui Bonsiepe, der damals die hochschuleigene Zeitschrift *ulm* herausgegeben hatte: »Heroisch war nicht das Ende der HfG, sondern die Hoffnung am Anfang. Die HfG ist nicht zu messen an dem, was sie erreichte, sondern an dem, was zu erreichen ihr verwehrt blieb.«

Ein Satz, der das geistige Potenzial der HfG reflektiert, aber auch den Mythos HfG fortschreibt. Wer die neue Dauerausstellung auf dem Oberen Kuhberg in Ulm besucht, findet viel Material, um darüber nachzudenken.

Das »offene, intellektuelle Klima« der Ulmer HfG würdigte der aus Argentinien angereiste Gui Bonsiepe dann auch in seinem Vortrag zur feierlichen Eröffnung dieses Archivmuseums. Die HfG, ja, sie sei auch eine »Nervensäge für Politiker« gewesen. Bonsiepe sprach von der prägenden Erfahrung, am ›Projekt der Moderne‹ mitgearbeitet zu haben, vom gesellschaftsverändernden, aufklärerischen Geist der HfG-Gründer — das wird in dieser Dauerausstellung tatsächlich spürbar. Bonsiepe erzählte in seiner Rede viel vom Ruhm der Ulmer HfG in Lateinamerika, aber er beschwor auch die Gegenwart: »Wenn es ein Max-Planck-Institut für Gestaltung geben sollte, wäre Ulm und dieses Gebäude ein geeigneter Ort dafür.«

▲ Der Unterricht von Otl Aicher, 1958
◄ Die Mitarbeiter der Entwicklungsgruppe E2 unter der Leitung von Hans Gugelot präsentieren ihre Entwürfe, 1960
► Wie das historische Vorbild: Studierende auf der Brüstung der HfG-Terrasse sitzend, um 1960
▼ Bernau und Hannes Meyer lassen grüßen: der neu errichtete HfG-Campus, 1955

Rundschau

Dessau/Berlin/Dresden Wie tanzen wir gesund und wirtschaftlich?

Wie tanzte das Bauhaus? Genau dieser Frage geht das TANZFONDS ERBE-Projekt nach, das die historischen Bauhaustänze und das *Triadische Ballett* »mit neuem, frischen Blick« am authentischen Ort untersuchen will, »um sie als faszinierende Clips, Etüden, Demonstrationen zwischen pädagogischer und forschender Ernsthaftigkeit und Freude am Spiel neu zu entdecken«. Es soll also keine weiteren Versuche geben, fragmentarische Tänze zu rekonstruieren, sondern es geht um die konzeptionellen Grundlagen und die Methodologie Oskar Schlemmers. Gemeinsam mit Tänzern und Choreografen des *Anhaltischen Theaters Dessau* und des *Berliner Hochschulübergreifenden Zentrums Tanz* werden nach dreijähriger Arbeit 15 Einzelprojekte unterschiedlichster Art zur Aufführung kommen, und zwar am 18. April in den Berliner Uferhallen und am 2. Mai auf der Dessauer Bauhausbühne. Und noch mehr Tanz! Das *Deutsche Hygiene-Museum Dresden* zeigt noch bis zum 20. Juli 2014, wie wir uns in der Welt bewegen. Erstmals widmet sich eine Ausstellung einem uralten Phänomen, das mit Lebensfreude oder Lebensqual ebenso verbunden ist wie mit hemmungsloser Ekstase oder gezügelter Disziplin. Im Tanz spiegeln sich immer auch die gesellschaftlichen Bedingungen, in denen er entsteht, ob zu Zeiten des Bauhauses oder in der Gegenwart. bhd

Ob Ost-Berlin oder Südsee — Tanz verbindet die Welt. Szene aus dem Breakdance-Film *Here we come* und Emil Noldes Gemälde *Tänzerin* von 1913

Weißwasser
Neue Chance für Neuferts Volkshaus

Das *Kulturhaus der Glasarbeiter* war so etwas wie der Glutkern der Geselligkeit im niederschlesischen Weißwasser. Hinter den rötlich-braunen Klinkermauern verliebte und vermählte man sich, verjugendweihte die Sprösslinge, rockte zu ostdeutschem Beat-Ersatz und prostete dem neuen Jahr in der Hoffnung zu, dass es ein besseres würde. Wer in der Oberlausitzer Industriestadt auf sich hielt, der ließ sich den Tanz in allen Sälen an Silvester nicht entgehen. Keiner wusste zu DDR-Zeiten, dass dieses multifunktionale Gebäude 1928 vom Bauhäusler Ernst Neufert stammt, der damals Hausarchitekt der *Vereinigten Lausitzer Glaswerke* war, die übrigens auch Wilhelm Wagenfeld als künstlerischen Leiter beschäftigten. Alles lange her. Heute, wo es in Weißwasser kaum noch Glasarbeiter gibt und sich Neuferts ›Volkshaus‹ (so der ursprüngliche Name) dem Verfall erwehren muss, hat sich nun der Verein *DENK.MAL@MIT.LEBEN.WSW Volkshaus* gegründet, um den seit 2005 geschlossenen Bau aufzumöbeln. Zwei bis drei Millionen seien für die Sanierung nötig, heißt es. Zum 90. Geburtstag soll das Volkshaus wieder öffnen. ike

Hannover/Berlin Gropius machte den Mies und Ludwig eine Bauhaus-Kirche

Mies van der Rohe war nicht der einzige Bauhaus-Direktor, der seine Architektenkunst an Privatvillen für finanzstarke Unternehmer wie Haus Perls, Haus Esters oder Haus Lemke ausprobierte — auch Gropius entwarf 1953 in Hannover für den Kunstmäzen Wilhelm Stichweh ein solches Eigenheim. Zwar ist der schlichte zweigeschossige Kubus mit Flachdach und den charakteristischen schmalen Fensterbändern von seiner architektonischen Bedeutung her keine zweite Villa Tugendhat, aber dennoch Gropius' erstes Gebäude in Europa nach der Emigration. Und schon dieses kleine Stück Moderne reichte aus, um in dem Hannoveraner Villenviertel bereits bekannte Reaktionen auf die Gropius'sche Architektur zu reanimieren: Die Nachbarn (wohnhaft in Spitzdachhäusern) nahmen Anstoß am Flachdach. Und auch beim Ex-Bauhaus-Direktor wiederholten sich altbekannte Muster: Er war unzufrieden mit der Inneneinrichtung der Bewohner, die den hochmodernen Stahlrohrmöbeln biederes Fünfzigerjahre-Barock vorzogen. Im vergangenen Jahr feierte das Haus mit dem auf zwei dünnen Metallsäulen gestützten Vordach, das heutzutage Ausstellungen und das Büro des *Bundes Deutscher Architekten* beherbergt, seinen 60. Geburtstag. 50-jähriges Jubiläum beging 2013 ein weiteres Nachkriegsgebäude eines Bauhäuslers: die Martinus-Kirche in Berlin-Tegel, die 1963 nach Entwürfen von Eduard Ludwig errichtet wurde. Dieser erlebte allerdings nicht mal die Grundsteinlegung, da er 1960 tödlich auf der Berliner Avus verunglückte. Ein schlechtes Omen für den quaderförmigen Stahlbetonskelettbau mit vorgebautem Glockenturm, dessen Gemeinderäume unter dem Kirchensaal liegen? Schließlich ist die Bauhaus-Kirche dringend sanierungsbedürftig, da aufgrund des schlechten Baumaterials der Stahl rostet. Und wer weiß, ob Ludwig nicht eingegriffen hätte, als die ursprünglich voll verglaste Rückwand hinter dem Altar mit Glasmalerei versehen wurde, da laut Bischof die freie Sicht den Gottesdienst stören könne. gb

▲
▲ Neufert baute in der Lausitz: das legendäre Volkshaus in Weißwasser (Ende der Zwanzigerjahre und in der Nazi-Zeit)
▲ Auch in Hannover sorgte das Gropius'sche Flachdach für Unmut und zwar 1953!

Wolfsburg
Wichtiges Werkzeug: Webstuhl

»Neuartige Gewebe, verblüffend durch Farbenfülle und Struktur ...« — so beschrieb die Bauhäuslerin Anni Albers die neuen Materialerkenntnisse aus der Weberei, die sich im Spannungsfeld von Kunst und Textil bewegten. Die Weberei war eine der produktivsten Werkstätten des Bauhauses, die zudem für eine künstlerische Neubelebung des alten Kunsthandwerks sorgte und Vorreiterfunktion für die sogenannte ›fiber art‹ übernahm. Das *Kunstmuseum Wolfsburg* zeigt nun bis zum 2. März 2014 in der Ausstellung *Kunst & Textil* die Bedeutung von Textilien sowohl für und in der Kunst als auch für die ethnische Identität — so findet dort neben Exponaten aus Afrika, Asien und dem Orient ein peruanischer Stoff aus der Sammlung Anni Albers' seinen Platz. Ebenfalls ausgestellt werden Gemälde, Rauminstallationen und Videoarbeiten — und natürlich Arbeiten von Studierenden und Meistern des Bauhauses, darunter Anni Albers, Getrud Arndt, Johannes Itten und Paul Klee. Eine besondere Attraktion der Ausstellung wird das nachempfundene Café *Samt & Seide* sein, das Lilly Reich und Ludwig Mies van der Rohe 1927 als Messestand für die deutsche Seidenindustrie anfertigten. nis

Kassel
Erste documenta-Professorin

Die Berliner Kunsthistorikerin Dorothea von Hantelmann wird erste documenta-Professorin an der *Kunsthochschule Kassel*. Die zunächst auf zwei Jahre angelegte Gastprofessur solle dazu beitragen, die documenta in den Jahren zwischen den Ausstellungen sichtbarer zu machen, teilte die Hochschule mit. Frau von Hantelmann arbeitet seit Oktober vor allem mit dem *documenta Archiv*, das außer Akten der documenta-Organisation auch rund 30.000 Fotos und 2.000 Videos beherbergt. »Wir wollen das, was an Material und Forschungsergebnissen vorhanden ist, zeigen, zugänglich machen und darüber mit Bürgern und Künstlern diskutieren«, sagte sie. Zuletzt war die 43-jährige Wissenschaftlerin an der *FU* und davor unter anderem als Wissenschaftlerin am *MoMA* in New York tätig. Schwerpunkt ihrer Forschung ist die Geschichte und gesellschaftliche Funktion von Museen und Ausstellungen. In den Fünfziger- und Sechzigerjahren zeigte die Kasseler Weltkunstschau auch Arbeiten von Bauhäuslern wie Josef Albers, Max Bill, Lyonel Feininger, Wassily Kandinsky und Paul Klee. 1964 gab es zudem einen Designschwerpunkt mit Werken von Dieter Rams, Hans Gugelot und Jan Tschichold. bhd

▲ Das *Café Samt & Seide* von Lilly Reich und Mies van der Rohe von 1927 wurde jetzt in Wolfsburg nachgebaut

► Auf der *documenta I* dabei: Max Bills Arbeit *Rhythmus im Raum* von 1947/48

New Haven
Albers interaktiv

Zehn Kilogramm schwer, 200 Dollar teuer und mit 150 Farbtafeln ausgestattet: Die Erstausgabe von *Interaction of Color* von Josef Albers erschien 1963 als limitierte Ausgabe. Mit einer Viertelmillion verkaufter Exemplare gilt es als eines der wichtigsten Handbücher zur Farbtheorie. 1933 wanderte der Bauhauslehrer zusammen mit seiner Frau Anni in die Vereinigten Staaten aus, wo er als Dozent unter anderem am legendären *Black Mountain College* tätig war. Zum Jubiläum der Erstausgabe veröffentlicht die Yale University Press nun das Buch in ungekürzter Fassung als App fürs iPad. Geboten werden 125 Farbtafeln, von denen der Benutzer 60 interaktiv erfahren kann. Dazu gibt es über zwei Stunden Videomaterial mit Archivaufnahmen von Albers, Wortbeiträgen von seinen ehemaligen Designstudenten und Experteninterviews. Die App ist für 8,99 Euro im iTunes-Store erhältlich. nis

▲ Neue Technik macht's möglich: Josef Albers Farbtheorie fürs iPad

Berlin
Aufgeziegelt

Das T-Shirt ist etwas für hinterwäldlerische Merchandisingtrottel. Die stilbewusste Miesianerin hingegen huldigt ihrem Meister im wahrsten Sinne maßgeschneidert. So gesehen kürzlich bei der Kunsthistorikerin Bettina Held, die dem Freundeskreis des Berliner Mies van der Rohe Hauses vorsteht. Sie hat sich als Zeichen ihrer Liebe zum Backstein die rotbunten Ziegel vom Haus Lemke einfach auf die Jacke gedruckt. Und das ging so: Zuerst wurde die Fassade fotografiert, dann der Grafikerin Ursula Steinheuer zum Rapport überlassen, bevor die Schneiderin Lore Henkel einen Schnitt mit Berechnung der Stoffmenge anfertigte und die Trägerin das Landhaus zum Anziehen bekam. Billig ist das alles nicht, kann es bei Mies naturgemäß nicht sein. Aber Bettina Held ist auf den Geschmack gekommen. Nächstes Projekt: ein Sichtbeton-Hosenanzug. ike

Tokio
Der Gropius unter Japans Friseuren

Takahiro Uemura ist mit seinem Salon *DADA CuBiC* nicht nur einer der bekanntesten und erfolgreichsten Haardesigner in Tokio; er ist auch Leiter einer Schule, in der angehende Friseure ihr Handwerk im Bauhaus-Stil lernen sollen: der *DADA DESIGN ACADEMY*. Takahiro Uemura nennt das Bauhaus als eine seiner wichtigsten Inspirationsquellen. Dabei geht es ihm nicht in erster Linie um die Adaption eines historischen Formenvokabulars für das Friseurhandwerk, sondern ein Anverwandeln von allgemeinen Bauhaus-Prinzipien auf das Haareschneiden, das in Japan ja nicht nur ein Handwerk ist, sondern sich als eine Design-Disziplin versteht, die z.B. gegenüber dem Produkt- und Grafikdesign immer selbstbewusster auftritt: Man ist eben nicht nur Friseur, sondern ›Hair-Designer‹ und hat mit dem Haar eine weitaus schwierigere, dynamischere und nachwachsende Materie zu bewältigen, die zudem eine weitaus intensivere Kundennähe erfordert als die meisten anderen Gestaltungspraxen. Jüngst hat Takahiro Uemura seinen vom Bauhaus abgeleiteten Anspruch des analytischen, präzisen und systematischen Formenerfindens mit der umfangreichen Publikation *I ARC* über die Verwandtschaft von Architektur und Haargestaltung mit dem Bauhaus im Verlag Josei Mode, Tokio, dokumentiert. Und im August 2013 präsentierte er seine Perspektive und Gestaltungshaltung in einer dem Bauhaus-Gedanken verpflichteten ›Hairshow‹ mit anschließendem Workshop zum Thema ›Bauhaus und Tanz‹. tb

São Paulo
Das Triadische Ballett auf Brasilianisch

In Brasilien ist Oskar Schlemmer kein Unbekannter. Studierende des Universitätszentrums *Senac* in São Paulo hatten 2007 unter der Leitung von Eduardo Mazzaferro Ehlers und Marcia Cavalheiro Rodrigues de Almeida sowie des Choreografen Lucio Agra damit begonnen, die Kostüme des *Triadischen Balletts* zu rekonstruieren. Die brasilianische Variante des Werks lehnt sich formal stark an die erste Rekonstruktion des Balletts an, die Margarete Hasting 1969/70 mit der Kostümbildnerin Margit Bárdy in München für das Bayerische Fernsehen (Bavaria) produziert hatte. Aber auch Anregungen aus der Arbeit Gerhard Bohners und dem Projekt *bauhaus dances* von Debra McCall (1982—1986) wurden verarbeitet. Im Mittelpunkt des Senac-Projekts stand die Frage, wie sich die historischen Kostüme, auch die des am Bauhaus entstandenen *Stäbetanzes*, als pädagogische Inspirationen für heutige Modeentwerfer und Gestalter aller Disziplinen erneut fruchtbar machen ließen. Bislang waren die Kostüme nur in Brasilien zu sehen, kommen nun aber dauerhaft nach Deutschland. Die Stiftung Bauhaus Dessau erhält sie als Schenkung und zeigt sie seit dem 6. Dezember 2013 in der Ausstellung *Mensch-Raum-Maschine*. Durch die Vermittlung und Unterstützung des *Goethe-Instituts* wurde es möglich, die 18 Kostümrekonstruktionen sowie alle damit verbundenen Recherche- und Untersuchungsmaterialien nach Dessau zu bringen. Diese Schenkung ist zugleich der Auftakt einer längerfristigen Zusammenarbeit in Bezug auf die Moderne-Rezeption in Deutschland und Brasilien. In Workshops und Studien sollen in den nächsten drei Jahren schließlich nicht nur weitere gemeinsame performative und darstellerische Projekte entwickelt, sondern auch neue Themen und transnationale Austauschprojekte initiiert werden. tb

▲ Die Bedeutung des Backsteins wird gern unterschätzt: Die Miesianerin Bettina Held hält dagegen
◄ Wer das Bauhaus liebt, trägt es auf dem Kopf: Der japanische Hair-Designer Takahiro Uemura macht's vor
◄ Kommen nach Dessau: Schlemmer-Kostüme aus Brasilien

St. Paul USA
Brennen für Breuer

Am 8. Juni 2013 um 2.14 Uhr in der Nacht ging ein von Marcel Breuer entworfenes Haus in St. Paul im US-Bundesstaat Minnesota innerhalb von 15 Minuten in Flammen auf. Verantwortlich für das Feuer war allerdings kein Brandstifter, sondern der Künstler Chris Larson, der erst kurze Zeit vorher die 30-tägigen Bauarbeiten am Gebäude abgeschlossen hatte: Bei dem Haus handelte es sich nämlich um eine Replik aus Holz und Pappe, die nach Original-Bauplänen von 1961 umgesetzt wurde. Larson selbst bezeichnete seine Handlung als ›Geste‹ — seiner Meinung nach würden sich bisher nicht freigesetzte Energien durch die Zerstörung entfalten. Die Kunstaktion fand im Rahmen des Kultur-Festivals *Northern Spark* statt. Unter den vielen Schaulustigen, die sich zum gemeinsamen Betrachten des Feuers eingefunden hatten, war auch der Industriedesigner Chad Bogdan, der das Original-Haus 2007 gekauft hatte. Marcel Breuer entwarf das Objekt 1961 für den Künstler und späteren Benediktinermönch Frank Kacmarcik, nachdem die beiden zuvor zusammen an der St. John's Abbey Church in Collegeville gearbeitet hatten — jedoch bleibt es in Breuer-Monografien weitestgehend unerwähnt. Bogdan hofft nun, dass das Haus durch die Aktion zunehmend bekannter wird. nis

London
Ein Haus mit Strahlkraft

Mit einer Lupe und der Kraft der Sonne kleine Feuerteufelexperimente starten — ob das in Jugendjahren ein heimliches Hobby des Architekten Rafael Viñoly war, der das im Volksmund ›Walkie-Talkie‹ genannte vollverglaste Hochhaus in London entworfen hat, weiß man nicht. Wahrscheinlich eher nicht, sonst hätte er ja gewusst, welche direkten Effekte dieses physikalische Phänomen von durch konkavem Glas gebrochenem Sonnenlicht hat — zumal, wenn sich alles im großen Maßstab abspielt, wie jetzt in London geschehen: geschmolzene Fahrradsattel, ein verschmurgelter Jaguar, Passanten mit Sonnenbrand, um nur einige zu nennen. Viñoly hat bei der Planung des 37-stöckigen Hochhauses übersehen, dass die Krümmung der verspiegelten Glasfassade das Sonnenlicht im Sommer zum Teil brennglasartig reflektiert. Schuld sei der Klimawandel, so der Architekt, der zu mehr Sonnentagen in London geführt habe. Was allerdings der Grund für eine ähnliche Fehlplanung beim Hotel Vdara in Las Vegas — einem schon immer eher sonnenreichen Ort — ist, wird damit nicht erklärt. Vielleicht doch der heimliche Hang zum Zündeln? gb

◄ Auch eine PR-Strategie: Künstler Chris Larson ließ Marcel Breuers Haus beim *Northern Spark Festival* in St. Paul abfackeln, um es bekannt zu machen

▲ Mit dieser Architektur können Sie auch Spiegeleier braten: das Hochhaus *Walkie-Talkie* in London

Essen
Dem Logo-Vater huldigen

Steven Heller nannte ihn »Father of the modern Logo«: den Architekten und Werbegestalter Wilhelm Deffke. Eigentlich gelernter Musterzeichner und Buchbinder, war Deffke 1909/10 im Atelier von Peter Behrens tätig, wo er neben der Wichtigkeit eines Logos für die Identität eines Unternehmens auch Ludwig Mies van der Rohe und Walter Gropius kennenlernte. Behrens war bereits ab 1907 als künstlerischer Berater der AEG für die Realisierung eines Corporate Designs engagiert. Während des Ersten Weltkriegs gründete Deffke mit Reklamefachmann Carl Ernst Hinkefuß das vermutlich erste moderne Werbeatelier Deutschlands: *Wilhelmwerk*. Mehr als 10.000 Logoentwürfe sind von ihm bekannt und er wird durch sein gestalterisches Werk als ein Wegbereiter der ›Neuen Typografie‹ angesehen. Das *Folkwang Museum* in Essen widmet Deffke nun eine erste umfassende Retrospektive, die sich auf die Bereiche Buch, Plakat und Logo fokussiert. Die Ausstellung ist noch bis zum 26. Januar 2014 geöffnet, anlässlich der Ausstellung erscheint zudem eine Deffke-Monografie in deutscher und englischer Sprache bei Scheidegger & Spiess. nis

Berlin
Zwischen Reklame und Propaganda

Ihm hatte das Staatliche Bauhaus eine Menge zu verdanken. Direkt nach seinem Abschluss wurde Herbert Bayer 1925 Jungmeister und Leiter der neu gegründeten Werkstatt für Druck und Reklame und krempelte die — bisher von Moholy-Nagy geprägte — grafische Identität nochmals um: mit Umstellung auf Kleinschreibung und der einheitlichen Einführung von DIN-Formaten in allen offiziellen Schriftstücken des Bauhauses. Neben bis heute gern genutzten Schriften wie der *Universal* ist auch der berühmte Bauhaus-Schriftzug an der Außenfassade des Dessauer Gebäudes ein Entwurf des gebürtigen Österreichers. 1938 emigrierte Bayer in die USA und arbeitete unter anderem als Gestaltungsberater des Kulturzentrums Aspen. Das Bauhaus-Archiv Berlin beschäftigt sich noch bis zum 24. Februar 2014 in einer Ausstellung namens *mein reklame-fegefeuer* mit dem Werk des Bauhäuslers — und lässt im Themenjahr *Zerstörte Vielfalt* auch Bayers Anteil als Grafiker an mehreren Propaganda-Ausstellungen der NSDAP nicht unkommentiert. nis

▲ Gestaltet von Herbert Bayer: Titelseite der Zeitschrift die *neue linie*, Oktober 1934, Bauhaus-Archiv Berlin, © VG Bild-Kunst, Bonn 2013

► Reklame für Adrianol-Emulsion gegen Heuschnupfen, Firma Boehringer, 1934, gestaltet von Herbert Bayer, Bauhaus-Archiv Berlin, © VG Bild-Kunst, Bonn 2013

▲ Ob Eule oder Ei, bei Wilhelm Deffke sah es immer gut aus

ADRIANOL-EMULSION
GEGEN HEUSCHNUPFEN
ADRIANOL
Name geschützt
EMULSION
Kräftig schütteln
Gegen Schnupfen und chronischen Nasenkatarrh
Adrianol 0,25% Natr benz. 0,4% in Emuls. paraffin.
C. H. BOEHRINGER SOHN
Nieder-Ingelheim a. Rh. — Hamburg

◄ Mahsa Haddad präsentierte ihr *Chai-Tee-Set*
▼ Prämiert: die Papierketten von Susanne Schwarz
◄ Der Publikumspreis ging an Albertine Baronius für ihre Arbeit *2tables*

Chemnitz
Die Poesie des Funktionalen

Poesie und Funktionalität verbinden — das war die Anforderung, der sich die 70 qualifizierten Bewerber des fünften *Marianne-Brandt-Wettbewerbs* stellen mussten. Seit 2000 wird dieser in jenen Kategorien verliehen, die die Hauptarbeitsbereiche der Bauhäuslerin ausmachten: Produktdesign und Fotografie. Zudem gibt es eine wechselnde Sonderkategorie, in der sich die diesjährigen Bewerber mit dem ökologischen Prinzip des *cradle to cradle* auseinandersetzen sollten. Den mit 5.000 Euro dotierten Hauptpreis im Produktdesign erhielt die Modenäherin und Silberschmiedin Susanne Schwarz aus Nürnberg für ihre Arbeit *Papier tragen*, für die sie Schmuckstücke aus einem papierartigen Kunststoff anfertigte. Jan Mammey aus Leipzig erhielt den Hauptpreis Fotografie für *Eldorado*, Aufnahmen von Relikten der DDR-Industrie. Die Preisverleihung mit anschließender Ausstellungseröffnung fand im September im *Industriemuseum Chemnitz* statt, ab 2014 geht die Ausstellung auf Welttournee, mit den nächsten Stationen in Tokio, Oslo und Moskau. nis

Dessau/Zürich
Ein Wiedersehen mit Schawinsky

Nachdem der Nachlass des vielseitigen Schweizer Bauhausschülers Xanti Schawinsky (1904—1979) für mehr als 20 Jahre nicht zugänglich gewesen ist, eröffnen sich insbesondere in der Kooperation der Stiftung Bauhaus Dessau mit dem Xanti Schawinsky Estate Zürich neue Möglichkeiten der Erforschung, Sichtbarmachung und Neubewertung dieses Künstlers, der außerordentlich variantenreich und in verschiedensten Medien, auf der Bühne, in grafischen und bildnerischen Arbeiten sowie im Grafikdesign gearbeitet und experimentiert hat. Seit Kurzem befindet sich nun sein schriftlicher Nachlass als Dauerleihgabe am Bauhaus Dessau und steht für wissenschaftliche Recherchen zur Verfügung. Auch in der aktuellen Dessauer Ausstellung *Mensch-Raum-Maschine. Bühnenexperimente am Bauhaus* ist Xanti Schawinsky mit zahlreichen Bühnenstudien und -projekten vertreten. Dabei wird seine Rolle als wichtiger Protagonist der Bauhauskapelle deutlich. Und für 2014 bereitet der Xanti Schawinsky Estate Zürich gemeinsam mit der Stiftung Bauhaus Dessau die Herausgabe einer Buchpublikation mit dem Titel *Play Life Illusion. Xanti Schawinsky* vor, die wesentlich auf unveröffentlichten autobiografischen Texten Schawinskys sowie Briefen und anderen Dokumenten beruht und eine neue Sicht auf sein künstlerisches Gesamtwerk — insbesondere auf seine bühnenbezogene Lehrtätigkeit, am Dessauer Bauhaus, am Black Mountain College und an anderen Schulen in den USA — eröffnet. tb

▲ Die Rekonstruktion einer *Stepmaschine* von Xanti Schawinsky (1926) auf der *Frieze Art Fair*, London, Oktober 2013

Leserbriefe

Allerhöchstes Kompliment für die Optik, die Haptik, die Qualität, den Druck, die Bindung und nicht zuletzt den Geruch dieser Ausgabe! Als Abonnent eurer Zeitschrift, von Anfang an, bin ich völlig geplättet und ziehe meinen Hut …
Großes Lob auch an cyan-berlin, grandios umgesetztes Layout und was für eine Wirkung des Papiers und der Farben.
Ich wage es kaum, die Zeitschrift zu ›zer‹lesen, werde mir wohl ein zweites Exemplar für die Vitrine dazu bestellen müssen :-) Rainer Wientzek, Berlin

Es ist Sonntagvormittag, ich sitze auf unserem Balkon, meine Blicke schweifen über die sattgrünen Hänge der Stadtmitte Stuttgarts. Die Kirchenglocken läuten vielfach und man vernimmt sie deutlich, ist doch die Innenstadt noch im ›Ruhemodus‹, etwas verschlafen wohl und absolut entspannt. Selbst die Vögel haben es nicht eilig mit der Futtersuche und genießen, so hat es den Anschein, ebenfalls die Sonne und zwitschern, freudig auf den Bäumen verharrend.
Die Sonne scheint tatsächlich einmal wieder, nur wenige vorbeigleitende Wolken halten die wärmenden Strahlen für kurze Momente ab und es sind schon so früh vielversprechende 17 Grad Celsius.
Das Frühstück hat gemundet und die Kanne mit Grüntee aus Japan steht auf dem Tisch und bedeutet noch weiteren Genuss.
Eine pure Freude und Entspanntheit, die immer wieder ersehnte Sonntagsstimmung, ohne Verpflichtungen, ohne Plan, ohne Radio, ohne Telefon, einfach nur schauen und lauschen.
Ist das nicht schon ehrlicher Luxus!? Reicht dies nicht allein schon aus, dankbar zu sein?
Doch tatsächlich erlebe ich eine Steigerung dieser Stimmung:
Es ist Ihre aktuelle Ausgabe von *Bauhaus 5*, über deren Deckel meine Hände gleiten, der noch frische Geruch von Papier und Druckfarbe (jawohl, Gedrucktes darf, muss riechen), welcher sich beim Auffächern der Seiten deutlich und angenehm aufdrängt.
Der erste schnelle Blick auf die Seiten verheißt Aufregendes.
Dann, gar kein ›zweiter‹ Blick mehr, nur noch ein vollständiges Eintauchen in die Artikel, Berichte, Interviews …
Die Fotografien, alten Ansichten, Neues, manches schon gesehen, vieles überhaupt noch nicht. Die pastellene Farbigkeit der Bilder harmoniert angenehm mit der gesamten Aufmachung der Zeitschrift, einfach schön.
Hoppla, die Ansichtskarte von dem ›Araberdorf‹ besitze ich ja selbst, als versuchter Sammler der Geschichte um das Bauhaus.
Die Neugier drängt zum Weiterlesen, wollte ich eigentlich nicht nur auf dem Balkon sitzen …
und ja, es ist auch diese Ausrichtung von Historie und die Gegenüberstellung mit der Gegenwart, Interpretationen, die eine ganz besondere Spannung erzeugen, ganz speziell, absolut faszinierend und fesselnd.
Komme ich gar ins Grübeln, ich muss nachdenken …
Das Bauhaus lebt!!!
Es ist Mittagszeit, ich werde das Bauhaus zur Seite legen und habe nun doch einen Plan für diesen Sonntag:
Ich werde später weiterlesen.
Sie alle, die zur Realisierung dieser Zeitschrift beigetragen haben, haben mir eine wunderbare Freude bereitet. Die Definition von Luxus wird aus meiner Sicht um einen Aspekt erweitert.
Ich danke Ihnen herzlichst und möchte Sie darin bestärken, an Ihrer gekonnten und besonderen Linie unbedingt festzuhalten.
Hardy Goblirsch, Stuttgart

Ich danke ganz herzlich für *Bauhaus 5*. Es ist großartig! In jeder Hinsicht!
Ich habe (fast) alles aufmerksam gelesen.
Und der Text von Rolf Kuhn zu Rainer Weisbach ist anrührend und macht uns den Verlust bewusst … Renate Luckner-Bien, Halle

Wie viel Bauhaus steckt in Ihnen, Bernhard C. Striebel?

Immer wieder sonntags radelt der Künstler Bernhard C. Striebel (Jahrgang 1953) ins Mies van der Rohe Haus am Berliner Obersee. Im einstigen Landhaus Lemke, das der letzte Bauhausdirektor Anfang der Dreißigerjahre entwarf, beobachtet er nicht nur die Besucher, sondern vor allem, wie es Mies gelingt, sie zu verwirrren und die Grenzen des Raums zwischen innen und außen aufzulösen. Um genau diese Momente zwischen Bild und Raum geht es auch in Striebels Arbeiten. Seine Installationen sind meist begehbare Skulpturen, in denen Architektur die Hauptrolle spielt und dann mit Malerei, Wort, Licht und Spiegelungen verbunden wird. Als Kommentar zur emphatischen Moderne verstand er die Arbeit für die Künstlerseiten des *M Mies Haus Magazins* im vergangenen Jahr. Er nannte sie *Zwei Sätze (Nicht nur zur Architektur)*. Sie veranschaulichen die beiden Aufforderungen ›Schau aus dem Fenster‹ und ›Geh durch die Tür‹. Nicht anders verhalten sich seine Sonntagsgäste. Wenn man so viel Zeit mit Mies verbringt, wie hält man es dann eigentlich mit dem Bauhaus? Wir haben ihn gefragt

Welche Idee des Bauhauses, welcher Gedanke hat Sie in Ihrer Arbeit am meisten beeinflusst?

Der einflussreichste Bauhauskünstler ist für mich Wassily Kandinsky. Verantwortlich dafür ist eine große Einzelausstellung im Münchner *Haus der Kunst*, die ich als Gymnasiast besucht habe. Für mich war es die erste große Werkschau eines abstrakten Künstlers. Ich erinnere mich an die Wirkung der Farbe in den großen Kompositionen und war beeindruckt von ihrem Einsatz der Farbe in Bezug auf die Architektur. So wie auch beim Besuch der Dessauer Meisterhäuser! Kandinsky fächerte die ganze Bandbreite malerischer Fragestellungen und Zugangsweisen auf, die ich auch heute noch für relevant halte. Der Bezug zum realen Raum, zur Architektur ist das, was mich an der Malerei sehr interessiert und was ich nach wie vor für entwicklungsfähig halte. Noch weiter in die Zukunft wies meines Erachtens László Moholy-Nagy mit seiner Forderung ›Vom Pigment zum Licht‹, weil seiner Arbeit ein ziemlich säkulares Lichtverständnis zugrunde lag.

Nicht der Konsens machte das Bauhaus stark, sondern der Widerspruch, die permanente, produktive Uneinigkeit, sagte Josef Albers einmal. Mit wem hätten Sie am Bauhaus gern gestritten?

Ich hätte am liebsten mit Johannes Itten gestritten. Für mich gehört er zu den schillerndsten Bauhausfiguren. Er war sicherlich ein guter Lehrer. Das wird deutlich, wenn man sieht, wie intensiv er an seiner Farbenlehre gearbeitet hat, mit welcher künstlerisch-wissenschaftlichen Neugier er unterschiedlichste Quellen verarbeitete und dann doch gleichzeitig durch eine religiös-mystische Verengung eingeschränkt war. Eine hochexplosive, faszinierende Mischung.

Besitzen Sie Bauhaus? Gibt es Dinge, die Sie gern hätten, oder andere, die Sie verabscheuen?

Bauhaus besäße ich sehr gerne. Am liebsten Keramik. Aber dafür bräuchte ich erst mal einen zusätzlichen Geschirrschrank.

In welchen Bauhausbau würden Sie gern einziehen? Würden Sie überhaupt?

Auf gar keinen Fall würde ich in eines der Meisterhäuser einziehen. Deren klare Fassaden und zugleich vertrackte innere Raumabfolge irritieren mich. Viel lieber möchte ich im Mies van der Rohe Haus am Berliner Obersee wohnen, von dessen innerer und äußerer Klarheit ich nie genug kriegen kann. In Dessau allerdings würde ich jedem Hotel ein Zimmer im Prellerhaus vorziehen: der wunderbare Linoleumboden mit dem reduzierten Bauhaus-Inventar, die schönen Stahlfenster mit ihrer sichtbaren Mechanik und nicht zu vergessen die schwindelerregenden Balkone …

Was heißt Bauhaus 2014? Was soll, was kann daraus werden? Gibt es einen Weg, das Bauhauserbe ohne bloßes Epigonentum fortzuschreiben?

Der Bauhausansatz bleibt sich treu, wenn er sich neue Entwicklungen produktiv einverleiben kann. Er ist umfassend gedacht und muss sich deshalb kontinuierlich erweitern. Ich glaube, dass sich diese Pädagogik mittlerweile in sehr vielen künstlerischen Ausbildungsstätten niedergeschlagen hat, dort praktiziert und modifiziert wird. Dass sich eine künstlerische Ausbildung an die gesamte Persönlichkeit richtet, ist absolut angemessen, auch wenn es nicht mehr um den neuen Menschen gehen muss. Das Bauhaus in seiner säkularen Form ist sehr gegenwärtig. Genau darin liegt die Chance der Weiterentwicklung. Die Fragen stellten Gesine Bahr und Ingolf Kern.

Bernhard C. Striebel: *Im Licht*, Wandmalerei und Leuchtstoffröhren, 2012

PSA Publishers
Architektur im Kopf? Profile ausgewählter Architekten, Landschaftsarchitekten und Ingenieure. Plus Bau der Woche, Jobs, eMagazin. world-architects.com
Rubrik Jobs:
Gratis Stellengesuche.